班级幸福共同体的构建和经营策略

广东省中小学『百千万人才培养工程』系列丛书

杨换青 著

SPM 南方传媒 广东人民出版社

·广州·

图书在版编目（CIP）数据

班级幸福共同体的构建和经营策略 / 杨换青著. —广州：广东人民出版社，2023.11

（广东省中小学"百千万人才培养工程"系列丛书）

ISBN 978-7-218-16782-4

Ⅰ．①班…　Ⅱ．①杨…　Ⅲ．①中小学—班级—学校管理　Ⅳ．①G632.421

中国国家版本馆CIP数据核字（2023）第147013号

BANJI XINGFU GONGTONGTI DE GOUJIAN HE JINGYING CELUE

班级幸福共同体的构建和经营策略

杨换青　著

出 版 人：肖风华

责任编辑：方楚君　张　瑜
责任技编：吴彦斌　周星奎

出版发行　广东人民出版社
地　　址：广州市越秀区大沙头四马路 10 号（邮政编码：510199）
电　　话：（020）85716809（总编室）
传　　真：（020）83289585
网　　址：http://www.gdpph.com
印　　刷：广州小明数码印刷有限公司
开　　本：787 mm × 1092 mm　1/16
印　　张：21　　字　数：308 千
版　　次：2023 年 11 月第 1 版
印　　次：2023 年 11 月第 1 次印刷
定　　价：58.00 元

如发现印装质量问题，影响阅读，请与出版社（020-85716849）联系调换。
售书热线：020-87716172

■ 总　序

求实笃行，守正创新
做扎根岭南大地的时代大先生

　　教师是教育改革发展的第一资源，教师强则教育强。近年来，党和国家对教师队伍建设的重视达到前所未有的历史高度，党的二十大更是把加快建设教育强国、科技强国、人才强国，作为全面建设社会主义现代化国家的基础性、战略性支撑。作为置身改革开放前沿的教育大省，广东省始终积极响应国家的教育发展战略，把教师队伍建设、教育人才建设摆在极其重要的位置，以培育一批教育家型教师、卓越教师和骨干教师为目标引领，2010 年至今已先后实施三批广东省中小学"百千万人才培养工程"，通过提炼教育改革典型经验与创新理念，打造具有鲜明岭南风格与广泛影响力的教育特色品牌，致力于为推进中国式教育现代化事业贡献智慧。

　　作为人才强教、人才强省的一项重要改革举措，广东省中小学"百千万人才培养工程"的深入实施，就是要持之以恒地通过教育人才培养机制的创新，探索名优教师成长规律，优化教师专业发展的环境，激发教师竞相成才的活力，真正形成让教育家型教师不断涌现的良好教育生态。

　　十多年来，中小学"百千万人才培养工程"通过不断完善培养机制，形成了较为科学的"顶层设计"，建立了省、市、县三级分工负责、相互衔接的中

1

小学教师人才培养体系，坚持"系统设计、高端培养、创新模式、整体推进"的工作理念，遵循"师德为先、竞争择优、分类指导、均衡发展、公平公正"的工作原则，统筹安排好集中脱产研修、岗位实践行动、异地考察交流、示范引领帮扶、课题合作研究等"五阶段"，并注重理论研修与行动研修相结合、导师引领与个人研修相结合、脱产学习与岗位研修相结合、国外学习与海外研修相结合、研修提升与辐射示范相结合的"五结合"，从而有效解决了传统教师培训存在的问题与矛盾，让"百千万人才培养工程"成为助力教师队伍整体素质提升、助推全省教育现代化的"标杆工程"。

教育现代化首先是"人"的现代化，推进中国式教育现代化建设呼唤数以千计、数以万计教育家型教师的示范与引领。什么是教育家型教师？2021年4月，习近平总书记在清华大学考察时强调，"教师要成为大先生，做学生为学、为事、为人的示范，促进学生成长为全面发展的人"。这实际上是为广大教师提出了职业发展的高标准，一个教育家型教师一定要胸怀"国之大者"，关心学生的精神成长、着眼于学生的全面发展和终身发展，立德树人，笃志于学，努力做新时代的大先生。

开辟新学，明德新民，岭南大地是一片有着优良文化传统的教育改革热土，生逢中华民族走向伟大复兴的新时代，今天的教育人更应该赓续初心，勇于担当，借助于"百千万人才培养工程"的制度赋能，立足于充满希望的教育实践原野，努力书写"立德、立功、立言"的精彩教育人生。

第一，要求实笃行，做勤学善研的育人者。

岭南大地向来有着求真务实、勤勉笃行的文化传统，正是凭着这样的实干精神，创造了经济社会发展的一项又一项奇迹。浸润在岭南文化精神中，广大校长教师始终笃守着为师的道义，躬身教育实践，用心用情地教书育人，并不断地思考、凝练和升华，同样创造出富有岭南教育文化特色的改革实践与教育理念。透视这些实践与理念，其中蕴含着真学习、真研究、真实践的教育价值导向。

深入研究学生，是育人之根。所有的校长教师，都应以学生为本来推进教育教学实践改革，关注学生的个体差异，包括智力、性格、情感、行为等方面的差异，了解他们的发展特点和需求，以便为他们提供个性化的教育；注重学生的生活体验和情感需求，帮助他们解决心理问题，调整情绪状态，创造良好的学习和生活环境，培养健康的心理素质和人格品质；关心学生的综合素质和发展潜力，引导学生参加各种活动，以培养其领导能力、创新能力、团队协作能力等非学科能力，提升其全面素质和可持续发展能力。我们坚信，一个育人之师必须要研究学生，为学生健康而全面成长服务。

深入研究课堂，是立身之本。课堂是育人的主阵地，也是师生共同成长的主要空间。校长和教师一定要沉潜在课堂一线，关注师生的课堂生活质量。从学生的学习兴趣和需求出发，引导学生主动参与课堂教学，激发学生的学习热情，使其在学习中得到满足和成长；要不断创新教学方法和策略，灵活运用不同的教学策略和技巧，提升学生的学习能力和思维品质，促进知识的内化与能力的输出；同时还要对课堂教学的内容、形式、效果等方面进行全面的评估和反思，不断提高课堂教学质量和效果。优秀的校长和教师的生命力在课堂中，脱离了课堂教学，任何教育创新都是"无本之木"。

深入研究管理，是兴教之源。教育管理，事关一所学校的"天地人和"，能够让每个人各展所长、各种资源得到适当调配，让人财物完美契合。这就要求校长教师要注重教育的发展战略和规划，善于构建教育愿景，以此来制订教育教学计划，为学生提供更优质的教育服务；注重管理机制和制度的建设，从招生到课程安排，从班级管理到教学管理等，无不体现规范与科学；此外还要注重自身与队伍的终身发展，不断提升团队建设水平，优化组织文化，在协商共治中走向教育治理，用良好的组织文化引导人、凝聚人、发展人。

第二，要守正创新，做知行合一的自强者。

教育是一项继往开来的事业，既需要继承传统，循道而行；又需要开创未来，大胆创造。一个优秀的校长或教师要掌握并尊重教育的基本规律，包括党和国家关于教育的方针政策、发展方向以及制度规定等，唯有如此，才能行稳致远，保障教育高质量发展。同时面对教育中不断出现的新情况、新问题和新挑战，要有改革思维与问题意识，发挥好主动性和创造性，在不断破解问题中实现教育的新发展。

一方面，要做好教育传承，弘扬教育文化自信。党的二十大报告提出，坚持和发展马克思主义，必须同中华优秀传统文化相结合。这启示我们，办好教育必须珍视既有的文化传统，植根于本民族、本区域历史文化沃土。岭南是传统文化蕴藉深厚之地，有着丰富的地域文化可作为教育的资源，也经一代代教育人的探索形成了许多宝贵的教育经验与理念。这些都是帮助我们办好今天教育的精神财富，作为校长和教师一定要通过学习，研修了解岭南教育的传统，做好教育资源的调查研究，用本土化、特色化的教育实践彰显教育文化自信，做有根的教育。

另一方面，要推进教育改革，以新理论指导新实践。教育要培养面向未来的一代新人，因此必须常做常新，满怀热忱地拥抱新生事物，要在不断学习中适应新情况、创造新经验。勇立潮头、敢为人先也是岭南的文化精神之一。广大校长和教师要敢于迎难而上，主动作为，面对教育工作中的问题或困难不抱怨、不懈怠、不推诿，充分激发成长的内驱力；要认识到所谓的问题恰恰是改变的契机，我们的教育智慧、我们的教育事业都是在不断破除困难、解决难题中得以发展；要不惮于说前人没有说过的话、做前人没有做过的事，不断拓展认识深度和广度，力争创造出更多教育改革的"广东经验""广东智慧"，这才是教育家型教师应有的胸怀胆识。

第三，要海纳百川，做担当使命的引领者。

优秀的校长、教师与班主任，在一定程度上都是先进教育文化的代表，这就意味着我们在"百千万人才培养工程"这个项目平台上，必然要承担更大责任，履行更大使命，有更高的精神追求。除了在高水平研训活动中完善自我、提升自我之外，还要胸怀天下、海纳百川，凝练自己的教育教学实践成果，升华对教育教学的思想认知，形成具有示范性、影响力的教育特色品牌，带动更多的学校和教师共同成长，一起不断地提升教育品质，推动教育高质量发展。

凝练教育特色品牌，从经验积累走向理论思考。一位优秀的教育者必然要做到知其然并知其所以然，不断增进对所从事教育工作的规律认知和价值思考。我们的名校长、名师和名班主任要立足自己丰富的实践经验，不断学习、不断反思，在专家指引和同行启示下，结合教育学、心理学、社会学等学科理论，将个人的实践经验凝练和表征为富有内涵的概念与符号，确立起具有鲜明个性特点与自我风格的教育教学品牌性成果，从行动自觉走向理论自觉，并用自我建构的理论或工具去指导实践、印证实践、优化实践，从"名师"走向"明师"。

用好教育特色品牌，从个体实践走向群体发展。实践经验范型一旦表征化为符号、概念，就立刻具有凝聚力、解释力与普适性，这就有助于引领、启发和影响更多的教师，结成教育发展的共同体，共同优化教育教学实践。各位名校长、名师和名班主任要发挥教育特色品牌的示范性，依托工作室平台，不断地吸收新生教师力量，不断地影响更多教育同行。正所谓独行速，众行远。以品牌建设为纽带，让每一位名师都发挥"磁场效应"，真正达到造就一位名师，受益和成长起来一批优秀教师的局面。让这些在岭南大地上星罗棋布的名师交相辉映、发光发热，照亮广东教育的美好未来。

升华教育特色品牌，从著书立说走向文化传播。近代以来，无论是岭南文化还是岭南教育，始终开一代风气之先，形成了许多影响全国的好经验、好理念和好的发展模式，同时也在教育文化的交流传播中更好地促进我们自身的发展。今天的校长和教师是岭南教育文化新的代表，也要有一种开放的胸怀和眼光，在教育全球化、信息化的背景下海纳百川、兼收并蓄，同时也要积极传播自身教育的优秀成果，在更大的教育发展平台上与名师名家、教育同行、社会各界交流对话，发出教育的声音，讲好教育的故事，扩大教育的传播力与影响力，增进不同教育文化的理解与互鉴。

正因此，看到又有一批"百千万人才培养工程"的优秀教育成果即将付梓面世，作为这项工作的管理者、参与者和见证者，由衷感到骄傲和自豪。古人云，"言而不文，行之不远"。希望我们广东的优秀校长和教师更加重视教育教学成果的凝练升华，这本身就是一件创造性的工作，也是更好地激发自身教育潜能、唤醒更多教育人生命活力的有效途径。愿这样的优秀教育成果能够发挥更大品牌效应，引领更多教育人不忘初心，潜心育人，参与到中国式教育现代化的伟大事业中，为中华民族的伟大复兴做出教育人应有的贡献。

是为序。

吴颖民

2023 年 5 月

■ 序 一

永远坚持做一名幸福的班主任

常常听到许多老师在我面前感慨："当班主任真的是太难了！"他们还面露难色，颇显疲惫。然而，当我第一次见到杨换青老师，谈及班主任工作时，她却与众不同，眼里总是闪烁着熠熠光彩，满脸洋溢着幸福。如果你问我，怎样才能做一名幸福的班主任？那我想，杨换青老师就是幸福班主任的典范。于是，我鼓励杨老师将自己做幸福班主任的经验加以总结、提炼，树立起自己的班主任工作品牌，以期引领更多的年轻教师们能够走向幸福班主任之路。时日，当我收阅杨老师的《班级幸福共同体的构建和经营策略》，喜形于色，幸福感顿时涌上心头，迫不及待地翻阅起来。没想到，越读越兴奋、越读越幸福。这一刻，我也算真正领会到了，什么叫作"幸福成长共同体"。

做个幸福人：班主任的幸福密码之一

教育的本质是什么？很多人都提及过，教育的本质意味着一个灵魂唤醒另一个灵魂。如果说，我们希望把学生培养成幸福的灵魂，那么，首先我们自己就要拥有幸福的灵魂。正是基于此，杨老师从做班主任的第一天开始，她就一直努力让自己成为幸福的人。在她眼里，孩子的点滴成长，都是幸福；而孩子的种种问题，同样也是一种幸福。始终怀揣着教育的热情，心中充满着对孩子们的爱，将班级打造成一个处处洋溢着温暖的大家庭，这就是可敬可爱的杨老师。与学生交往，亦师亦友；与家长沟通，亦友亦师。无论什么时候，她总是能化腐朽为神奇，总是能将问题变成幸福教育的契机。为什么呢？这是因为她始终相信，幸福的老师才能培养出幸福的学生。正如她在书中所言，其实施教者本身的幸福，除了对教育者智力的影响和培养，也就是学科成绩的好坏之外，更多的应该是对受教育者人格的影响和品德的培养。当一个教育者把自己对幸福教育的追求放大到对学生整个一生的影响这个高度之后，他/她本人也会有一种海阔天空的感觉，除了孩子成绩的进步会带给他/她幸福之外，孩子言行的转化与品德修炼的进步则可以带给她更持久、更深层的幸福。

营造幸福场：班主任的幸福密码之二

教育管理的本质是什么？当班主任，始终避免不了要管理班集体。然而，一谈及管理，大家就会联想到严格的制度与严厉的执行。可惜，这样的班级管理方法不仅不能带给孩子们成长的动力，可能还会适得其反。随着孩子们主体意识的觉醒，新时代的班主任的确需要转变管理观念，变管为领，化教为导。基于此，杨老师立足共生教育理论，坚持营造幸福场来实现高效的班级管理。她通过布置班级环境，营造舒适的班级生活磁场；借助书信表达，营造特色的文化磁场；依托故事，创造激励成长的价值观磁场；不断创新教学方法，打造幸福体验的课堂教学磁场……一旦有了这些磁场的效应，班集体也变得和谐、团结和融洽。在这样的集体中，成员们相互包容，相互支持合作，自觉遵守规则，共同承担责任，寻求情感归宿，助力班级建设。试想一下，浸润在这样集体中的学生们，幸福感自然流露，怎能不热爱这样的集体？杨老师的经验启示我们：班级管理的最高艺术是营造幸福场。

打造幸福力：班主任的幸福密码之三

教育的目标是什么？我们一直在努力地引导学生们学习、成长，但最终的价值追求是什么？应该就是让孩子们获得成就终身幸福的素养，这种素养我们可以把它称之为幸福力。面向未来，我们的学生究竟需要怎样的幸福力？杨老师通过自己的感悟和亲身示范，时时刻刻向学生们传递着积极的能量。幸福力首先是一种交流力，需要我们学会倾听、提问和表达。在班级的每一次活动组织中，杨老师都会坚持做到这几点，同时鼓励和引导学生努力倾听、提问和表达；其次，幸福力是一种情感力，它要求我们随时随刻都保持仪式感，培育起责任感和担当精神；第三，幸福力还是一种合作力。无论是方阵管理还是云管理，杨老师随时随处都注意引导学生学会合作，各小组的分工和安排必须做到人人有事做，事事有人做。我们多么期待，班上的每个孩子都能在集体中绽放自己的光彩，并在未来的人生路上始终自信阳光，收获幸福。怀揣着这样的信念，杨老师已经在班主任的岗位上坚守了一年又一年，培养出一批又一批的幸福的人。

翻开此书，字里行间都渗透着一个幸福班主任的智慧，真心希望这种智慧和幸福能够抵达更多人的内心。

是为序。

左 璜

撰于华南师范大学人文社科高等研究院

2023 年 4 月 12 日

■ 序 二

星斗焕文章，清香随风来

非常荣幸，应邀为换青老师的新书作序，得以重新认识换青老师和提前拜读新书。

一

大家都说，教育的对象是学生。其实，教育工作者本身何尝不是教育的对象。教育本就是"双向"的，"教学相长方明志，知行合一可致远"；教育本应是"互动"的，"豆角开花藤牵藤，朋友相处心连心"；教育本来是"随处"的，"随风潜入夜，润物细无声"；教育本该是"点滴"的，"不矜细行，终累大德""致广大而尽精微"。我们作为"教育人"，一直在从事"教育"人的工作，也在不断地受人"教育"，学生成长，自身受益，教育发展，人才辈出。换青老师的成长正是这种教育的应验，只要用心经营教育，教育就能成就自己。换青老师曾被评为广州市骨干班主任、"感动广州最美教师"提名奖、"感动天河好教师"、天河区"育人奖"，现担任广东省名班主任工作室主持人。近几年，我有幸成为她广东省"百千万人才培养工程"高中名班主任的实践导师，看着她在教育的海洋中遨游、在幸福的天空中翱翔，创造出一个又一个教育辉煌，不能不说是得益于她一直把自己作为教育的对象，幸福地学习着。

二

"教育人"应是什么模样？我一直在想象、一直在期待，也一直在追求。直到认识了换青老师，在她身上才看到了"教育人"应有的模样。

"教育人"应是温情脉脉的亲人。教育是有温度的，冷冰冰的教育是没有效果的。教育双方，不是对立的，应是对等的。处于明显优势地位的教师自始至终应有这样的认识：如果我是孩子，我该怎么做？如果是我的孩子，我该怎么做？只有秉持这样的认识，教师才能融入真正的教育之中，教育才能发挥其真正的价值和作用。教育要管人，管人要管心，管心要关心，关心要真心。教师是否"关心"、是否"真心"，学生是有感知的。在换青老师的班上，同学们都亲切地叫她"杨妈"，同学们自发地营造氛围，出其不意地给她"庆生"。她曾经让孤独的孩子在同学们面前敞开心扉、露出笑容；她曾经让大家不愿意"经手"的班级在复习备考中找回了自信、赢得了进步、收获了喜悦。她所带的班级曾获评"全国书香状元班""广州市班级文化建设优秀班集体""天河区示范班""《中小学班主任》杂志星班级"等称号。

"教育人"应是时间管理的大师。"两眼一睁，忙到熄灯"是教师每天工作的真实写照。备课、授课、改卷、找学生谈话、与家长交流、填报各种资料，每天都在这些琐碎的事务中奔波，不少教师抱怨"杂务太多"。换青老师在一次给老师们的分享中提到：10 天能做多少事？她列举了 10 天中她所做的事情：（1）区德育核心组申报，包括 1 份 3000 字的材料、1 份 2000 字的申报书、1 份 100 页的申报资料；（2）市优秀家委会申报，包括 1 个申报课件、1 份 4000 字的申报书、1 份 500 多页的申报资料；（3）市名工作坊申报，要求有 2 人次与工作坊成员的个案辅导资料；（4）参加教育教学会议 4 场次，完成 1 个 3 小时的讲座课件；（5）配合学校高三教学工作的考评，批改完 40 本学生日志；（6）完成区高三调研考分析报告，并与 12 名学生进行交流，帮助他们制定个性化的学习辅导方案；（7）完成家长会的全部准备工作，包括会议方案、流程、相关资料，开好任课老师和学生组长两个会议。这是一个高三班主任和语文老师在常规教学之外"额外"从事的工作。换青老师这 10 天是充实的，件件都要落实，事事都要处理；换青老师这 10 天是高效的，她用任务驱动的方式让自己保持着"永动力"；换青老师这 10 天是快乐的，"忙日苦多闲日少"，但却"一日看尽长安花"，累并快乐着！

"教育人"应是有故事力的巨匠。有这么一句话：爱就要大声说出来！教育就是这样。教师要做一个有故事的人，也要做一个会讲故事的人。分享，既能彰显教育的魅力，也能凸显教师的价值。换青老师就是一个特别有故事、也特别会讲故事的老师。在她的分享中，不会太多地讲自己的做法和经验，却把一个一个故事呈现给大家，自然而流畅，发自内心地抒发自己对教育的感知和理解。换青老师会讲故事，实际上体现了她对"教育"的用心、对"现场"的关注、对"学生"的关爱。故事来源于学生、取材于现场、体现了教育。可以说，最生动的"现场"在课堂，经常性地对课堂进行研究，常态化地对学生进行关注，就会有大量的故事素材；最共情的"现场"在阅读，读者，独也，读得多了，就会有独到的见解，就会发现故事的源头；最丰富的"现场"是学生，学生的天真、可爱、童趣、未知欲、想象力，都是一个个精彩的"故事"，值得我们去发掘、去探求。学生故事，看似寻常，实则蕴含着教育的真谛。用故事思维看待教育，用故事思维进行专业交往，教育就会充满浪漫，也会产生奇迹。这样的教育生活，就是诗意的栖居。故事力，是一名教师与众不同的魅力。

"教育人"有自己独特的模样。他们应有蜡梅的斗寒傲霜之态，有白杨的参天挺拔之姿，有蒹葭的净污固堤之效，有郁金的博爱宽容之值，有莲荷的高洁而没有淤泥的污染，有父母的关爱而没有家庭的宠爱。换青老师活出了"教育人"应有的模样。

三

三十多年的教育教学实践，我也一直在思考着一些诸如此类的问题：如何在教育中有效地落实立德树人的根本任务？如何让老师们接受的教育理论在一线教育中落地？如何帮助老师们从繁琐的日常事务中解脱出来，以便有更多的时间实现专业成长？如何建立起有效的家校沟通机制？如何充分调动学生学习的积极性，让他们自己主动学、愿意学？捧着换青老师的《班级幸福共同体的构建和经营策略》，我找到了以上问题的答案，它也引发了我进一步的思考。

赫尔巴特说："世界上有两件事最难做，一是管理，一是教育。"而班级管理就是集这两件难事于一身的最难做的工作。班级是最小的行政单位，却是最大最难的事情；班主任是最小的主任，却是最不可替代的人员。换青老师的"班级幸福共同体"，为广大班主任探索到了一条独特而卓有成效的路子。

什么是"班级幸福共同体"？换青老师的理解是"在班级建设中，通过营造温馨的环境、创造温暖的故事、开展丰富的活动、打造多彩的文化，构建起一个生生之间、师生之间、家校之间全方位发展的立体式共同体，这个共同体能让学生团队获得德智双修全面发展的幸福、能让家长团队体验家庭成长的幸福、能让教师团队获得职业成就的幸福"。可见，换青老师追求的幸福包括学生全面发展的幸福、家长家庭和谐的幸福、教师职业成就的幸福等林林总总，涉猎全面；换青老师打造的"共同体"包括方阵式生生共同体、共进式师生共同体、共育式家校共同体等方方面面，涵盖广泛。该书以诺丁斯"关怀道德教育"为理论指引，以"幸福教育"为追求目标，从组建机制、管理机制、文化机制、共育机制、经营机制、评价机制、场域特征等七个方面致力于构建"班级幸福共同体"的实践探索。她的"班级幸福共同体"管理模式是"动车型"带班模式，"是一个全自动化的班级"。在这里，体现了全员育人、全过程育人、全方位育人；在这里，充满着赏识、激励，学生得到尊重、潜力得到发挥；在这里，资源得到充分整合，组长团、科任导师团、家长团各尽其职，教育焕发出无穷的活力。

坦率地说，换青老师的《班级幸福共同体的构建和经营策略》并不以描写取胜，也不以文字取宠。但是，这是一部难得的探索幸福教育路径的力作，也是一部指导班级管理工作的鸿篇。一方面，历经换青老师的亲身体验、区域范围的长期施行、实践领域的反复检验，可复制、易操作、能达成。另一方面，换青老师执着的追求、开阔的视野、丰富的事例，根植于讲台前沿的教育理念，让大家欣然而赞叹、油然而服膺。该书对广大一线教师，尤其是年轻教师而言，在班主任专业成长及班级管理工作方面极具指导和借鉴意义。

捧读书稿，全身心沉浸在翰墨浓香之中。星斗焕文章，清香随风来。

是为序。

峰方亮

癸卯闰二月于胥城书香世家酒店

C目录
ONTENTS

第一章

班级幸福共同体的构建理论 　　1

第一节　内尔·诺丁斯关怀道德教育理论　　1

第二节　共生理论　　3

第三节　交叠影响域理论　　6

第四节　幸福理论　　10

第二章

班级幸福共同体的组建机制 　　14

第一节　组建基础　　15

第二节　组建原则　　21

第三节　组建要素　　22

第四节　组建前提　　24

第五节　组建路径　　28

第六节　组建流程 30

第三章
班级幸福共同体的管理机制 49

第一节　导师团队 49
第二节　班干团队 53
第三节　组长团队 58
第四节　组员团队 65

第四章
班级幸福共同体的文化机制 68

第一节　环境文化 70
第二节　制度文化 73
第三节　活动文化 83
第四节　精神文化 99

第五章
班级幸福共同体的共育机制 116

第一节　共育意义 116
第二节　共育原则 120

第三节　共育途径 123

第四节　共育实操 135

第五节　共育效果 165

第六章

班级幸福共同体的经营机制 178

第一节　方阵管理 178

第二节　云管理 182

第三节　班干管理 189

第四节　特色赋能 199

第五节　联动赋能 202

第六节　榜样赋能 206

第七章

班级幸福共同体的评价机制 210

第一节　评价维度 211

第二节　评价原则 214

第三节　评价方式 215

第四节　评价工具 219

第五节　评价频次 227

第八章
班级幸福共同体的场域特征   229

第一节　打造一个关怀型磁场   229

第二节　构建合作型学习磁场   233

第三节　建设师生共读的阅读磁场   240

第四节　建立班级"读写角"   244

第五节　打造幸福体验的课堂磁场   253

第六节　营造书信特色的文化磁场   265

第七节　新班的破冰之旅   283

第八节　创造激励成长的故事磁场   294

第九节　效果反馈   307

第一章
班级幸福共同体的构建理论

第一节　内尔·诺丁斯关怀道德教育理论

关怀伦理学兴起于 20 世纪 70 年代末 80 年代初的美国，经过 20 多年的发展，已成为汇聚众多学者和著作的重要伦理学流派。其中，理论最具深度和系统的是美国教育家内尔·诺丁斯以"关怀"为核心的道德教育理论。该理论的核心概念是"关怀"，对于"关怀"的理解，她首先引证了一般字典中的解释：关怀是一种"投注或全身心投入"的状态，即在精神上有某种责任感，对某事或某人有担心和牵挂。由此，诺丁斯引出了"关怀"的两种基本含义：其一，关怀与责任感相似，如果一个人操心某事或感到自己应该为之做些什么，其就是在关怀这件事；其二，如果一个人对某人有所期望或关注，其就是在关怀这个人。关怀一般是通过行为来表达的，关怀行为就是根据具体情境中的特定个体及其特定需要做出的旨在增进其福祉、有益于其发展的行为。关怀意味着对某事或某人负责，保护其利益，促进其发展。关怀和教育责任相关。关怀者始终有责任将自己真实的想法告知被关怀者，并帮助被关怀者在充分知情的情况下尽可能做出正确的选择。诺丁斯将道德教育和教育结合在一起，认为所有的教育行为、过程与方法都应具有道德性，即关怀性，否则不能称其为教育。[①]

诺丁斯的道德教育理论具有四个特点。

---

① 　侯晶晶，朱小蔓：《诺丁斯以关怀为核心的道德教育理论及其启示》，《教育研究》2004 年第 3 期。

一、尊重学生的生命

诺丁斯认为教育者不应该从教育大纲或整齐划一的教育目标出发约束学生，而应走进千差万别、各个不同学生的生命世界，去观察他们的世界，去感受他们的心灵。在知识教学中，教师最关心的不能只是冷冰冰的知识或真理，而应允许学生表达不同的感受，发表不同的见解。在学生成长中，尊重生命成长的规律，不以"为你好"为幌子压迫学生；而是为学生补充成长的能量，让学生以独有的生命节律实现带有个性特色的发展。

二、重视学生的体验

诺丁斯认为，关怀始于教师的关怀行为，完成于学生的被关怀感受。正如西方谚语所言，一个人的美味在另一个人却可能是毒药。法国教育社会学家的调查表明，不同学业成就的学生对教师的关怀需求明显不同：学习成绩较差的学生渴望得到教师积极的态度，从中获得平等感和自信心，间接提高学业；学习成绩优秀的学生更看重教师进一步促进自己学习成长的能力和耐心。真正的关怀要从学生的需求出发，能让学生愉快地接受，并能产生成长的力量。不注重学生体验和感受且不能为学生所接受的关怀，就不符合教育的道德性。

三、注重教师的榜样作用

关怀行为是建立师生间信任关系的基石，它能给予学生被关怀的温馨感受。培养学生的关怀之心需要教师的榜样示范。在学生的成长过程中，教师一对一的关怀关系会让被关怀的学生留下温暖的记忆，并且成为被关怀者学会关怀的无言向导和动力之源。

四、突出道德教育的实践性特征

诺丁斯的理论和实践高度一体化，她的理论被打上了鲜明的生活烙印。她认为，师生之间要建立一种真正的关怀型的教育关系，要让学生在被关怀的感受中学会关怀他人。教师的关键做法在于通过行动示范来塑造学生的道德品质，以教师本人的关怀行为去感染、熏陶学生，在教育生活中给予学生足够的时间和机会去实践关怀，要有一种广角的教育，引导所有的学生关怀自己和身边的人，关心植物、动物、环境等。在感受关怀中学会关怀，在学会关怀后实践、体验、升华关怀，从而建立一种深度的关怀型磁场。①

第二节　共生理论

一、共生概念

共生（Symbiosis）是指两种不同生物之间所形成的紧密互利关系。共生指在发展中将对方的特性和自己的特性结合起来，实现相互促进、共同发展的局面。共生的本质指的是不同成员在生存和发展中的协商与合作的关系。动物、植物、菌类以及三者中任意两者之间都存在"共生"。

二、共生理论

共生理论，倡导共生效应，使生物之间形成生物共同体，在外在力量的引导下能够实现和谐共处，其中引导的模式主要是包容。

共生理论是由生物学中的"共生"概念演化而来的，这一概念最早由德国

---

① 胡守均:《社会共生论》，复旦大学出版社 2012 年版，第 5 页。

生物学家德贝里提出，是指基本属性不相同的生物种类生活在一起且相互之间产生了一种特殊关系。共生包括三个基本的要素，即共生单元、共生模式和共生环境。共生单元，指构成共生体或共生关系的基本能量生产和交换单位，是形成共生体的基本物质条件；共生模式，指共生单元相互作用的方式或相互结合的形式，既反映共生单元之间的作用方式，又反映作用的强度；共生环境，指共生单元以外的所有因素总和所构成的环境。经过不断发展完善，共生理论成为阐释不同物质间相互依存、协同进化、互惠互利关系的方法论，并逐渐应用于政治学、语言学、教育学等领域。共生理论的本质是通过合作互补、优势共享、协同共进的思路和途径，实现一体共生和对称互惠共生的理想模式和状态。①

当前，国内的传统小组合作更多地以学习共同体为主要特征，合作学习更多地着眼于学习知识、培养能力，却忽视了人性和人格，而这正是当前小组合作最大的弊病。所以，笔者在学习共同体的基础之上提出了班级幸福成长共同体的概念。所谓班级幸福成长共同体，就是指一个所有成员都能够有道德、有效率地自由、幸福成长的紧密联系的整体组织。其强调回归人本、回归真实、回归生活、回归常识。班级幸福共同体强调情境下的真实成长、经验中的健康生长以及在生活常识和知识常识基础上的科学成长，因为这些成长才是有效率的成长，才是真正的成长，这样的成长才是着眼于以生为本、为孩子一生幸福奠基的成长。

共生理论下的班级幸福共同体有以下基本特征。

（一）突出教育的全面性

生长主义哲学认为，人性就是自由，人应该有道德、有效率地自由生长。教育的目标应该是人的知识、能力、智慧、文化、体质、品格、人格的全面成长。关注学生全面成长的教育，才是好的教育，才是真正的教育。

传统的学习共同体理论虽然也部分关注到了学生的精神世界，但是仍然显

---

① 方玮：《交叠影响域理论视域下家长参与学校教育的困境及其出路》，硕士学位论文，教育学原理专业，华中师范大学，2022年，第14页。

得十分琐碎和杂乱，缺乏系统性和全盘性的思考。学习不是孩子成长和生活的全部。全面落实立德树人根本任务，除了要提高学生们的科学文化水平之外，还要着力在坚定理想信念、厚植爱国主义情怀、加强品德修养、增长知识见识、培养奋斗精神、增强综合素质上下功夫。孩子需要的不仅仅是学习，更需要健康快乐、全方位的成长。班级幸福共同体关注的重点是成员全方位的生命状态。其通过平等对话、互动交流、创造平台，极大地释放了每一位成员的成长潜能，为每一个成员健康成长提供了坚实的保障，让每一位成员在成长中体验归属感、成就感、幸福感。

（二）注重活动的丰富性

相比于传统的学习共同体，班级幸福共同体的活动内容得到了充分拓展，其活动内容除成员之间的学习之外，更多涉及成员的内心世界和精神状态。通过活动，成员有更多的交流和体验。在交流互动中，每个成员都能看到其他成员的优势，并能通过各种方法向其他成员学习；同时，成员自身也处于开放状态，成为其他人学习的参照。班级幸福共同体的活动内容非常丰富，除了最基本的学业发展之外，身体锻炼、兴趣爱好、思想认知、道德发展、理想信念、爱国情怀等都可以成为共同体的活动内容。共同体的活动形式更加丰富多样，像学习互助组、实践调研组、项目实施组、理想励志组、任务协调组、助弱帮扶组、活动设计组、目标制定组、心理疏导会、民主生活会、问题研讨会、研学旅行组、小组生活餐……都可以成为班级幸福成长共同体的活动形式。

班级幸福共同体是为了孩子幸福成长而形成的相互联系、休戚与共的整体。其强调成员之间的密切关系、共同的目标、归属感和认同感。班级幸福共同体的两个核心理念是平等和倾听，两个核心关键词是幸福和成长。这是其区别于传统小组合作式学习的根本点。在共同体中，人与人是平等的，成员们团结互助、互相信任、互相尊重，为了共同的成长目标而努力。

在班级幸福共同体中，小组成员间具备了合作的能力基础和心理倾向，能进行有效的互动交流，避免了传统的小组合作学习中存在的注重形式、看起来热闹却缺乏实效的现象，小组合作行为不是少数优秀学生的"独奏"，而是全体学生和谐的"大合唱"。

从学习共同体到幸福成长共同体，名称的变化，传递的是育人理念的重要变化——由单一的知识文化教育转向追求德智体美劳全面发展的教育。笔者相信班级幸福成长共同体一定能成为落实立德树人根本任务的有力抓手。

第三节　交叠影响域理论

交叠影响域理论（Overlapping Spheres of Influence）是美国爱普斯坦教授经过多年的研究，以生态系统理论和社会资本理论为基础，并力求克服这两个理论的不足而提出来的。布朗芬·布伦纳提出的同心圆模式中，强调家庭与学校对学生成长与发展所产生的教育影响力是交织在一起的，虽然同心圆模式强调了家庭、学校之间会互相影响，但忽视了家庭、学校对学生的成长与发展所产生的独特的教育影响力。交叠影响域理论则克服了同心圆模式的不足，重视家庭、学校及其他社会组织对学生成长与发展所产生的独特的教育影响力。此外，以往社会基本上只从家庭这个单一视角研究教育的获得，而交叠影响域理论则从家庭、学校和社区三个角度探讨其对学生的教育影响力。爱普斯坦教授提出学生的成长和发展受学校、家庭及其他社会组织的影响，并且这种教育影响会不断重合交互，其认为学生如果感受到来自家长、教师、他人的关爱，那么他们就会努力学习，所以学校、家庭及其他社会组织对学生的关爱会激发学生发愤学习，进而取得成功。[1]

---

① 张兴利:《交叠影响域理论视角下家园共育的规划与支持策略》,《早期教育》2022 年第 25 期。

交叠影响域理论是一种面向实践的协同育人指导理论。该理论以"关怀"为核心，构建了家庭、学校与社会新型合作伙伴关系模式的理论分析框架（包括外部模型和内部模型），并确定了一套可有效指导实践的行动框架。

一、交叠影响域理论的运作机理

交叠影响域理论的分析框架由外部模型和内部模型两部分组成。外部模型（见图 1-1）表达了以学生为中心，家庭、学校和社区三个主体之间的叠—离关系：指各主体的经验、价值观和行为既有独立部分，也有共同部分；既可相互结合，也可各自独立。两个部分共同作用对学生成长产生交互叠加的影响，且这种叠—离关系不是固定不变的，随着时间、年龄和年级三个变量的不同，三个主体间关于教育活动的经验、价值观和行为的共通之处及不一致性会发生改变。图 1-1 中所示的交叠区和非交叠区的区域大小会受到时间变量、学生的年龄和年级等客观因素的影响。

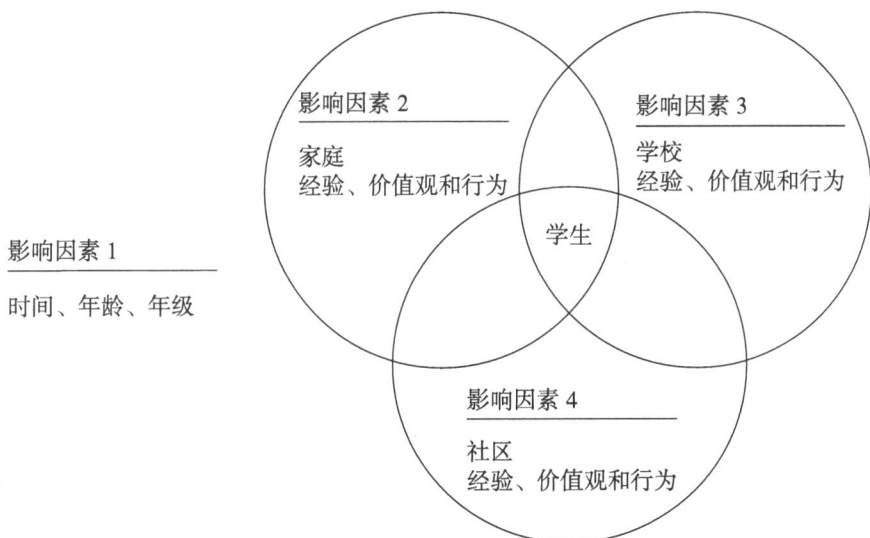

图 1-1　外部模型

内部模型则着眼于解释外部模型中交叠区域的各主体间关系和影响机制，这里的主体既包括机构层面（如家庭、学校、社区），也包括个体层面（如家长、教师）。图1-2仅展示了家庭和学校交叠的部分，实际上，内部模型还包括社区和家庭、社区和学校交叠的部分，也包括发生在非交叠区域的相互作用。在阐释内部模型时，爱普斯坦指出，由于学校是教育发挥影响力的制度化机构，所以，学校与家庭、学校与学生两者间的相互关系起着主导作用。

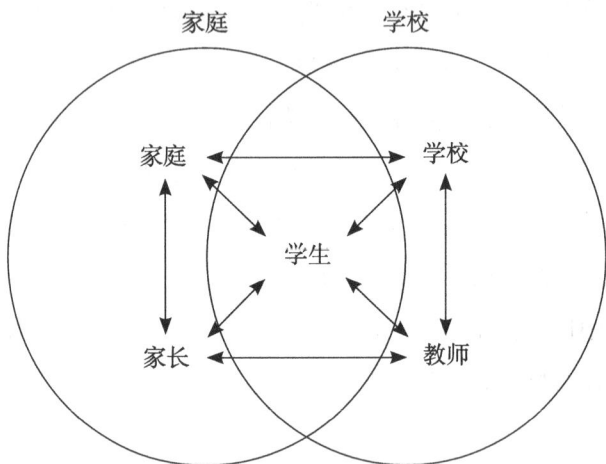

图1-2　内部模型

二、家校协作的参与模式

基于上述交叠影响域理论模型，爱普斯坦将家校合作的所有活动归纳为六种主要的家校协作参与模式，即家长教授（parenting）、沟通交流（communicating）、志愿活动（volunteering）、居家学习（learning at home）、作出决策（decision making）、社区参与（collabo-rating with community），[①] 这六种参与模式为家庭、学校和社区的协同育人提供了较为具体的操作指南。本书着重从家校

_____

① 高淑艳：《马丁·塞利格曼幸福理论：解析与研究展望》，《牡丹江大学学报》2021年第2期。

协作的维度阐释班级幸福共同体构建和经营的策略。

三、班级幸福共同体中交叠影响的运用

为更好地发挥交叠影响作用，班级幸福共同体中家校共育关系的建立和合作行为的实施，需要做到以下三个改变。

（一）变"问题取向"的家校联系为"常态正向"的家校联系

不是在学生出现问题时才联系家长，而是通过常态化的沟通，让家长了解学校的运作情况，使家长提高对学校的整体满意程度。即使在学校运作过程当中稍有不妥，家长也能多一份包容和理解，最终在家校合作的目的指向上达成一致，能够形成教育合力，使教师、家长、学生都能得到益处。

（二）变"单向性"的家校交流为"网络性"的家校交流

在传统的家校沟通当中，基本保持的是"班主任与所有家长"的单向联系，未能形成立体性的网络结构，增加了班主任的负担，也未能达成家长之间的交流。现在，如果能改善与家长的沟通方式，促进家长与家长之间的互动，就能起到更好的带动作用。如可以将每个班级分成数个小组，每个小组邀请一位家长担任学生的导师，同时作为家长之间的联络员。这样，不仅能让家长们有反馈问题的渠道，也能更多了解学生的情况，还能够彼此交流分享经验。同时，能提高班主任收集家长信息的效率，提高家校合作问题的效能。

（三）变"被动式"家校合作为"主动式"家校合作

传统的家校合作中，家长处于服从和配合的被动地位，新型的家校合作关系当中需要提升家长的教育能力，发挥家长在家校合作中的主观能动性，这就要求提高家长的亲子互动能力和家庭教育功能，提高家长在家校共育中的积

极性。不仅要把"做一名优秀的家长"作为一个家庭的目标，而且要将其作为家校共育的目标。通过当好家长来改善亲子间的沟通，应是未来家长教育的重点。亲子沟通对学生的学业成绩及人生观的影响最重要，反之，家庭规条及督促功课的影响不太重要。

第四节　幸福理论

美国心理学家马丁·塞利格曼（Martin E.P.Seligman, 1942—　），被称为"积极心理学之父"。积极心理学是揭示人类优势和促进其积极机能的应用科学，致力于识别和理解人类优势和美德，帮助人们提升生活的幸福感和意义感。马丁·塞利格曼将幸福确定为自己的研究对象，他认为幸福是一个构建的概念，由五个元素组成，每个元素都是真实的，都能够促进幸福，但是不能单独定义幸福。五个元素分别是积极情绪（positive emotion）、投入（engagement）、人际关系（relationships）、意义（meaning）、成就（accomplishment），简称 PERMA，一个拥有足够 PERMA 的人生即蓬勃幸福的人生。积极情绪包括指向过去的、现在的和未来的：对过去的积极情绪包括满意、满足、成就感、骄傲和平静；对现在的积极情绪包括欢乐、狂喜、平静、热情、愉悦；对未来的积极情绪包括乐观、希望、信心和信任。投入是指在投入上获得成功的人生，称为投入的人生。人际关系是提升幸福感最可靠的方法，良好的人际关系让人更加快乐和健康，好的社会联系能提升工作绩效，促进创造性思维。意义就是用全部力量和才能去效忠和服务一个超越自身的东西，在给予的过程中享受愉悦，收获幸福。成就是人类追求的一个终极目标，若要取得成就，坚毅的品格比智商和情商更为重要。[①]

---

① 高淑艳：《马丁·塞利格曼幸福理论：解析与研究展望》，《牡丹江大学学报》2021 年第 2 期。

过一种幸福完整的教育生活。这里有两个关键词，一个是幸福，一个是完整。正如李镇西老师所言：幸福比优秀更重要。不论是教育者，还是被教育者，都要尊重内心的情感，追求情感的熏陶和体验，力求做一个幸福的人。新教育当中，不仅强调幸福，而且注重打造幸福的完整性，这种完整性包括四个方面。第一，要注重受教育者低层需求和高层需求的完整性。不仅要满足受教育者的低层内在需求，包括最基本的安全需求和被爱的需求，也要满足学生的高层内在需求，比如，他人的认可、社会的需求及爱人的能力。第二，要注重受教育者智商和情商双重发展的完整性，教育者在挖掘和培养学生智力的同时，要注重孩子情商的发展，身心健康，脑、心、身三位一体发展，才能打造孩子幸福的完整性，才能构成教育的完整性。任何以牺牲孩子的身心健康为代价，忽略孩子德育的培养，都是对教育的不负责任。第三，即使是智育教育，也要注意它的完整性，各学科要形成自身的系统性及学科之间的关联性。任何知识的割裂或学科之间的分裂都不利于孩子教育的完整性。第四，除了关注受教育者，幸福的完整性还要关注教育者本身的幸福。教育者本人拥有幸福和创造幸福的能力，直接影响到自己的施教对象。在我们的教育过程当中，往往忽略了教育者本身创造幸福的能力，或者施教者本身对教育幸福的完整性理解不当，单纯地以学生成绩的好坏来衡量自己是否幸福。其实施教者本身的幸福，除了对教育者智力的影响和培养，也就是学科成绩的好坏之外，更多的应该是对受教育者人格的影响和品德的培养。当一个教育者把自己对幸福教育的追求提到对学生整个一生的影响这个高度之后，其本人也会有一种海阔天空的感觉，除了孩子成绩的进步会带给其幸福之外，孩子言行的转化与品德修炼的进步，则可以带给其更持久、更深层的幸福。

要让师生过上一种幸福而完整的生活，除了师生有共同的认知、共同的努力方向之外，也需要得到来自家长的认知和实践。因为孩子在成长的过程当中，父母才是他的第一任老师，父母的处事方式、价值观、人生观、待人模式与脾气习性直接影响到孩子的认知，父母的言行和教育观也往往会影响到孩子的言行和习惯。所以，家庭教育跟学校教育是一种双向互动的过程，也是一种双赢的互动过程。学校方应该把自己的教育目标、教育风格、教育思路形成系统的方案告知家长，并让家长们看到有可操作性的落地措施。学校教育的系统性、整体性、持续性和发展性，会给家长们带来极大的信心。而家长们应该对学校教育多一分理解和支持，自觉维护学校的各项规章制度，尊重老师，配合老师的工作，做好孩子的后勤保障工作。就像我们学校的办学目标是"为每一个孩子提供适合其发展的教育"。这是学校办学的美好愿景，也是学校对每个家庭、每个孩子的诚意。但在寻找适合孩子发展的教育方案当中，家长要尽心尽力，和老师一起发现每个孩子身上的闪光点，寻找最适合孩子发展的方式方法，家校联手一起制订每个孩子的发展方案。只有家校联动，才能助力孩子的成长。当家庭教育与学校教育发生冲突的时候，教师与家长应该多些沟通，寻求解决问题的方案，一切以孩子的发展为教育目标。

基于幸福理论，班级是家长、教师、学生在平等的基础上建立的以共同的价值信仰与道德责任为基本准则，以情感为交往纽带，以实现学生、家长、教师共同成长为目的的成长共同体。为实现共同成长的目的，教师要探索如何营造有利于学生发展的共生环境，如何开展有广度、有深度、有效度的班级活动和家校共育活动，如何建设积极向上的班级文化和家校共育的家校文化，锤炼团结进取的班级精神，从而探索教师、学生、家长的共生向度、内涵、特质，进而把班级建设成为一个幸福成长共同体。

本书将从以下几个方面来介绍班级幸福共同体的组建和经营策略。

一、研究立体化的班级组织机制

班级关系是一个教学相长、多向循环的立体化的关系，是亲子之间、师生之间、生生之间的互惠共长的关系，拟引进协同机制，探索通过引入设立家长导师和科任导师，建立教师、家长、学生三位一体的立体化班级组织机制。

二、研究层级式的班级管理机制

探索通过方阵式管理和层级式管理，实现有效的班级管理；探索民主制订班规、组规，实现"组规、班规、校规"的个性和共性的统一。

三、研究浸润式的班级文化机制

探索如何从物质文化、制度文化、活动文化和精神文化四个维度，建立浸润式的班级文化机制，创设和谐共进的共生环境；探索班级文化建设的具体路径和内容。

四、研究高效型的动力机制

探索如何激发班级的成长活力，探索一套班级成长的有效动力机制。

五、研究共生型的发展机制

探讨以生为本的家长、学生、教师联动成长的发展机制，最终实现学生、家长和教师的和谐成长、幸福成长、共同成长。

六、研究科学化的评价机制

探究中学班级德育的有效性评价机制，形成一套科学的、可操作性的评价机制。

第二章
班级幸福共同体的组建机制

　　"学习共同体"最早是美国大教育家杜威所构想的学校模式，20世纪90年代初佐藤学教授将"学习共同体"构想引入教育改革实践中。"共同体"最早是一个社会学概念，是指基于协作的有机组织形式，强调人与人之间的密切关系、共同目标、归属感和认同感。在共同体中，人与人之间是平等的，人们团结互助、互相信任、互相尊重，为了共同的目标而努力，这是共同体的精神内涵。共同体中的人必须具有持续的学习意愿，每个人都能看到他人的优势，并通过各种方法向他人学习，同时自身也处于开放状态，也成为他人学习的参照。学习共同体就意味着学生之间、教师之间、家长之间相互学习，其目标共同指向是为每位学生提供高质量的学习机会。[①]

　　班级幸福共同体是指在班级建设中以营造温馨的环境、创造温暖的故事、开展丰富的活动、打造多彩的文化为引领，构建一个"学生之间、师生之间、家校之间"全方位发展的立体式成长共同体。构建班级幸福共同体的目的是让学生团队获得"德智双收、仁武兼备、全面发展"的幸福，让家长团队体验"家庭成长"的幸福，让教师团队获得"职业成就"的幸福。笔者从学习共同体、生命成长共同体两个层面出发，经过多年的实践，慢慢探索到幸福教育的真谛，不仅自己体验到强烈的职业幸福感，而且也让班级教师团队、家长团队、学生团队都获得满满的幸福感。在班级管理和建设层面，笔者已探索出一

---

　　① 陈静静：《跟随佐藤学做教育》，华东师范大学出版社2019年版，第101页。

套完整的构建和经营体系。[①]

第一节　组建基础

每个班主任都有自己的带班风格和路径，而适合学生和教师自身成长的路径才是好路径。如何最大限度地促进成长，一直是我思考的问题。在多年的探索过程中，我走过了一条教育效果反馈后的最优之路。从最开始的学习小组到合作学习小组，由一个小组到一个班级的共同体，从学习上升到生活，一直指向整个成长。它让学生带着温度成长，构建温暖的成长共同体，班级处处有温暖，处处有感动，可以让孩子们沉淀人生幸福的回忆。我把它升级为幸福成长共同体。最近两年，我大力增加了任课教师的力量、家长的力量、社区的力量，实现了多维型共同成长模式，我把它称为"共生德育模式"。这条路径是我经过十余年的探索得来的，是切实可行的，不仅能让学生获得认同，而且能让我觉得有成就感。这样一条路径，我们怎样把它做好做实？这就需要从构建条件和构建策略两大维度上下功夫，而这两个维度是相辅相成的。

一、确立共同愿景是构建共同体的基础

在共同体的打造中，确立共同的愿景是构建共同体的必备基础。每接手一个班级，我都会在第一次家长会、学生的见面会以及第一次的科任班团会上，跟相关人员推心置腹地交流，提出一个关键词——幸福，讲一讲我对"幸福"的理解，以及"幸福"二字对每个成员的巨大意义。我把"共同建设一个幸福的班集体"作为我们所有成员的一个共同愿景，相当于给一个班级定了一个

---

① 关海娟：《高中语文课堂学习共同体的构建研究》，硕士学位论文，学科教学（语文）专业，青海师范大学，2016，第9页。

调，树立了一个靶子，我们所有的目标是奔向幸福。在奔向幸福的路上，要激励个人的愿景。

在班级建设之初，我会跟所有成员讲两句话。第一句话：让别人因我的存在而幸福。别人就是指身边的同伴，也包括其他相关的人。在激励个人愿景的时候，我强调的是每个成员的个体优势，以及其最后能够去实现个人价值感、存在感、幸福感的路径。在激励个体愿景上，我会搭建各种各样的平台，实现他们成长过程的个性化、可视化、活动化，最重要的是在设置和实现共同愿景和个体愿景的时候，要做到殊途同归。用两个字来形容，就是"融合"。意思是个体可以用各种方法展示自己的才华，找到存在感，去助力班级的成长，但是所有行为的最终目标是共同成长。第二句话：班级因我而幸福，我因班级而幸福。这是班级建设的目标和愿景。当然，每个老师可以根据自己对教育的体验、感悟、理念以及个人教育风格、班级团队风格去确定自己班级的共同愿景。如何在共同愿景的指引下，去激励每个孩子实现个人愿景，最后实现完美融合，这是班主任需要重点设计和实施的内容。在实施的过程中，最重要的是抓住核心，有的放矢。

我的班级愿景有两个关键词。第一个关键词是成长。王成兵曾说过，如果一个共同体中，他的成员自身没有得到发展，那么它将是一个贫乏的共同体。一个富足的共同体，首先就是让这个团队中的所有成员能获得不同层次的成长。共同体中，由于个体的差异、成长的背景不同等，可能会造成个体成长有快有慢，但他们最终实现的是多维度、不同程度、不同速度的成长。第二个关键词是幸福。有人说，幸福是人类追求的终极目标。在我看来，做班主任是辛苦的，但辛苦不等于痛苦。笔者始终觉得所有的辛苦都可以被那种发自内心的、让人感动的、让人幸福的心灵体验所抵消。幸福体验从何而来？马丁·塞利格曼认为幸福有三个维度：快乐、投入、意义。是否能够拥有最终的幸福，需要从情绪上、过程中、结果找答案。要带着一种快乐的情绪专注投入过程，要深入挖掘你做的每一件事、珍惜每一次经历，不管是成功或者失败，都重视它所带来的意义。我经常给学生们打一个非常通俗的比方，让他们明白成长过程的意义，感知过程的幸福。有一次，一个孩子在他的成长日志中写道："每一天学习那么辛苦，每一次考试好像又没有太大的进步，我开始质疑努力的意义。"我就设计了一场交流。我先卖了一个关子说："你还记得两个星期前吃了什么饭菜吗？"孩子摇摇头。"那两年前、十年前的就更记不清了。"我对孩子说，"我们记不清我们吃的每一顿饭是什么，但我们不能否定这每一顿饭都曾经滋养着你，才成就你现在的样子。其实你吃的饭跟你平时所做的一些事是一样的，一个是物质的，一个是精神的，他可能暂时让你看不到效果，但是它的影响、它所蕴含的一些价值一定在滋养着你。所以，我们要做的就是你要带着一种积极快乐的情绪去做事，要专注投入每一天的生活，最终它能够显现为成长的意义。"建设一个团队的重要前提就是让成员明白成长过程的意义，让每个人员在成长的过程能拥有存在感、价值感、获得感和幸福感。

二、明确班级幸福共同体的特征

班级幸福共同体应该具备哪些特征？要从哪些方面去培养学生的共同体意识呢？幸福共同体的具体特征和要素如图 2 - 1 所示。

图 2 - 1　幸福共同体的具体特征和要素

（一）寻求情感归属，成员相互包容

共同体能让所有成员产生情感的归属感，并积极主动寻求情感归属。能让学生产生归属感的班级，首先是一个极具包容性的班级。一个班级往往包含积极型、消极型、普通型三类学生。为了让学生形成共同的情感体验，就需要全体学生用包容之心对待身边同伴的优点和缺点。接班之初，我以"焦点访谈"的形式开展班级活动，选择三个不同类型的学生作为访谈嘉宾，让学生看到优秀学生身上也有不足，消极学生身上也有闪光点。这样就避免学生把班级优秀学生神化，避免优秀学生出现"高处不胜寒"的感觉，避免学生排斥班里的差生，避免差生被孤立的现象发生。当大家坦诚交流，了解彼此的优点和不足之后，就更能做到平等友好，班级就能够带给学生一种情感的归属感和安全感。为了让效果更好，每次"焦点访谈"活动，我会亲自挑选嘉宾，做好前期沟通，让被采访的嘉宾放下心理包袱，坦诚自然交流。我会设计好活动的宣传海报，并亲自担任主持人，也能很好地朝着预设目标推进访谈过程，较好地朝着预设目标推进。

（二）主动贡献力量，助力班级建设

成就感是激发更大成就感的最佳途径。为了引导学生主动为班级贡献力量，我在班里设计一个班级贡献奖。班级贡献奖是多维的：学习能力强的，可以获学习贡献奖；学习稍微靠后，但是艺术天赋特别好的，可以获班级艺术贡献奖。设置贡献奖的目的是让每一个学生都能够发现自己可以为班级做贡献，用成就感去激发每一个孩子，他们就会信心倍增，主动为班级做贡献。

（三）相互支持合作，共同承担责任

班级不是班主任和老师们的班级，班级是老师、学生、家长共同拥有的班级，必须共同去承担发展的责任。我在班级提出一个口号——"班级兴衰，人

人有责"。班级好不好跟每一个家长、老师和学生息息相关。全体家长、老师和学生都肩负着建设班级的责任与发展班级的使命。作为班级中的家长、老师和学生均需要了解共同体的特质，且能积极主动参与共同体的建设。因为共同体不是简单的组合，而是多元素的互补融合；共同体的组建需要人人参与、人人尽责。只有这样才能构建出一个"人人有事做，事事有人做"，相互依存、相互监督、相互竞争的正向磁场，才能形成一种"人人为我，我为人人"主动奉献的价值取向。

（四）自觉遵守规则，铸就班级灵魂

有了团队共荣共生的认识后，学生们就会自觉遵守班级规则，自觉参与班级建设，共同铸就班级灵魂。我曾经在班上举行了一个辩论赛，我在黑板上写下两个关键词：一个是"班规"，一个是"班魂"。我们讨论班规重要还是班魂重要。最后，我们达成一个共识，就是班魂远比班规重要，班规是挂在墙上的，班魂是铸在心里的。所以，打造班级幸福共同体一定要特别重视铸造班魂。

班规是适应学生需要的，真正需要的去约束它的规则。每次接手一个新班，我基本不会急着去定班规，因为这时还不知道学生状态，不清楚他们需要什么样的规则。前一个月我会让孩子们尽情去发挥，不需要掩饰自己，第一个月在别人看起来可能会有些乱，但是正因为在毫无掩饰的过程中，我可以进行细致的观察，把每一个学生进行细致的分类，然后去总结班级共性的特点，再去进行规则的制定。观察期，看起来有些"无为之治"，其实大有文章。其中的一个小法宝就是，我会用"看图说话"的形式进行班级记录，我随手拍摄下班级的学习和生活场景，专门做成一个 PPT，每张图片配上一些解读文字，利用专门的时间在班级展示，这种做得好或做得不好的图片，其实就是一个隐形规则的引领。

学生需要什么样的班规，喜欢什么样的班级，班主任需要观察、询问、跟

踪之后，再与学生民主协商、制定。了解学生需要的途径很多，小组漂流日志就是不错的选择。漂流日志每组一本，每天由一个组员主笔记录，其余组员都签名、跟帖，每人轮流写作。它既能成为班主任了解班级动态的窗口，又能成为小组沟通互动的平台。我曾经在批阅学生小组漂流日志时看到如下一段记录：

> 经过短短数天的磨合，我们已经从刚开始的无话可讲、有事才讲的生疏，渐渐地转变为主动聊天、相互学习。这一切，得感谢能干的杨妈。她的小分队合作实施非常成功，不同于其他学校。
>
> 杨老师在幕后打造了一支非常强大的军队，也在幕后操控着一切，她像一位军师一样指挥着我们班、我们组。她分配任务都恰到好处，上到班长、小分队长，下到组员，每个人都有分工，每个人各司其职，发挥出最强大的力量。人与人、组与组之间密切联系，相互配合，有管理，有服从，但又相互依存，缺一不可。我们班虽然只是一个普通班级，但我们班里面的层层关系就像一个国家一样，杨妈就是"最高领导人"，组长是"地方政府领导人"，组员是"地方官员"，人人平等，共创天高一班美好家园。

以上文字是我在 2018 届高一（1）班小组漂流日志里看到的。当时，小组从组建到运行不到一个月的时间，学生能有这样一个反馈，我非常惊喜。

班级幸福共同体理念一旦深入人心，就会形成良好的班级氛围。充满正能量的班级舆论会成为纠错改错的重要力量，会养成学生自省的习惯，会督促学生自觉维护班级荣誉。一封道歉信的故事很好地诠释了学生对班级荣誉的重视和对班级规则的自觉遵守。事情是这样的，有一天，我去看课间操回来，发现我的电脑鼠标下面压了一张小字条，上面写着："杨妈，我十分对不起 1 班，只因我的疏忽，将雨伞放在教室的书柜上，而使我们班被扣了1分，很可能成为我们班被扣的第1分，我深感歉意。如果有什么可以弥补的方法，请告诉我，我一定会尽力去弥补的。"当时，我看到这张字条后，第一反应是不就是扣1分嘛，接着就有深深的感动，觉得这是一个很好的教育契机，我要抓住它做点儿文章。这个孩子叫小宇，他自己觉得扣分影响了班级，会主动跟老师写一封道歉信，还能主动请教有什么办法去弥补。在他看来，班级荣誉感是非常重要的。在这里要解释一下，我们学校德育管理奖惩机制非常严谨，书柜上面要非常整洁，不能摆放杂物等。我告诉他说："学校目前在推行一种办法，就是加分制，比如说，这个班级特别有亮点，或者说特别做得好的一个地方就可以加分。"小宇说："把雨伞放在书柜上扣了分，我就从这件事下手。"那一天，小组成员跟小宇一起把书柜从头至尾重新擦拭了一遍，所有的书重新摆放整齐有序，他们还把班级里面养的花摆个造型，然后他们去跟查分的学生进行了沟通商量，总算补上了那1分。这件事解决之后，我觉得是一个非常好的教育契机，我就以此事为主题在班上开了一个微班会，表扬了小宇能够主动承担责任，还能够主动采取弥补措施，也表扬了他们组员，能够积极去为自己的组员承担责任，等等。最后，我用两句话进行了总结：班级制度不是外挂在墙上，而是内化在学生的心里；班级目标不是教师的硬性要求，而是学生的自觉追求。

这件事之后的一个学年，我们班1分都没扣，整个学年我们拿到了德育考核的满分，我觉得是件非常了不起的事。

第二节　组建原则

小组合作学习模式相比传统的学习模式具有很大的优势，通过合作，完成与学习目标相关的系列小组活动，可以达到以学促教、以学定教的目的，真正做到以学生为主体、以教师为主导的新型教学关系，不仅可以让学生提升学习效率，提高学习成绩，还可以在活动中提高学生的表达和交际技巧，学会倾听、学会提问、学会思考、学会尊重，真正达到德智双收。在经过几年的摸索后，于2018年在高三（5）班全方位顺利推进，在班级管理和学习管理方面发挥了很大作用。在我看来，高效有趣的小组活动是疲惫期的兴奋剂，是兴奋期的稳心丸，是稳定期的加油站。如何组建一个和谐合理的小组团队，发挥小组成员的向心力，形成小组团队的合力，是小组合作学习的重要环节。

班级小组组建基本要遵循"组内异质，组间同质"的原则。前者指的是小组内部构成要考虑不同因素，例如性别、性格、能力、成绩等，形成一定的梯度。事实证明，能力不是小组组建的主要因素，如果把同类型性格和能力的学生放在一起，反而不利于小组活动的深入开展。同样能力强的学生组团，也是有点儿浪费资源，达不到小组互助学习的帮扶目的。后者指的是组与组之间在构成方面基本趋同，这样有利于班级内部小组活动开展的均衡性和平等性，不会造成有小组唱独角戏、有小组坐冷板凳的现象，也有利于班级内部小组活动展开良性有序的竞争，保证小组合作的持久性和有效性。

第三节　组建要素

一、性格要素

一个团队的运作首先是人与人的活动与相处，而性格在人的活动中有十分重要的作用，性格直接投射在人的行为活动上，小组成员的性格合拍与否直接关系到小组活动推进顺利与否，影响到小组学习的效果和情绪。瑞典心理学家、哲学家卡尔·荣格（Carl Jung）倾毕生精力，投入在人的行为研究上。

经过数十年的统计分析，提出了 DISC 人类行为理论。这套理论对后来的心理学、社会学、人类行为学产生了极大的影响。美国国防部甚至在"一战""二战"期间使用这套理论对军官的行为进行分类与管理；而这套理论对个人经营自己的人际关系、强化沟通技巧、推进工作进程也大有裨益。它使得人与人的沟通变得更为有效，并使工作效率大为提升。作为教师，我们的身份角色在某种程度上就是一个指挥者、观察者、协调者、管理者，也许我们不能从专业的角度完全了解高深的人类行为学理论，但我们可以结合对学生细致而深入的了解，大致判断出学生的性格类型，在组建团队和工作推进中避免严重的性格误区，从而提高工作的合理性和有效性。根据该理论所示，在我们的小组合作学习中，研究学生性格类型，避免出现性格冲突，合理搭配个性组成，形成性格互补，才能确保小组构建的有效性。这就很好地解释了为什么有些问题可以有效且顺畅的合作，有些则不行，当然造成这种结果的原因很多，但其中之一就是团队的人际互动状况。当一个小组在活动推进受阻的情况下，首先考虑是不是组员在性格上产生了冲突，因为个性冲突是影响活动继续推进的重要因素。

二、能力因素

按能力同质分组还是按能力异质分组要从学生的具体学习状况和班级特点来考虑。可以把学生分为高能力、中等能力、低能力三种情况。在过去几年的试运阶段，我曾尝试过不同班级的同质能力和异质能力分组，研究发现，对高能力的学生而言，同质分组更有利于他们关注问题本质和思考的深入，在策略部署和解读成功上会更有效；中等能力的学生在同质组中根据参与程度不同，其互动过程或者倾向于高能力组的表现，或者倾向于低能力组的表现。他们的决策过程和成果呈现更受其他因素的影响，比如所解决问题的难度和目标达成的难易等。对低能力的学生而言，由于受自身能力和眼界所限，同质分组难以涉及关键之处，参与互动的程度比在异质组更低。

综上所述，按学习能力进行同质分组主要对高能力层次的学生更有效，而能力异质分组对低能力学生更有益处。中等能力学生在同质和异质小组的表现基本均衡，不受同质或异质的影响。总体来说，不同的小组能力构成，会影响合作学习的认知互动过程与认知结果，但能力不是唯一起作用的因素，还要考虑到成员认知发展水平、合作技能掌握程度、任务类型和小组成员的个性等的综合作用。

第四节　组建前提

共同体的构建需要家长、学生、教师共同参与，要构建共生型共同体的前提是角色的转换，大家对自己的身份有一个恰当的定位（见图 2-2），在后期的角色扮演以及事件的承担上，就可以做到各司其职、各就其位。

一、学生身份

图 2-2　共同体中的学生定位

在传统的带班模式里，班主任就是一个火车头。现在，单纯的火车头要变成动车，动车跟传统的火车最大的不同是它的时速非常快、效率非常高，那么它的原理是什么？其实就是动车每一节车厢装配有驱动车轮，能够形成联动，产生合力。发挥每一个人的积极性和主动性，让他们产生行为自觉。所以在这个过程当中，学生的身份变了，他们不再是消极的、被动的了。在学习维度，学生应该是由被动的学习知识者变为主动的知识建构者。教师的角色，就是由一个单纯的知识传授者变成设计者，构想怎样让学生在教学设计当中进行一个深度的交流、对话、碰撞，最后形成知识的建构和生成。

平等权利的拥有者。在班务的维度方面，学生要从消极的服从者变为积极的参与者。共同体与传统的小组合作有差别，小组合作更多的其实是组长去教组员，优秀的学生去帮扶成绩差的学生。在共同体中，学生与学生是平等的，享有同等的权利。共同体中每一个成员除了担任一个单科的组长，还担任事务组长，每个人都是相互牵制的。你想我配合你的工作，那你就要先配合我；你有权利，我也有权利；你有义务，我也有义务，个个都是平等权利的拥有者。

方案的决策者。以前，班级要开展什么活动，都是班主任说了算，学生跟着做就行了。现在，方案由师生共同来决策，我特别尊重学生的想法，非常乐意和他们交流互动，学生们的思维特别活跃，只要把他们的积极性调动起来，他们会给你无限的惊喜，学生是过程的参与者，一个都不能落下，一个都不能少。

问题的解决者。以前，学生有什么问题就找老师，现在在我们班我提出一个小小的要求，当孩子们发现问题之后，第一自己想办法解决，第二解决不了找组里的同伴或组长，同伴、组长解决不了的，然后去请求班里面其他同伴、组长的支持，最后解决不了的再找我。所以，在问题解决的过程当中，他学会了解决问题，以后我也会提出一个解决问题的延迟法。当然这里面有一个特例，如果孩子们提出的请求特别紧急，那我肯定会在第一时间进行解决。

二、家长身份

传统的家校关系中，家长与教师是单向信息传递关系，教师给家长传达信息或布置任务，家长只是被动接受和配合；共同体模式下，家长要进行角色转换，首先是参与者，家长可以深度参与班级的决策和管理。在班级文化建设、班级活动开展、班级学生工作中引入家长的力量，家长们直接参与和决策班级事务，既是班级工作的深度参与者、支持者（见图 2-3），又是后勤保障者和技术力量支持者。

转换身份角色——构建共同体的前提

家长该是何种身份？

图 2-3 共同体中的家长角色

例如，我的班级每年都会开办家长课堂，挑选各行各业的家长参与班级授课，讲述自己的成长经历、人生感悟及社会阅历，或就某一主题开展家长论坛；在家长队伍中专门设立班史部，参与班刊编写。2022 年 4 月 12 日，是班级成立一周年的日子，在与家长商量后，决定召开一个班级周年庆活动，主要事务由家长完成。家长们负责班刊的编制和印刷。他们把全班学生的名字都刻在了蛋糕上，写上班级周年庆字样，显得非常喜庆。热闹的周年庆活动不仅给学生留下了美好的成长记忆，还能成为后期学习的动力，形成良好的班级凝聚力，增强班级学生的成长幸福感，可谓一举多得。

除了引入家长力量，让他们成为班级的重要参与者外，我还特别提倡家长成为学习者。每接任一个新的班级，在第一次家长会上，我都会跟家长沟通，号召他们做一名学习型的家长，用自己的行为为孩子的成长营造一个良好的学习环境。为此，我会经常推荐一些家庭教育的资料，也会单独开设家庭教育的讲座，推荐优秀的家庭教育的专著。例如推荐了李镇西老师的《做最好的家长》一书，就深受家长们的欢迎。不少家长不仅认真阅读，还认真做笔记、写感想。除了传递学习型家长的理念，还提倡家长能够做到"幼吾幼以及人之幼"，把班级的事当作自己的事，把孩子的同学当作自己的孩子一样去关心爱护，接纳班级所有学生的优点和不足，共同为全班学生的成长保驾护航。正因为充分调动家长参与班级事务，给予决策权，家长都能参与深度学习，并能积极支持班级事务，成为班级发展的重要力量。

三、学科教师的角色转换

在过去，学科教师往往把自己定位在单纯的知识传授者，班级参与仅限于完成学科教学，关注的是学科课堂，看重的是教学成绩，很少参与学生成长的过程，关注学生心理的成长和品德的培养。科任教师与班主任身份界定非常明晰，合作力度不够。现实生活中常常会存在班主任与学科教师对某位学生存在认识偏差，其主要原因是学科教师未能像班主任一样深入了解学生、走近学生，探究学生真正的内心世界。浅表层的认知常常会造成学科教师对学生了解不够深入。在新时代，提倡学科育人，强调学科渗透，学科教师身份应该由单纯的知识传授者转化为学科教学和育人双重身份，积极参与到班级管理中，成为班主任的同盟军。为了调动学科教师参与学生成长引领和班级管理的积极性，我会将科任教师以导师的身份引入学生成长过程中，并且把传统的科任教师联系群，改名为战友群或者班级文化建设中心、班级文化建设指挥部。一个称呼的改变就融入了更多的内涵，意味科任教师与班主任是亲密的战友关系，是班级建设的同盟军，是班级文化建设的合作者（见图 2-4）。

转换身份角色——构建共同体的前提

班级学科教师该是何种身份？

图 2-4　共同体中的教师角色

第五节　组建路径

构建对话系统，是构建共同体的重要路径。这里的对话指的是一种多维度、多成员、多途径的深层交流。我用三个关键词来说明对话系统的构建：第一个是表达，第二个是倾听，第三个是对话。具体来讲，对话系统是构建共同体的路径。在对话系统的构建中，重视表达，重视倾听，重视深层次对话，其中"表达"要求观点明确、思路清晰，"倾听"要求用心专注、细心记录，"对话"要求平等平和，重视深层互动。在表达层面，要求学生能够用"总—分—总"的模式，根据表达的目标和听众的特点，能清晰确定要表达的观点，围绕观点进行选材和话题的表述，形成合理逻辑，能让观众听得清、听得懂。在倾听的过程中，要求听众能专注投入，边听边记录，记录表达者的重要观点、发言的关键词，并且能够形成逻辑清晰的思维导图。在表达者完成表述之后，能对照自己的思维导图进行恰当的点评和对话。倾听是对表达者的尊重，也是对话的重要基础，记录可以为点评和后续的对话进行准备。在倾听和表达的过程中形成生生对话、师生对话，在对话中能够就观点深入讨论，碰撞思维，达成共识，构建并生成知识。为了保持对话效果，可以在倾听、表达、对话的技术层面做相应的指导。比如，我每接一个班级就会跟学生开一个4S交际法的培训课，所谓4S就是4个英语单词的缩写，即Smile——微笑、See——看、Shake——握手、Say——说话。这四个单词构成一种交际过程中的交际法则。例如面带微笑、注视对方、亲切握手、友善交流，并且创设情境，让学生互相演练，形成良好的交际习惯和方法。这些习惯和技能的培养为后续深层对话做有效的准备，为在班级形成良好的对话系统提供技术支撑。我在班级搭建各种对话平台，例如班级论坛。以2022届高二（1）班为例，在3月份的月度论坛上，我就结合语文必修下册第一单元语文教材的相关篇目，以美为线索，开展"一周一主题"的阅读论坛，主题分别是爱情之美、爱国之美、雷锋之美、诗词之美。主题论坛的主题可以围绕学科内容，也可以围绕德育活动，前期准备由各组长落实论坛坛主，坛主在周末准备好相应的演讲内容，做好展示课件，准备演讲稿。论坛的时间可放在班会上进行，也可放在每节语文课前5分钟进行，准备过程由组长和其他组员协助完成；具体开展过程由坛主发表演讲，然后邀请自己喜爱的同伴进行点评。我再根据演讲内容及点评情况进行相应的总结提升。因为论坛内容广泛，接地气，贴近学生的生活，又能渗透学科教学和德育内容，深受学生的喜欢，在学科教学及品德养成上起到良好的促进作用。每次主题论坛完成之后，我会让参加论坛的学生写活动感受，并且评出每一期的最佳论坛坛主。在前期有宣传、过程有跟进、效果有跟踪的保障之下，班级论坛形成了一种良性的循环，学生踊跃参加，充分准备，内容精彩，过程活跃，效果突出，成为班级师生之间对话的重要渠道。

第六节　组建流程

一、成长共同体构建的第一阶段——宣传定调

构建成长共同体，需要对家长、学生、教师进行宣传，为成长共同体的功能定调。结合时代要求，高中学生需要具备创新与合作的核心素养，而教师和家长的共同功能就是引导学生释放思想自由，渗透高尚主流价值，促进有效对话交流，提升各自的精神品质，为提升创新和合作素养蓄能，为一辈子的成长奠基。在共同体运行过程中培养学生与社会接轨的能力。

在宣传阶段需要做好以下三部曲工作。

（一）业绩展示

可从成绩、荣誉、报道等多个角度对成长共同体的运行业绩进行展示，这是最直观的宣传。每接一个新的班级，我都会展示近几年的高考成绩，以及班级所获取的集体荣誉。用数据和事实说话，可以激发学生对成长共同体的向往，为后期产生集体认同感做准备。

（二）榜样宣传

班主任的教育理念、带班策略及教育效果通过前期的同门弟子做宣传是非常有效的渠道。为激励学生积极参加组长竞聘，通过岗位磨砺能力，我展示了2020届的一位小组长跟我的对话：

> 小陈：老师，我最近在带队搞大学生创新创业实践项目。
>
> 我：你可以直接用带小组团队的方法来操练和凝聚。
>
> 小陈：我其实当过几次这种组长或者队长，每一次感觉过程中哪些任

务分配和讨论协调，我都安排得很不错，当组长的经验属于是科技 DNA 的了。

我：所以说，当组长是最能历练能力的。高三阶段，你们几个组长除了收获一个好的大学，最大的收获是培养出带团队的能力。

小陈：是的，还有当时为了带动组员而发挥的主动性和积极性。现在想想高三的经历对我影响真是挺大的，高三的时候可能因为累加上没有相应的经历作为辅助理解，所以当时感受可能没那么深，但是上大学后，和不同的人接触，我才发现高三的经历和经验有多宝贵。

这个学生是我高三新组合的成长共同体当中的一名组长，她的中考成绩并不算好，刚开始担任组长也不是特别积极和自信，但在后期的培养过程中逐渐激发了她的积极性，她能非常有创意地去凝聚小组力量，成功成为小组的核心，多次主动承担班级活动的组织任务。在她的带领下，2020 届全组成员都考上了满意的大学。

在 2021 年新组建的成长共同体建设期，我邀请了 2020 届组长、组员代表分享成长经验，起到非常好的效果。小陈在谈到自己担任组长的感受时说：

高三阶段，杨老师让我竞聘组长一职，当时我的第一反应是怀疑自己能否胜任，而且担心担任组长这个职位之后会影响到高三的学习，但后来我选择挑战一把。最后，我用自己的拼搏和努力，没有辜负老师对我的信任，同时也让我在这一段经历中收获了领导能力和自信心，让我感受到了理想目标的重要性和经历过全力拼搏后无论取得什么结果都能问心无愧的宝贵经历。

关于如何成为一名优秀的团队组织者和领导者，她结合自己的经历、经验提出以下几点建议：

首先，要带领出一个优秀的共同进步的团队，首先要培养组员的归属感和责任感，让他们意识到自己是小组的一员，组里的同学都是自己学习生活上要朝夕相处、互帮互助的伙伴；同时也要让他们意识到自己也肩负着对应的责任。在这当中组长可以实施的具体措施包括：①建立一本小组日记，采用论坛体的格式，每天有一个人轮流做"楼主"，以类似发帖子的格式，对自己这一段时间的学习生活感受、所见所闻的趣事、对组员的鼓励和建议等写在日记本上。②定期关心组员的学习和心理情况，有需要帮助者可以调动全组力量去帮助解决。③固定一个时间点作为小组的共同讨论时间，可就学习里遇到的困难疑问向组员寻求帮助，或就某些问题进行集体讨论，等等。④对于分配到小组的任务，组长要及时规划任务分工，按照每个组员的特点去个性化地分配任务并明确完成任务的截止时间。

其次，对于不愿意积极参与小组活动的组员，不应采取过于强势的要求或命令，这样只会增加其对小组活动的排斥与厌恶。应该私下以谈心询问的方式了解其不愿意参与的原因，在谈话、谈心中让其了解小组氛围的重要性和每个组员应尽的责任，同时在日常小组活动中，带动其他组员一起对该组员提出邀请等。

最后，组长要起到带头作用，为组员树立榜样，以身作则，引导组员一起共同进步；同时也能增加自己在组内的领导力，有利于后续更好地开展小组活动。

这些真实体会对学生触动很大，启发也很大。当组长的经验介绍，直接起到了示范引领作用。

为帮助全体同学了解和接纳班级幸福共同体的组织架构，了解班级幸福共同体中学生生活和学习的感受，我邀请了一些往届的学生作分享。2020级就读于中国海洋大学的小林同学在谈到自己的感受时说：

班级幸福共同体模式下的班级生活给我四点感受：第一点，学习更高效，当我学习感到疲惫时，看着组员学得起劲，我也能打起精神，跟着大家一起努力。当我学习上有疑问却来不及问老师时，只要扭头问组长，她一定会想办法帮你解决。第二点，感觉更温暖。和班里的学霸比起来，我可能是学习中的"泥石流"，在上网课期间因为在家学习不习惯，那段时间几乎是荒废的。但是杨老师没有放弃我，小组成员也没有放弃我，组长也在群里号召每个人坚持学习并打卡，还常常私聊时问我学习的近况，让我在最后也取得了不错的高考成绩。在学校，小组成员会互相分享好吃的，还会互相分享父母带来的珍贵的爱心午餐，有时候杨老师在班里举行的活动，以小组为单位一起参与，就好像一个温暖的小家。在这个小组，我的内心不再感到空虚，而是被温暖填满。第三点，弱点更针对。杨老师为每个学习小组都安排了负责的导师，我们小组的负责人李老师为每个人都制作了成绩曲线图，还在取得好成绩的时候给我们奖励了文具，到现在我还珍藏着那几支笔。有时候，各科老师也会以小组为单位把我们叫去一一辅导，让组内成绩好的同学指导成绩差一点儿的。就拿我来举例，最后我的英语和化学水平的提高都要感谢小组成员的帮助，如果没有他们，光靠我自己是难以同时兼顾这么多科目学习的。第四点，生活更有趣。在我们组有一本小组日志，张同学先起头写了一些侦探小说的片段，我们每个人每天的小乐趣就是往下续写这本小说，还画了小漫画。这些单独属于我们自己的小秘密，是人生几十年的宝贵回忆。还有我们组的一些"梗"，这让我每每想起都感觉很有趣。

班级幸福共同体下的教育，着眼于学生的未来，立足成长，关注幸福，高中阶段团队合作中的体验和收获的能力，会让学生在大学乃至今后的工作中都起到良好的作用，真正为学生一辈子的幸福奠基。

毕业于 2020 届，现就读于上海海关学院的李同学在谈到高中生活时说：

　　来到高三（5）班之前，小组学习对我来说是一个比较陌生的名词。我不知道一个小组一起学习和一个人自己去学习究竟有什么不一样。但对我来说，哪怕到高考完毕，我也没发现我的学习能力究竟发生了怎么样的变化。来到大学以后，我觉得小组学习其实对我的生活带来了积极正面的影响。我记得，当时我们的小组有一本小组日志，而我们每一位成员都要在上面记录下每一天自己的感受，或者说对小组某一个成员发表的评论提出我们自己的看法。甚至我们小组里面比较厉害的同学，还利用自己的课余时间开始写小说。当然，不是说我现在有想法写小说，但我开始偶尔会去试着记一点日记，去把自己每一天生活里面的一些细节记下来。我会发现，其实每天千篇一律的生活仍然是能找出一些不一样的闪光点的。就比如说今天的饭特别好吃，或者说今天发生了一些小事情，比如说图书馆里面的红发阿姨看到我去借书她很开心，也让自己很暖心。日记这种习惯虽然也不是每天都在做，但是有时候记一下，还是觉得自己的生活丰富了不少。

　　当然不只是小组日志这件事，小组日志只是小组学习里面一个比较小的部分；而我觉得小组学习里最重要的其实是小组活动。虽然来到大学以后，我的成绩依然不算太好，但是我成为班里的文娱委员。如果我的高中仅仅是限于高一、高二单打独斗的学习生活的话，我来到大学绝对不敢去尝试这个职务的，但是在杨老师的班里面，观看杨老师以及同学举办的班级活动后，我觉得举办班级活动这件事情是非常有意义的，而且很锻炼个人能力。举一个非常简单的例子，就在我们准备毕业要拍毕业合照的时候，我看到组长特地为我们选择了五角星的拍照方式来作为我们小组的最后一张合照。虽然不敢说我们拍的照是最好的，但我们一定是最有创意的。当我们每个组员把自己不同的想法、对生活的不同思考融入小组生活中的时候，我们就会发现，这个世界其实是很多元的。

我觉得每个人都需要有一次这样的尝试，和别人一起合作、一起学习，无论结果怎样都是一次难得的经历。

班级幸福共同体坚持平等、民主的原则，每个成员都是小组的主角，都需要参与小组的建设，在良好的团队协作中实现感情的流动、能力的培养。这些情感沉淀为学生珍贵的记忆，能力内化为学生立足社会的武器。

（三）书信助力

在前期的宣传工作后，学生对成长共同体班级模式的构建能产生初步的认知和认同，这时需要有一个更综合的介绍，我会结合学生成长案例给学生写一封成长共同体的推介书信。

案例

一群人，走得更远
——高一（1）班共同体成长模式推介信

各小组成员：

大家好！

今天我想跟大家就小组合作学习模式与大家进行交流和探讨。在去年2018届高考当中，我带领你们的学兄学姐们取得了比较优秀的成绩，有一个重要的原因就是我在班级推行小组合作学习模式，大大地激发了学生学习内驱力，保证了学习激情。小组合作学习探讨能进行思维碰撞，激发学习兴趣，调动内驱力，产生思考的合力。有一句话："一个人可能走得更快，但一群人，一定会走得更远。"说的就是合作的力量。首先，老师跟大家说一说合作对大家目前学习的好处。它能有效解决课堂留下的疑惑。高中注重思维与能力的培养，课堂节奏快速推进，每个孩子在对知识的理解的速度和课堂效率的高低方面会有所不同，大家可以在课堂记笔记的时候，用不同的标志，把自己未理解透的知识点标记下来，课后进行同组之间的交流探讨，这样可以扫清课堂存留的疑难问题，也可以减轻老师们课后辅导的任务。在小组讨论的时候，大家可以进行思维扩充和解决问题方式的互补。交流的时候，你会发现，很多东西你没有想到，可别人想到了，这样，一个问题就会融合很多种理解，大大提高了同学们以后解决问题的能力和开拓思考问题的方向。小组合作在交流问题的时候，我会进行一些关于提问艺术的指导，要求同学们在讨论问题的时候有相应的语言语气和调动气氛的能力，这将对同学们以后的人际交往产生重大的影响，在小组合作进行一段时期之后，大家会发现自己有了神奇的变化，比如语言表达能力大大提升，人际交往的艺术大大提高，胆量会大大增加，会更加自信，气场会变得更加强大。我曾说过，人生的终极目标是追求幸福，在小组合作学习过程当中，大家都有自己的任务和责任，都可以找到为别人服务的内容和方向，在帮助别人的同时，自己会收获一份快乐和愉悦，能找回一种帮助人的幸福感，这种幸福感可以积淀成为一种灵魂的升华，从而达到一种幸福的境界。传统的大班管理模式中，一些性格内敛的孩子不会表达自己的想法，没有倾诉的平台，他们羡慕性格外向的同伴可以随心所欲地表达自己，往往会有一种"热闹是他们的，我什么都没有"的孤独感。在小组合作学习的模式中，就可以避免这种个人的失落感与孤独感。我设立个体任务和完成目标，构建一种相互依存的关系网，小组成员各自的需求都必须依靠他人的合作来完成，间接地为学生的交流提供平台。这个平台为小组成员提供了帮助他人的机会，在帮助他人的同时收获友谊，拥有成就感、归属感。成就感和归属感是继续前行的原动力，友谊是推进合作的润滑剂。当每个人在小组内能够发挥自己的兴趣特长，能够有一种自信和力量之后，小组就进入良性循环的阶段。在以后渐渐推行的小组与小组之间合作与竞争的活动当中，每个组都得到能力的发展和自信的提升后，我们班就会形成良好的班风。这就是我常推行的一种优秀理念——一个人优秀，不仅是自己优秀，还应该帮助身边的人优秀；一个组优秀，不仅是自己小组优秀，而是要帮助六个组共同发展、共同优秀，才是真正的优秀。我的终极目标当然是全班人人有发展，人人有提升，人人有幸福，这才是班级追求的目标。

在小组合作运行模式推行之前，老师在开学第一课上就特别强调一个词，就是仪式感。小组活动的推行过程，我最希望同学们有一种慎重的态度，有一种激情的投入，有一种仪式感。可以这么说，我在正式宣布小组成员名单时，就已经做了充足的准备。我跟同学们促膝谈心，班会主题都是为小组合作推行做伏笔和铺垫。你们会慢慢发现小组合作运行的理念与我在班会上所提到的理念是吻合的。所以，我在这里想提倡同学们用一种仪式感来推行我们的小组合作学习。我不希望小组合作学习仅仅停留在形式上的组合，一种虚无的假象，一种没有实际效果的虚壳。我需要同学们首先接受的是一种认知，合作它不是一种形式，而是一种理念，是一种精神，是一种内在的需求。你要相信我，小组合作学习当中，你一定是受益者，三年的小组合作之后，你收获的不仅仅是一份满意的高考成绩，还有你的精神气质，你的分享意识，你的感恩情怀，你的交流能力，你的组织能力，你的人生格局和胸怀，你还会收到很多不经意之间所磨砺出来的坚韧和勇敢。真正的小组合作运行当中，如果你能够主动表达自己、提升自己，你会发现，你的视野大了，你的胸怀广了，你的气质好了，你的能力强了，你的成绩好了。老师描述的既是一份美好的期待，也是我历经近十年实践检验的不二真理。2018届42位孩子，在历经十个月的合作训练之后，离开母校时，不仅仅是带着一份高考成功后的荣耀离开，而且会带着一种成长后的愉悦离开。有一位姐姐叫陈思迪，她是一个性格内向、不善表达的人。我想为她提供一个个性化的教育，那就是给她一个成长的平台——担任小组长。刚开始担任小组长的时候，她不敢与自己的导师交流，不敢向同学们表达自己的要求，甚至不敢在讲台上展示小组的成果。经过我不断鼓励、帮助磨砺，渐渐地，思迪姐姐可以跟小组的同学讲生物难题，讲数学的多种解答方式，提活动的要求，分享小组的成果。半个学期之后，在小组学习擂台赛上，思迪姐姐终于不再羞涩，她大胆而大方地提出了每个小组成员的竞争目标，以及执行的过程。他们组有一个不爱学习的孩子，成绩不断下滑。思迪以小组长的身份耐心地跟他做工作，慢慢地感化并转化了这个孩子。思迪姐姐最终以615分的高分考进了中山大学。在离别前夕，我问思迪姐姐："思迪，你感觉做小组长最大的收获是什么？"思迪感激地说："老师，我感觉自己最大的收获就是我的胆子大了，我的能力强了，我快乐了。"她的妈妈十分感激地对我说："杨老师，感谢你给了思迪这个机会，思迪以前是一个非常内敛的孩子，我就担心她的性格，没想到高三紧张的学习，她不仅没有不快乐，反而变得自信快乐，谢谢你带给她的成就感和幸福感。"与思迪姐姐类似的学生还有很多。

听了这样的故事，大家是不是很羡慕呀？我想肯定地告诉大家：你也可以！那怎样才能达到这种境界呢？我想从几个方面来告诉大家怎么做。首先，你要有帮助别人就是帮助自己的意识。这种意识会让你不自觉地在常规行为以及学习的时候学会分享，自觉地把自己学得好的经验方法分享给自己的同伴。帮助别人克服困难的过程，就是自己提升解决问题能力的过程；帮助别人协调矛盾，就是提升自己协调能力的过程；帮助别人提高自信，就是提升自己气场的过程；帮助别人找回快乐，就是提高自己寻求快乐能力的过程。当你转换视角，转换思维，你会发现，你要感谢能够给你提供帮助机会的同伴，因为，帮助的是他，磨砺的却是你自己；收获的，不仅是他，也有你。当你有了这种意识的时候，你就有了感恩的意识，生活需要感恩。有了这种感恩意识，有了这种转换思维，你还会像以前那样认为帮助别人是在浪费自己的时间吗？在我的过往经验和教学案例当中，几乎没有一个孩子是单打独斗，孤军奋战，最后取得好成绩的。

　　学习上，希望同学们明白这个道理：知识的掌握，不仅仅是自己会做题，而是自己能把做题的过程清晰地说出来，把思维的流程展示出来。我们平常的学习往往忽略了这种整体思维流程的整理。传统的学习往往是以做题的方式来检阅自己对知识的掌握程度。其实，答案只是对知识掌握的最表象的检验方式。高考是思维与能力的比拼，需要大家在掌握知识的情况下，能够用流畅的语言来展示清晰的思路和思维方向。小组合作学习，是为同学们提供一个交流思维、展示能力、开拓视野、提升能力的平台。当你学会了一道数学题，你可以把这道题清晰流畅地展示给自己的同伴，小组内思维碰撞的过程就是小组同学共同进步的过程，讲解的过程就是思维整理和巩固的过程，倾听的过程就是思考和质疑的过程。

　　具备了感恩和分享的能力之后，同学们还需要去培养交流的能力。说话是一门艺术，小组活动主要是以讨论的形式来展示一种合作的过程，产生一种合作的效果。交流讨论是以语言来推进，语言是小组合作学习的主要媒介。提高自己的交流能力和表达能力对推进小组合作工作尤为重要。在平常的语文教学以及小组培训会议中，我会帮助大家，也希望大家有这种训练自己交流水平的意识。比如，说话的语气语调是否让身边的人舒服？提出的意见是否中肯中听？当小组讨论进行不下去的时候，如何让讨论继续深入？在讨论偏离主题的时候，如何艺术性地引回正题？一个优秀的小组，在进行小组讨论或者大型的合作活动时，总是会有这样一个流程。我打个比方吧，就像放风筝，那条风筝的线一定是掌握在行政小组长的手里，方向、力度都由小组长掌控。小组长要快速训练出小组讨论或活动时的有效性，切忌泛泛而谈、不中要害，避免效率低下的情况。交流艺术当中，我特别强调平等意识，不管是行政小组长，还是单科小组长，或是下组的班干部，大家都以合作伙伴的身份平等相处，不能有俯视他人的思想。我在设置班级小组组合方案时，构建的是一种积极的、相互依存的小组模式，目的就是避免个人唱独角戏。在我的心里，不管是一个小组，还是一个班级，春色满园才是春，人人发展才是我的班级目标。要有责任意识，人人有事做，事事有人做，这就是我建立小组的原则。每个人必须承担起自己的个人责任，有一种主人翁的意识，积极为营造和谐而有力量的班集体做出自己的贡献。

具体说来，行政小组长要有宏观调控的能力，必须制定常规方面、学习方面的积极的竞争措施和监管措施。小组长既要有指挥和协调的能力，又要有监督的义务，还要有调控的艺术。我会对小组长进行一些相关的培训，但更重要的还是自己在工作中慢慢摸索，不断总结，寻求最好的工作方式。单科小组长，你要服从行政小组长和中心组小组长的调配，加强与导师的联系，积极反馈同学们的疑难问题和落实课堂要求，负起自己这一单科的责任，力求让自己小组的成员在这个单科上面有新的突破。课代表作为中心组组长，要有指挥和调配单科小组长的能力，能够与科任教师积极沟通，力求整个班级的同学在这门学科上有新的突破。班干部，你有责任分配好自己所分管的工作任务，以及监管班级任务的完成，协调小组组长完成小组任务。在人人都有责任感，人人都能圆满地完成个人任务的同时，我们的班级也就形成良好的循环了。

不管是工作、学习还是生活，都需要具有一种反思的能力。在学习过程当中遇到的困难，在小组合作过程当中遇到的困惑，都可以在讨论之后做出反思总结，只有在不断地摸索、反思与总结中才能改进方法，寻求长进。所以，我特意跟同学们提供了一个反思的平台，就是班级日志。用文字记录活动的过程，记下活动时的心情，积累活动中的经验，反思活动的效率，推进活动的进程。要求个人写好自己的个人日志，小组长写好小组日志，班团干部写好班级日志。我已经以自己的工作日志为大家做了示范，相信大家能理解老师的良苦用心，班级日志也将成为你以后高中生活最厚重的记忆、最幸福的记忆。

二、成长共同体构建的第二阶段——调研定员

（一）定组长

在成长共同体的建设中，组长的选拔至关重要，需进行蓄势、推进、定位三个阶段。我会做好竞选准备、竞选现场、后期运作三个阶段。在三个阶段中都注重精心准备、有序推进、跟踪到位。例如，在准备阶段，会通过设定岗位，自主申报，在确定预定人员之后，会让他们准备演讲稿，参加竞聘。为了让竞聘会更有仪式感，我会认真审核，帮助竞聘人员把好演讲关，在竞选现场设置竞选规则，设计评分表，全体学生参与评分，并且用摄像机录像记录。整个竞选过程，我全程参与，担任主持，最后进行点评总结。在竞选人员上场之前，我用"一号将军""二号将军"这样的字样在班级小黑板上写上学生的名字，让竞选者有骄傲感和自豪感，也能增加活动的仪式感。竞选完成后结合班级学生的评分，加上自己的观察了解，综合考核，初步定出组长名单，再征询民意，公示一周，然后确定组长名单。最后，我把竞选的过程全部写成微信推文，在班级公众号进行发布，并在学生群、家长群、科任群进行展示，实现岗位竞聘的公开、公平、公正，为后期树立组长威信奠定良好的基础，也能在一开始就能培养组长的责任感和使命感。

除了综合考核外，选择组长有几个小诀窍。

1. 两个抓手

第一个抓手是班主任把脉。班主任要细心观察，有把脉能力。每接手一个新的班级，我从第一天开始就把小组长的物色放在重要的位置上，从细微处进行观察，综合考核学生的组织能力、表达能力、交往能力、协调能力等，为后期在确定小组长人选时，做到心中有数，合理到位。第二个抓手是组长的人脉。在组长的工作运转中，情商比智商更重要，因为组长与同伴之间是平等互助的关系，各项工作的开展需要组长进行合理分配，组织实施，每项工作都需

要得到组员的密切配合才能完成，这就需要组长有良好的人脉关系和人际交往能力。一个受欢迎的组长是一个小组非常重要的因素。

2. 两个技巧

第一个技巧——营造"前有标兵，后有追兵"的组长群落和小组群落，做到有领航的，有压阵的，有救火的。第二个技巧——选择班主任的铁杆粉丝担任组长。我的班级实行的是层级管理，我直接与班长和组长对接工作，由他们进行具体落实。组长如果特别认同班主任，就会有更多支持和落实的动力。如果一个学生还不能接受班主任，或者不认同班主任的理念和做法，就很难带头去完成班级任务。

3. 两个承诺

为了在组长选拔过程中解决组长们的后顾之忧，我给出了两个承诺：其一，班主任负责领航护航，保障小组工作的正常运行，能为小组运行把握方向，保证小组不偏航；其二，班主任负责兜底善后，让组长放心干、大胆干，解决不了的问题我会替他们解决，为他们解除后顾之忧。这两个承诺让组长不会有太多的顾忌、担心。

4. 两个原则

领航和护航过程中，也要求组长坚持两个原则。其一，在问题的解决过程中，尝试后不能解决的问题才上报班主任。这样的目的是培养学生解决问题的能力，即在解决问题过程当中能够发现小组问题和增强小组凝聚力。其二，协商好的措施必须落实。小组实行共商共建的原则，措施由组长定，组长在组员会上一致通过才算完成，一旦全组成员定好的措施，必须严格落实。

总之，组长是小组成长共同体的领头羊，组长的选拔尤其需要注意以下几点：

（1）注重仪式感。用仪式感激发学生的责任感和使命感，增强组长在小组内的地位和威望。一系列的仪式暗示组长是我们通过正规渠道竞聘，凭借能力和民心而得来的，这就为组长们在后期开展工作做好了一定的准备。

（2）注重责任感。小组运行过程中会有各种各样的任务要完成，有各种活动要开展，每一个小组直接关系到班级能否正常运转。所以，组长们要有责任担当，把小组建设当作责任去落实。

（3）注重情商。组长能够在小组工作开展中艺术地调动组员的积极性，有方法、有技巧地解决小组矛盾，能够及时合理地协调师生之间以及小组之间的关系，用高情商去促进小组的成长。

（4）注重错落感。在组长之间还要形成有错落感的布局，只要是团队的运行，就难免会有竞争和评比。在组长之间也可以实施错落原则，尽可能进行一个强弱布置，可以有效激发组长之间的竞争。但有一个前提，即如果是一个能力稍弱的组长，就有意在他身边安排一个能力较强的副组长，万一出现组内工作开展不顺，也有副组长顶替。

这里用下面的案例来说明组长的选拔。

日志：今天祸不单行，可算又体验了一番。从期盼已久的体育课上伤到手指，到竞选组长不得民心，惨遭落选，满心的无奈与不甘化作寒霜将初热的心降回零度。我为每天的热情都准备易燃物，不懈地用微笑点燃欢乐的火种，可事与愿违，一次的不幸注定浇灭宝贵的火种，即使脸上的微笑还在强撑着，心中却已无比潮湿，实难再燃。该抒发的已经抒发了，该宣泄的也已在心中宣泄百余次了，一夜之后便又是全新的一天，今天的标签是无法改变的了，若是强行撕下便是自欺。既然不能改变今天，那就在明天加倍努力，或许事情会有转机，或许明天的标签会比今天好，或许伤痛很快恢复，又或许未来的火永远不灭。

评语：所有的体验都是成长。我喜欢你的笑，一看就是纯真，你身上有我最喜欢的真实和真诚，我不会看错人的，相信我，也相信你自己。

华组长：

你好！

今天在改作业的时候，顺便把你的日志又重新看了一遍，特别留意到你的第一篇日志《关于组长竞选》。当初，让我下定决心选你做组长的原因之一就是你的笑和内心的暖，笑代表的是乐观，暖代表的是情感的温和。我相信有这两份武器会让你站好组长的岗，带出一个优秀的团队。如今，你确实一如既往地做到了你的乐观温和，你是一个受欢迎的组长，这点要给予你充分的肯定。

但每个岗位意味着责任，尽心尽力做好自己的职责，把情感化作管理的智慧和力量，做好自己，带好团队就是尽心尽责的体现。我很高兴你是一个有情感的孩子，也很欣慰你是一个有领悟力的孩子，相信你能领悟我对你的期待和要求。

（二）定组员

主要经过调研、双选和定员三个步骤，小组成员的组建原则主要是组间同质，组内异质。小组内异质如何进行合理组合、搭配，找出不同维度之异，是这个环节的重点和难点。主要的手段是通过调研，而家长调研是一个非常重要的维度，可以通过发放调查问卷、电话或通知等多种方式进行调研。例如2020年我刚刚接任一个高三班级时，我以书信的方式跟家长进行调研，具体如下：

家长朋友：

您好！

正式成班一天半了，孩子们的表现非常棒，让我更坚定了带好一个优秀班级的决心。虽然我脸盲，费了些心思，终于能把咱五班孩子全部认识且能对号入座啦。费时间努力记住孩子的名字，是因为在我心中，孩子是值得尊重的个体，因为每个生命都是独一无二的。在这个层面上，我与大家不仅目标一致，而且有共同的基础——"爱"与"尊重"。这两天，与孩子、家长们的沟通交流，我对大部分孩子、家庭有了初步印象。作为班主任，我想尽快熟悉孩子们。

想请您以"我眼里的孩子"为题，从性格、兴趣、特长、优劣势科目等描述孩子，不介意的话，也谈谈对孩子的期望、心仪的大学（专业）和"家庭趣事"等，让我能更理性、更全面地了解孩子以及他们的成长环境，寻找教育切入点，助力孩子的成长。我期待通过"家校共育""师生互动""生生合作"，大家齐心协力，让咱们五班成为一个团结、优秀的幸福大家庭！

在调研书信发出后，家长们很踊跃回信，我把家长来信分别建档、研究，分析和记录学生的兴趣、爱好、特长、性格、曾经担任的职务、家庭环境、亲子关系等相关信息，这为后面的科学分组提供了很重要的参考。

除了跟家长做调研，重点是对学生展开细致、全面的调研工作，下面的文字是笔者在分组前的一次调研。

分队建设，有你有我
——学习共同体小分队组建调研表

各位同学：

大家好！

为了凝聚战斗力，增强执行力，增加幸福力，本班采取"小分队"成长模式，通过"方阵管理"和"层级管理"模式，达成"高效自治"管理效果，实现"学习进步"和"快乐成长"的共同愿景。

秉承"让每一个学生都有价值"的班级理念，创设岗位，让大家展示才华，实现"让每一个孩子都出彩"的成长目标。为实现这一美好目标，"小分队"组建尤其重要，请大家认真思考，认真研究自我，填好此调查表，以方便我做到分组的"合理性"和"针对性"。

姓　名		性　别		你想承担小组内哪个学科的单科指导队长?	
你的优势学科		你的劣势学科		你喜欢合作学习模式吗?	
你对父母的评价				你是独生子女吗?（如果不是,请描述与兄弟姐妹的相处状况）	
请介绍你最喜欢的一位朋友并说明你为何喜欢他（她）	（实名）	你有不喜欢的同学或老师吗?请说明不喜欢的理由		（不要写名字）	
请介绍你的性格		请介绍你的爱好		请介绍你的特长	
请问你心目中的队长是什么样的?		请问你心目中的团队是什么样的?		你愿意在团队里承担什么工作?	
请对你的计划力做出评价			请对你的执行力做出评价		
如果你是组员,你会对小组建设提出怎样的建议?					

在确立学习共同体的具体分组方案后,设计专门的互选表,实行组长和组员双向选择制。先由组员选择自己的意向。组长为了后期有充裕的选择余地,可设第一志愿、第二志愿和第三志愿。在收集意向表之后,为做到公平、公正,所有组长在班长的监督和协调之下,对全班学生的意向表进行公开、公平的分组整理,确立初步分组方案。然后,组长对自己的组员进行斟酌、协调,

在背景相似、条件相当的情况下，组长可以自愿协调。在筛选意向分组完成后，初步确立学习共同体分组方案，在班级进行公示。公示期内，组长和组员仍有挑选的权利。在筛选组团时要注意以下几个原则和技巧。

1. "后进"先行，合理隔离安置

每个班级总是难免有几个"落后分子"，他们在分组时往往会被嫌弃，如何安排这些"落后分子"呢？首先，班主任要有计划地进行铺垫、引导，让组长愿意接受；同时又分析刺头的特点和组长的性格，衡量放在哪个小组最为合适。

2. 巧妙暗示，宏观掌控

学习共同体的构建，需要班主任从宏观层面加以掌控，整个构建的过程遵循学生意愿，但并不等于无章可循，需要在前期自己细心跟踪、运行观察、过程推进当中，进行全局的掌控。

3. 公示试运，稳定方阵

为避免后期运行波动大，共同体构建之后，有一段较长时间的适应期。

总的来说，在分组阶段同样需要做到以下四点：

（1）有仪式感。用仪式感增强学生的重视度，避免随意性，为后期共同体的运行奠定心理基础。

（2）有预见性。各个小组后期运行是否顺利，取决于构建阶段是否有合理的预见性，避开一些棘手的矛盾。例如，个性差异特别大的孩子，或有深刻矛盾的小孩，要有意识地分开，不放在同一组。

（3）有回弹力。在试营阶段允许适当的调整，但有一个前提就是不影响整个小组的布局，组员互换要在条件相当的情况之下，否则就会影响组间同质的布局。

（4）有原则性。一个团队的学习和生活要兼顾共性和个性的同时，必须秉持原则，在构建共同体之前要跟学生强调态度需端正、选择需慎重。在试运结束之后，非特殊情况不得随意调换小组。只有意志坚定，强调原则，组员才会从心理上重视，从行为上主动去参与小组建设。如果留有太多退路，往往会挫伤组员主动融入小组的积极性。

（三）定导师

采取学生优先选择导师的原则。定导师应在组长和组员都确定之后，需要引入家长和科任教师的力量来促进小组建设。先由组长和组员协商，选择学科老师当中的某一位作为自己的成长导师，然后由组长执笔写好聘书，全体组员签名，用仪式感来激发学生对导师的敬重，由学生写的专用聘书也会激发科任教师担任导师的积极性和责任感。在运行前期，班主任需要做好双向沟通，既要跟学生做好思想工作，介绍科任导师的优势、个人事迹，增强导师的威信，又要向科任导师介绍每个组员的特点及小组布局构成。在此基础上召开导师见面会，导师、全体组员、班主任共同参加，就小组建设事宜各抒己见，达成共识。

第三章
班级幸福共同体的管理机制

第一节　导师团队

相比传统班级管理问题和教学模式，小组合作学习模式能最大限度地调动学生的思维，培养学生独立思考和解决问题的能力，进而提升学生的学习效率。同时，在与小组同伴的相处与合作中，学生能培养自己的非智力因素，可谓德智兼收。我在近五年的探索过程中，渐渐地形成了班主任—导师—小组长—组员固定的结构模式。各个角色各司其职，各尽其能，和谐沟通，有效合作，达成"层级阵营"式管理班级和教学模式。在这一模式的正常运转中，导师团队起到了很重要的作用。

一、明晰小组合作模式的内涵，思想上统一认识

导师团队由各科任教师组成。每名教师负责带一个小组，全方位负责和指导小组运作，协调小组关系，解答小组疑惑，不仅要指导小组成员的学习，还要指导他们的生活。

相比传统的班主任负责德育制，导师制的介入相当于一个班级多了好几个班主任，每个导师带的小组人数较少，会更全面、更细致地观察和跟踪学生，及时解决学生的困惑，从而能更有效地达成德育目标。与此同时，导师也多了一份责任与工作量，这就需要班主任发挥主导力量，在组团时给各位导师讲清

小组合作的诸多好处，让导师们明白两点：小组合作更接近教育的本质，更接近人的教育，它在培养孩子们能力和思维方面，以及探究和创新方面，有着传统教学模式无可比拟的优势；从长远来看，这种管理模式培养出来的孩子，更适应社会对人才的需求，会更有合作意识和担当精神，会更有分享意识和感恩之心，因为这是一项解放学生心灵的教学活动和模式。

良性的小组合作学习循环在使学生养成自理、自治和互帮互助的习惯后，无论是在学科教学方面还是在班级管理方面，都会大大减轻班级科任教师和班主任的工作压力，这等于在解放学生心灵的基础上也解放了教师，这是一项双赢的师生互助活动。

二、明确导师制运转内容，行动上达成一致

导师团队建设之初，班主任要详细了解各导师与组员的沟通情况，并及时给予指导，从而帮助他们缩短磨合期。如介绍组员的构成和相关信息，明确行政小组长和单科小组长的名单和角色分工；明确导师的任务和职责，负责小组的学习和生活的指导，协助大型活动的开展，分享小组成员的成长，介绍小组成果等。具体地讲，导师主要负责小组成员的智力发展和非智力的培养。智力的挖掘和发展，包括各科学习的跟进，以及学习方法的指导，特别是自己所属学科的方法和经验的指导。比如，2018届高三（5）班在组团时，兼顾各方因素的同时，还考虑了一个补差因素，英语不好的学生在一个小组，就让英语老师担任导师，导师就可以在全面指导该小组工作时兼顾学科补差工作。非智力因素的培养是小组合作学习中很重要的评价成果，也是学生在小组合作学习模式中取得的重要收获。所以，在学生非智力因素上，导师需要付出很多精力，想办法、动脑筋、创设情境、开设活动，挖掘和培养学生各方面的非智力因素。培养学生非智力因素的策略很多，比如通过发放调查问卷、建立学生档

案等方法，了解学生情况，跟踪教育效果。为此，导师可以根据自己的需要设计调查问卷、制订表格，全面了解学生的情况。在了解学生的情况之后，导师可以根据收集的信息及平时观察到的情况梳理学生的问题，建立档案并制订指导方案。可以创设情境，设定主题，利用小组合作探究的时间，让学生结合自身的经历探讨和总结在学习及生活中要具备哪些要素才能取得成功，而自己缺乏的又是哪些因素。可以就某一领域设定系列活动，培养学生的情商。如为了让组员更好地理解生命的价值，尊重生命，珍爱生命，提升生命，作为导师，我就曾在小组内开展了以生命为主题的系列活动，包括"名人名言分享与解读""伟人是如何点亮生命之灯""生命的三种词态""我对生命的认识和解读之随笔"等活动。在系列活动的探究和讨论中，学生能更好地把握生命的内涵与外延。曲径通幽，非智力因素会反作用于智力因素，品质的沉淀和提升会在学习上帮助孩子们更专注、更用功，达到以德育促学习的目的。

当然，导师们不仅要在指导学生方面达成一致认识，做到行动一致，还要在自身修养和行为规范上达成一致，有高尚的情操、强烈的责任感、良好的学科素养、宽广的胸怀、博大的格局，不断重视自身非智力因素的完善，不断增强表率意识，充分发挥榜样的作用。因为导师的个性会潜移默化地影响着学生的智慧、情感和意志，也影响着他们的生活。如果一个班级的所有导师都能以自己的人格魅力感染学生，用自己的实际行动影响学生，那么这个班级小组合作学习一定能顺利推进和达成预期的目标，也一定能培养出仁德意义上的人和社会的优秀公民。

三、营造导师制运作的生生环境，有效推进导师工作

维护导师尊严，树立导师威信。在导师制中，导师的教育效果很大程度取决于学生是否信任和尊重导师。只有当学生真正信任和尊重导师，他们才会

愿意和导师沟通，听取导师的意见，而要做到这一点，就要做到三个方面的工作。首先，班主任要率先垂范，尊重导师。在班级管理中，导师们是班主任的亲密战友、工作的协助者、小组作战的指挥者。班主任要在工作中特别尊重导师们的想法和意见，善于听取和采纳导师的建议，特别是在活动策划中，如果集思广益，导师会在指导小组活动时更积极用心。其次，导师要尊重和信任学生，因为尊重和信任是相互的。导师善于利用交流密切的优势，建立平等、和谐的师生关系，为有效开展小组合作铺设良好的"感情通道"。导师还应该关心爱护学生，无论是学习上，还是生活上，对学生一句简单的问候或一个小小的帮助，都可能会给学生的健康成长带来重大的影响。导师还可以在课后跟学生拉拉家常，在润物细无声中感染和感化学生，为以后的工作建立良好沟通的桥梁。再次，营造良好的生生关系，打造合作畅快、真诚信任、互相理解的小组氛围。良好的小组合作氛围有利于导师开展辅导和指导相关工作。导师可以利用小组合作学习的优势，开展形式多样的活动，例如问题探究、阶段总结、批评与自我批评、感恩同伴、聚餐等活动，营造和谐的小组氛围，建立良好的生生关系，培养学生的团队合作意识及与人交往的基本能力。一个良性循环的团队，会更尊重自己的导师，听从指挥，配合行动，从而高效快速地完成活动任务，最终实现小组合作学习的目标，达成教育教学的预期。

小组合作良性运作中，导师的作用功不可没。要让导师发挥最大效应，助力和引导小组，班主任在统筹和协调方面要特别重视利用好小组长角色，小组长是沟通导师、班主任、组员三者的媒介，需要向导师和班主任汇报小组运行情况，提供小组需要帮助的地方，也需要传达导师和班主任的指令和任务。所以，班主任要在培养小组长能力上下大功夫，不仅要在情感上建立平等和谐的师生关系，还要在组织和管理能力上教给其一定的技巧，特别要在沟通的方式方法和人际交往艺术上给予技术上的指导。

利用好班级指挥阵地，实时跟踪，适时发出指令，做到班级协调发展。比如，建立班级科任教师 QQ 群、微信群等，并在群里及时发出活动通知、指导安排、阶段计划、活动目标、汇报小组成果等。导师也可以在群里分享自己组员的成长轨迹、进步情况、小组成果、活动实况等。在这里，需要注意的一点是，每个小组的发展情况不一，班主任可以根据活动开展情况加入导师的工作中，助力落后小组，帮助每个团队和谐共进，同时关注小组工作的进程，跟踪效果。如果初次布置的任务完成效果不佳，可以进行二次跟踪，最终达成目标落实。

总之，导师团队对一个班级开展小组合作学习至关重要。导师团队精诚合作，会大大降低班主任的工作量，增强班级团队的向心力和凝聚力，从而有效推进小组合作工作的进展，达成任务目标，最终起到解放师生心灵、提升工作效率、融洽师生关系的作用。

第二节　班干团队

一支得力的班干部队伍，能助力班主任带好班级，能提高班级管理效率，能营造良好的班风学风。那么班干部如何选拔呢？我认为，通过竞聘选拔能激发责任感。很多班干部通过老师认定或同学推荐产生，并不一定是学生情愿参与班级管理，在以后的工作中就会少一些热情和责任感。通过竞聘产生班干部，会有效调动其积极性，发挥其特长。那么，怎样才能让学生自愿参与竞选呢？这需要在前期准备工作、竞选过程推进、后期效果反馈方面下功夫。

一、前期准备——营造氛围，蓄势要足

准备1：做好竞聘通知海报

我会拟制一份海报通知如下：

历练能力，助力成长

——天河中学高一（1）班"历练岗位竞聘"的通知

各位1班的同学们：

为实现建设"幸福班""领航班""执行班"的班级目标，达成"互助成长""自主成长""真实成长"的育人目标，为给大家搭建合适的展示才华、锻炼能力的平台，现特设班级历练岗位数个，欢迎同学们报名竞岗。

班级构建和运行采取"成长共同体"模式，以"人人有事做，事事有人做"为原则，做到"人人平等"，实现"真实成长"。现公开招募的是第一批人员，包含班长2名、部长9名、分队长6名。这17个岗位，通过定期岗位考核后，将被认定为"优秀""良好""合格""不合格"四个等级，不合格的将会取消资格，暂时待岗，通过学习和提升后，可以参加后续竞聘。

特别提醒：不参加本次岗位负责人招募的同学，也都需要参加各部长组织的下设机构的招募，真正实现共同体模式中的"人人有锻炼，事事锻炼人"。

请大家踊跃报名，只要你愿意成长，你就能更好地成长。

准备2：做好家长、学生的动员工作

把海报转发在家长群、学生群，并做好动员。例如，在家长群，我是这样说的：

各位家长，这是咱们班的岗位设置，根据我20年的班主任经验，最好的

成长是在"做中学"，德、智、体、美、劳五育齐发，才能最终高考考得好，人生过得好。所以，我为孩子们设计了这些岗位，这是锻炼，不是任务。往年，竞争激烈得很！请鼓励孩子填写意向表，写好竞聘稿。我们会有专门的岗位竞聘大会！

在学生群，我更多的是鼓励：

请各位先填报意愿，再写好演讲稿。准备参加竞选大会哦。大胆尝试，有我兜底。不怕！

最关键是给学生信心，激发他们的热情，调动他们的积极性，还要给他们足够的安全感。"有我兜底，不怕"就是告诉学生，我会帮助你开展工作，培养和指导你成为一名好的班干部。

准备3：做好一份在线文档

内容包含竞聘者、竞聘岗位、竞聘理由、工作规划等。

准备4：学生准备竞聘演讲稿。

我会提前阅读，指导把关。

二、竞选大会——过程精彩，体现仪式

在充足的准备后，我会专门张贴竞聘大会的海报，公布时间、地点、参与竞聘的人选等，并且安排好录像、照相等，目的是营造一种仪式感。隆重的仪式感一方面是对学生工作的重视，另一方面也能增强学生在未来工作中的责任感和使命感。

为了让每一个学生参与，体现民主与公平，所有同学都参与民主测评和打分。每个同学都会领到一份班级竞选名单，大家认真聆听，然后按特别推荐

"9-10"、推荐"7-8"、合格"6"分打分。不提倡打 6 分以下，因为能主动竞选的热情和勇气值得肯定和鼓励。

这样的仪式感，让整个会场激烈而有序，每一位同学都表达了自己的真诚愿望和参选理由。例如，2020 级刚刚经历过军训后，就开展班干部竞选大会，很多同学参选的理由是"我真的很喜欢咱们这个班，我就想为班级出一份力""军训几天相处以来，我发现我们班同学真的特别好，我想为大家服务"，更有同学直言"刚开始我也犹豫要不要参选，后来，看到大家这么积极，我都不好意思不为班级尽一份力了……"

有的同学说："这是一个展示的平台，我想发挥自己的优势；这是一个锻炼的机会，我想提高自己的能力……"

这些参加竞选的学生，既像一群勇敢的战士愿意为一班冲锋，又像一群睿智的将军愿意为一班领航……

我在竞聘后如此打趣他们："今天我们竞聘大会的激烈角逐可以与年薪百万的招募会相媲美……"

竞聘大会结束后，我陷入了深深的沉思。对比以前的班干部选拔，这一次一定是全新的突破。孩子们的主动性完全被激发，究竟原因何在？

是什么让他们有如此流畅的演讲？原来，咱班的竞聘大会可谓准备充分哦。军训一结束就布置了任务，通过设置岗位、填意向表、写演讲稿、学生动员、家长动员等活动，将前期的铺垫工作做充分了，才成就了一场流畅圆满的竞聘活动。

会后，我召集学生代表对照民主测评，根据他们的意向表和竞选表现，很快就确定了班级相关岗位人员安排。

我实行的是"金字塔"式的班级搭建框架和"学习共同体"的班管模式。我相信，撬动了个体内驱力，就一定会成就一个完美的集体，而一次高效有趣、有准备的班干部竞选就是一次调动班级内驱力的好契机。

表 3-1　班级管理架构

部分	人员（名）	职责	能力要求	竞选原则
指挥中心	班长两名（原则上男女各1名）	1. 在班主任、科任教师和全体家长的支持下，进行自主班级共同体管理 2. 对内承担班级共同体运行调控，对外代表班级 3. 必要时分别代表男女大队 4. 师生、家校联系桥梁	有担当精神和责任意识，自主成长意识强，具有一定组织管理能力和沟通协调能力	
学习部	学习部长1名，语、数、英学科组长各2名，其余学科各1名	1. 营造班级学习氛围 2. 协调科代与学习组长的关系 3. 组织学习共同体 4. 组织文化科目类班级活动	对学习有一定的理解，善总结，乐分享	各学科组长，由各小组的单科小组长民主推荐产生
自律部	部长1名 考勤员1名	1. 纪律监督 2. 考勤	做事严谨，一身正气，能做表率，敢于管理	
环境部	部长2名	1. 教室、包干区等卫生管理 2. 温暖共同体环境营造	做事细心，善于规划，有创意	
文体部	部长2名	1. 体育活动与文娱活动的策划与管理 2. 共同营造成长环境	体格强健，活泼开朗，有设计理念，喜爱运动、歌舞者优先	
班史部	部长2名（可自行招募志愿者）	1. 协助班长及6个行政组长进行班级活动的策划、推进、落实 2. 记录活动过程，完成活动总结，包含摄影、文字记录 3. 完成班级史册的编撰	善于策划活动，有组织协调能力。会做视频、美篇，会编辑者优先，并爱好摄影	
社团部	部长1名	下设兴趣小组组长，特长社社长。人员不限。各兴趣小组、特长社咨询民主推荐相关负责人。所有活动由部长统筹安排，各负责人协助完成	自己有爱好特长，有一定的指导能力和感召能力	部长负责旗下各社团的招募与组建
分队长	6名	1. 管理本小组的日常事务 2. 协调组与组之间相关外联工作		各组人员采取双向选择原则

第三节　组长团队

在班级幸福共同体中，活动激发了学生的活力，使学生产生了学习动力，合作、互助则使班级形成了合力。通过打造小组团队，很好地激发了学生的内在潜能，使学生产生了强大的内驱力，形成极大的班级内核力。在整个小组合作学习模式的运转中，小组长的作用尤为重要，他是小组团队的领头羊，如何让领头羊带头奔跑，是一个值得研究和探讨的问题。

小组长是一个小组的灵魂人物，在小组中发挥着至关重要的作用，是小组成员的行政管理者，是小组导师与组员的联络员，是小组成员沟通的桥梁，更是小组运作的责任人。小组长的选拔对一个小组来说，是一个很重要的环节。能否拥有一个正直、阳刚、开朗的小组长，直接决定着小组的发展和推进是否顺畅。

小组长作用如此重大，那么如何选出一个合适的有威望的小组长呢？小组长需要具备怎样的特质呢？一个合格的小组长需要具备以下特点。

一、思想积极，乐观阳光，性格坚韧

小组的力量是靠在日常的合作中培养和建立起来的，也是日常学习和生活点滴的碰撞积聚而成的。但这个力量的形成和习惯的养成不是一朝一夕的事，何况小组成员在性格和能力上的差异，注定会让小组力量在形成中遇到困难。这就需要一个积极而有韧性的小组长从中协调，当大家遇到困难退缩不前时，他能够积极调动大家克服困难，迎难而上；当大家产生分歧，意见不一致时，他能从中周旋协调，使小组达成一致意见。小组长就是小组机器运转的润滑油，也是小组工作推进的加油站。积极乐观的小组长就像阳光一样带给小组温暖，又如春风般让大家舒畅，只有积极乐观且有韧性的小组长才能营造良好的小组氛围，打造和谐团结的小组团队。

二、各有专长，善协调，人缘好

小组长要协调组员与导师的关系，要布置和落实小组成员之间的任务并跟踪任务的质量，甚至还有适当的"外交任务"。这就需要小组长在语言表达、社会交际、沟通技巧方面具有一定的能力。试想一下，一个小组长表达不清、思维混乱、做事邋遢，如何去统领一个团队的运作？或者是一个脾气暴躁、人缘不好的小组长，还不得把小组搞得鸡飞狗跳？相反，一个小组长如果脾气温和、人缘好、善沟通，小组成员之间自然能相互配合，工作也就能顺利推进了。当然，在基本能力好的基础上，若有一技之长，那就更是锦上添花了。例如，我的物理组小组长在摄影方面很有造诣，在班级内部更是圈粉无数，这点就让组员们很服气。况且在校运动会上，他积极主动承担拍摄人物，抓拍运动精彩瞬间，留下班级活动诸多珍贵回忆，这些摄影作品本身就会让组员们产生敬佩之情。

三、小组长的设置可以有一定的梯度

在设置小组长岗位时，不一定把全班能力最强的孩子都找出来，小组长之间可以形成一定的梯度。全班工作运转，除了组长的领导和积极推进，还得有组员们的呼应和配合，必须要留一些有能力、有能量的孩子在组内配合小组长的工作。另外，小组长之间形成一定的梯度，也有利于组与组之间形成良性竞争。各组长会有一个隐形的竞争，大家在每次活动中都要汇报工作，强弱优劣，一清二楚。在隐形的竞争氛围里，强的倍受鼓舞，就更加强大了；弱的倍受刺激，就会奋力直追，弱的也会慢慢变强。但是，在这里，有一个前提，就是找的这个小组长一定要有可塑的潜力。这就考量一个班主任观察孩子的能力。在变得强大之前，你还得有意在这个组长身边安排一个强大、正直、包容的组员，一方面配合组长行动，帮助工作推进；另一方面，万一这个组长在后期不能胜任，不可塑造，也好有接班和替补组长的人选。在2018届（5）班六个组长的设置里，其中物理组就是这种情况。庆幸的是，物理组长不辜负我的期待，完美转型，成长为小组的领军人物，我的替补组长就一直默默地支持和帮着小组长完成小组任务，把物理组打造成班级内部一个优秀的团队。

小组长的威信，直接关系到小组工作推进的效率。为此，在选拔好小组长后，必须倾力打造小组长的形象，树立组长的威信。可以从以下方面入手。

（一）规范组长言行，帮助小组长自我成长

行动是最好的示范，只有小组长自己做好表率，有过硬的本领、良好的品德、很好的综合素养，才能赢得组员的尊重。在成立小组的当天，我就开展了第一次小组长能力培训，在语言沟通技巧、协调能力等诸多方面给予具体的指导。最关键的一点，是要求小组长必须首先在常规方面做到最好，不给组员留下把柄，用自己的言行赢得组员的认可。

（二）大力宣扬和肯定，侧面树立威信

班主任尽量不要在公开场合特别是小组成员面前批评小组长，就算组长有错，最好的做法就是私下做好组长工作，再让组长在小组会议时公开、真诚地道歉。这样，一方面解开组员心里的疙瘩，另一方面也表现了组长的诚意。有时候，适当的低头和真诚最能让别人的内心变得温暖。当然，组员不服从领导，组员之间发生矛盾都很正常，不管哪种情况，首先应该想到的是如何尽可能地不破坏组长的威望。例如，语文组就曾经爆发过组长和组员的严重冲突，事发时，组员们都在场。一个男孩非常暴躁地直接对抗组长指令，小组长气得

垂泪。事后，小组长向我哭诉，不要当小组长了。我当时的第一个想法就是，小组长必须继续当，这样的小组长既负责又能干，友善又阳光，是语文组的领头羊。我得让她继续为我的团队领跑。在了解情况后，我私下找到双方，了解事情经过，最后做通男孩工作，错误在他，说服他在组员面前给组长道歉，并且承诺一如既往地支持和配合小组工作。

（三）树立先锋小组，带头示范，组与组之间营造良好的竞争氛围

班主任在捕捉小组长的闪光点，树立小组长威信的同时，要树立班级先锋小组。班主任在宣扬小组长地位时，要用事实说话，最好能捕捉到小组长最真实地为组员服务和为小组劳动的画面和细节。例如英语组组长杜泽璇在小组里面具有很强的影响力和号召力，一方面源于她开朗的性格和良好的人缘，另一方面在于她能积极主动地为小组进步想办法。我悄悄地观察这个孩子在小组运作方面的行动。有一天中午，我看到她的桌面有一张曲线图表，上面写满了小组成员的名字，后面几列是一些数字连成的曲线。我猜想，这一定是英语小组互相督促进步的一个小点子，我赶紧拿手机拍摄下来。有一天，我在跟英语组开会的时候，我就特别细致地描述了自己当时看到这张图片时激动的心情。具体了解到原来是英语组组员在英语学习上有困难，组长就从英语单词入手，搞单词默写比赛；又一起限时做完形填空，比速度，比效率，并且每次做好记录，最后画出曲线变化。我当时听了，真的除了惊喜还有感动。我当即在全组面前表扬了组长，并且开玩笑地说，你们以后跟杜总混，会大有前途的。于是，英语组的组长就有了"杜总"这个雅称。事实上，杜总确实有领导范儿，把整个英语组搞得风生水起，个个都是精兵强将。小组长负责制，并不等于班主任就当甩手掌柜，小组长是台前的管理者，班主任和导师就是幕后的指挥者和调控者。如果说，一个小组就是一只风筝，那风筝的线一定紧紧地拽在班主任的手里，然后根据目的地适当地调整力度和方向。不管风筝飞得多高，都在

掌控范围之内。要让风筝飞得高,小组长的威信很重要。得让他们带头起飞,达到奔跑的状态最好。于是,班主任和导师就得善于捕捉小组长的付出和行动,并且给予及时的点赞和支持。例如,英语组采用相互监督的学习方式,就是很好的一个创意,不仅得在全组宣扬,还要在班级宣扬,这样一方面小组长的存在感和成就感会加大,另一方面也在暗示和激励其他组。英语组组长还有一个特点,就是每次考试完毕后会主动召开质量分析会,这是一个很好的传统。记得有一次,大考完毕,他们组应该是退步了。下课后,杜总急匆匆地跑到我面前说:"老师,你把我们组的成绩给我打印一份,我要好好批评一下他们,分析一下原因。"我赶忙打印一份成绩给她。中午,英语组的孩子们就留下来分析自己的失误和不足,制订下一次得分目标。我当时真的特别欣慰,几乎就在我分析前,他们自己已经有了一个详细的原因分析和应对措施。这样,我只需要去解决他们遇到的疑惑,大大地减轻了我的工作量。况且,同伴的分析和督促也许更能让他们接受。

在一次巡堂时,我发现物理组组长的桌子旁贴了一张小表格,上面写满了日期和组员名字。一打听,事情是这样的,物理组有一个孩子自控能力比较差,为帮助他与全小组成员共进退,督促大家在冲刺阶段有一个良好的时间管理,他们采取签到制,每天写上自己的到班时间,无形当中大家在暗暗比拼,不仅带动了大家一起进步,还帮助了那些懒散的学生。当组长能够认真观察组内的动态变化并且主动想招解决问题时,这个小组长的内驱力和自觉性就形成了。大家来看一篇日志:

> 高二、高三以及升入大学的生活不断提醒我,在学习小组的经验是杨老师给我的一笔十分珍贵的财富。虽然我只体验了一个多学期学习小组的模式,但是从后面的学习经历和最后能够考上香港中文大学来看,学习小组的经历给了我莫大的帮助,没有这段宝贵的经历,我难以养成学习习惯

和形成上进的态度。

　　成为组长后，我非常珍惜这个机会，积极配合杨老师组织各类学习活动。高一（1）班的大部分学生来自同一个初中，而我正巧不是，所以一开始感觉和同学有隔阂。组长的身份让我很快地融入了这个班集体，因为我既需要和组员们交流，又需要学习别的组长带领小组的经验。为了促进小组内部以及各个小组间的相互了解，杨老师组织了"班级擂台赛"活动，同学们提出自己想挑战的分数或者对象，以组为单位进行竞争。我们共同进步也互相竞争，增强自己的内在驱动力，希望让整个班级变得更好。

　　杨老师是了解我们这些学生后再进行的分组。从我的体验来看，分组时小组成员以五到六人为最佳，当时我的组员有董颖、倪梓晋、阮琳超、冼耀铖、冼钰平，既有内敛沉稳的同学，也有能调动气氛的同学，使小组具有凝聚力而不是被带头起哄。同时组长要培养小组成员的归属感，就要非常了解自己的组员。一开始我们很难说上几句话，但是后来我们都能一起疯、一起闹，在决定小组活动中每个人都能说出自己的想法。

　　学习小组中，组长和组员是共同促进的。从组员们的反馈来看，他们可以汲取其他组员的学习经验，在组内营造互相学习又互相竞争的氛围，这有助于增强内在驱动力；我作为组长，可以组织学习活动，比如共同讨论错题、互相检查背书情况等，这促使我给自己设立更高的要求以提高自己。被杨老师带的半年多，那时的小组里的学习氛围让我印象深刻。当时有九科要学，我们在每周老师给组长们开早会后进行一次小组内总结，老师会把测试分数交给组长，由他们比较组员们各科成绩的升降，指出需要提高的部分，安排在某科有强项的组员辅导有困难的组员。这需要组长有一定的魄力，敢于发言。平常老师更多的是直接找小组长交流，比较少直接找组员，以增强组长的威望，同时班级内除了学习外的活动都默认小组长冲锋在前，让组员尊重组长。感谢当时我的组员们的配合，同时我也经过一番努力地挤时间，在保持自己成绩的同时，关注组员们的学习成绩。在共同努力下，"江湖组"连续多次平均分在班里排名第一。由于我这个组长比较强势，被戏称为"暴君"，我的组也有一个诨名叫"封建组"。其他小组的组长也都是和组员打成一片的类型，也做出了不错的成绩，有时在平均分上时有反超。我的小组似乎给了他们不少激励，以至于其他小组每次发成绩时都嚷嚷着"打倒封建暴君"。

组长的示范作用是必不可少的，就像领跑员，领跑员的速度能带动后面的跑者。当组长的时候，我每天尽量劳逸结合，按计划稳步前进，做出成绩来，保持各科成绩在小组内的领先，组员们会自然地效仿、学习我的学习方式。我也乐意解决组员的学习问题，听取他们对小组的意见，我的组员在分班后也会来问我学习方式上的问题。由此看来，鼓励组员们坦然告诉组长自己遇到的困难，让大家帮忙想办法解决，这能增进组员之间的关系，让我们能拧成一股绳。

高一（1）班取得的成功大家有目共睹，这份成功是建立在杨老师与学生们之间的信任上的，是建立在学习小组模式上的，是建立在强大的班集体归属感上的。学习小组模式在集体的信任感中又增加了个体间的凝聚力，在宏观的集体中建立了个体间微观的关怀。这就是小组经历让我至今觉得印象深刻的原因。

以上文字节选自2018届高一（1）班王书菲同学的成长日志。从这段文字可以看出，组长有了责任担当和带头作用，一个小组的良好氛围就有了充分的保障。一个或几个先锋小组的形成，就有利于整个班级小组风气的形成，整体小组工作就能顺利推进。总之，梳理组员关系，树立组长威望，打造先锋小组，一个班级有领头羊，小组活动的开展就水到渠成了。

第四节　组员团队

小组合作运作模式能正常运转的前提就是小组成员对这种模式有认同感和归属感。那么如何增强小组成员的认同感呢？这就需要班主任或小组导师在设计小组活动或推进小组合作运转时，能照顾组内每个孩子的情绪，关注他们的性格喜好，合理安排组员任务，发挥每个组员的作用。主要可以从以下几个方面来培养和形成小组认同感。

一、需要让小组成员找到一种存在感和价值感

如何让小组成员找到存在感呢？这就要让他们有具体的分工和合作。例如，在分工方面让他们有具体的事情可做，划好每个小组各自的责任田。就常规方面来说，可以让不同的学生具体负责卫生、考勤、纪律、课堂表现等各个方面。就学科方面而言，可以让小组成员每人负责某一个学科，比如语文、数学、英语、物理、化学、生物等学科，担任单科小组长。这样的分工和安排，一方面可以做到人人有事做，事事有人做；另一方面可以在组内形成一个平等的关系。一个团队的正常运转，首先就要建立平等的关系，让大家感觉处在同一起跑线上，你的工作关系到自己的利益，你在帮助别人的同时也是在帮助自己。每个人的责任和工作落实得如何？大家是处在共同的监督和管理之下，也暗中形成组内各项工作的评比。慢慢地，想偷懒的或不太负责的同学会在优秀组员的带领下变得越来越自觉。组内常规和学习方面没有高低差别的分工安排，从某种意义上说是为后面的竞争和评价体制提供了一个起跑线和良好的评比平台。在小组内实现各自的分工，明确各自的责任后，全班可以设置一个组与组之间的评比操作方案，每个星期公布一次各组的常规表现和学习跟踪情况。这样，组与组之间的竞争机制就慢慢地形成了。当一个组员开始思考如何

不让自己管理的工作出问题，他就会自己去想管理和督促组员的办法，当人人都有这种管理自觉的时候，良好的班风自然水到渠成。小组成员发现自己在管理组内工作时，发挥了自己的光和热，他就会产生满满的成就感和存在感。成就感是推动组员配合小组工作、推进小组工作的重要力量，成就感为认同感奠定了坚实的基础。

二、需要让组员们找到各自的获得感

小组成员在找到存在感和成就感后，如何把个人的存在感转化为小组其他相关成员的获得感？那就需要在自己负责的范围之内，把自己的事情转化为一种成果，展示给其他小组成员看。比如，在常规管理方面，负责的同学可以在自己记录的基础上与小组其他成员进行面对面的交流，表扬过去一周好的方面，指出小组成员存在的一些不足。当然，中间的沟通艺术需要导师或班主任给予相关的谈话指导。不能让组员们反感。在不断改进的过程中，组员们如果在自己的言行上有了进步，就可以获得相关的奖励，这对于组员们来说就是一个获得感，而良好的习惯和规范的行为背后沉淀的良好品行更是一个孩子永久的获得感。学习方面，单科小组长可以把自己搜集的资料和与导师沟通之后对疑难问题的解决办法传递给小组成员，这就使其他组员在学科方面有了获得感。除了受助者有种种获得感之外，帮助者自己也有一种做主人的喜悦和收获，这种助人后的愉悦感和幸福感就成为他们内心深处厚重的获得感。当小组的每个成员在不同方面有了收获后，内心就会处于一种感恩的状态，大家的心也就凝聚在一起了，这为组内各项活动的开展提供了良好的心理基础。当组员们建立良好的合作关系时，大家就会心往一处想，劲往一处使，合作的内驱力和内核力就形成了。这样的力量会让小组成员在学习和其他活动的开展中形成小组合力，最终会在学习上产生爆发力。

三、关注个体差异，让个性与共性共处

在小组合作过程当中，要尽量关注个体差异。不是每个孩子一开始都认同小组合作模式的。有些学生认为，小组合作会影响和耽误自己的学习；有些学生喜欢单打独斗，性格孤僻，不善与人相处；有些学生喜欢独自清静。这些学生就需要各个击破，给他们足够的时间来适应和磨合，他们在组内需要更多的关注和表现机会，最好在每次活动当中都单独指导。不管是技术层面，还是情绪层面，都给予更多的关怀。观察和跟进他们的每次表现，寻找他们在活动中的闪光点并及时大力表扬，当他们习惯在活动中表现并且尝到甜头之后，就会慢慢地融入小组这个集体。

总之，合作学习模式工作的推动，首先需要指导者在小组认同感的形成上下功夫。认同感是小组合作学习模式正常推进的前提，如果没有认同感，小组合作的开展就会变得被动、生硬，小组工作很难顺利开展。只有每个组员深深地认同合作学习有利于自己的成长并且主动融入这个团队时，小组才会变得和谐而又有灵气。认同感的形成需要一个个活动背后沉淀的感情的推动，更需要每个组员在活动中形成的成就感和存在感的驱动，还需要组员们在活动中一次次获得感的累积。

第四章

班级幸福共同体的文化机制

班级文化是学校文化的细胞，是班级形象的名片、窗口，是班级精神风貌的缩影；班级文化构成了学生精神成人的微型社会生态气候，具有环境磁场的性质；同时班级文化也是课改新文化的重要组成部分，是学校待开发的一门隐性课程，是重要的课程资源。由此可见，加强对班级文化建设的实践探索是非常重要的。

一、班级文化建设原则

（一）学生为本的原则

班级文化建设的目的是以环境熏陶、情境感染、活动浸润为路径，来助力班级发展，促进学生成长。在这种观点下的班级文化不是为了给参观者来欣赏，而是要站在学生的立场，服从学生的成长需要。在班级文化建设中要体现学生视角、学生眼光、学生情趣、学生审美。

（二）全员参与的原则

班级是师生共同的家园。教室里的每种设计都要体现学生的意志，在班级文化建设的过程中要充分调动学生的积极性，让每一个孩子都参与到设计和运行中。可以采用文化众筹，让学生全程、全员参与班级文化建设，有情感投入才会珍惜。

（三）德育内化原则

班级文化，不是挂在墙上，而是要沉淀在学生的心里。如何让班级文化成为学生的一种内在需要和精神图腾？这就需要在班级文化建设过程中，运用解读、交流、探讨的方式，开展班级文化解读比赛或开展班级文化巡展，实现内化过程，具体可按个人解读、小组解读、班级展示等流程开展。

（四）协调性原则

班级文化是一个班级的标识，应该打上班级的烙印，体现班级的特色。但班级文化在追求个性的同时，要与学校文化、年级文化相匹配。

二、班级幸福共同体的文化特色特质

"共同体"最初是由德国著名社会学家斐迪南·滕尼斯提出的，他将共同体划分成了"血缘共同体""地缘共同体"及"精神共同体"三种类型。"班级共同体"是一种建立在精神层面的共同体，在目标认同的基础之上实现"家校""师生""生生"的合作。在班级共同体环境当中，所有班级成员会在相同文化与精神的支持下，共同完成学习任务、思政教育任务、班级管理任务以及各类班级活动等，在相互尊重与相互认可的和谐氛围中促进学生的差异化发展。这种发展不仅包括知识与能力上的发展，同时还包括精神与情感上的进步。

传统意义上的班主任往往充当班级制度的制定者和班级纪律的维护者。强制性的规范往往会压制学生的个性发展，在管制和压抑环境中成长的学生通常很难有自信、自律、自觉的品质，也很难有理性、求真、务实的主动和担当。在"遵守纪律"和"听老师的话"的大环境中，好学生或许就成了失去个性和创新能力的学生，这与大力提倡素质教育和创新教育的新时代教育理念严重相违背。

在教育是立德树人的大背景下，作为班主任应该提升教育理念，加强自身修养，把握好"宽与严""管理与自治""班集体与学生个人"等重要关系，积极探索，大胆创新。

基于传统班级管理的弊端和新时代的教育要求，打造以"合作、平等"为前提的"班级共同体"活动，以及助力学生成长的班级文化，对建构操作性强的班级文化模型具有重要的意义。

第一节　环境文化

从文化本身的领域来看，文化可分为物质文化、制度文化、活动文化和精神文化。

环境文化的重要内核是班级物质文化。环境文化通常是指外在的显性文化，包含教室卫生、桌椅摆放、墙面布置、文化角设置等。班级共同体背景下的班级环境应体现学习共同体的特色，在教室卫生分工、桌椅摆放、板报设计、墙面装饰等方面都可以按学习小组来设计，尽管内容和形式上可以体现个性，但都必须遵循教育性、互动性、统一性、系列性、美观性等特性。在班级环境层面，全体师生为班级环境建设群策群力，营造温馨的教室环境，既能体现各学习小组的个性风格，又能体现整个班级共同体的共性。班级幸福共同体下的环境文化建设主要突出方阵特色，在教室布置上以小组为方阵，体现小组特色。

一、营造宽松的物理环境

教学活动是在一定的物理环境中进行的，这一环境在某些重要的方面制约着学生学习与发展之可能性，环境这一舞台一旦搭起来，则于此场所进行的演出活动便已部分地被决定了。[①] 基于同步教学的需要，传统的秋田式的课堂空间模式不断地强化教师"教"的中心，使课堂成为"一言堂"，教师与学生之间，学生与学生之间，逐步形成了僵硬、漠然的关系。基于学习共同体构筑的小组合作学习，强调学习是"同客观世界的对话、同他人的对话、同自我的对话的三位一体的活动，是基于柔和的声音和身体交往，基于'倾听关系'的对话性沟通"。[②]

班级幸福共同体模式下的班级环境要体现出方阵模型，构建合作式的空间关系，在显性的空间状态下，呈现出轻松、和谐的样态。基于此，桌椅摆放、座位安排、组员的构成、小组标识这些形态文化所蕴含的平等价值和宽松氛围，对学生作为主体性存在和合作关系的建立均会产生重要影响。

班级幸福共同体模式下，在桌椅的摆放上，让学生与学生相向而坐，从垂直的、纵向的师生互动转向平等的、横向的生生互动，使同伴之间形成"互为主体性"。学生在组内互动中拉近距离、熟悉彼此，由归属这个群体进而共筑一个温暖幸福的班级。

二、打造特色的责任包干区

文化是行动的深层逻辑，任何行动都是根植于一定的文化和习惯之中，并体现出强大的路径依赖性。班级幸福共同体模式下的良好的学习效果和幸福体

---

① 佐藤学：《静悄悄的革命——课堂改变，学习就会改变》，李季湄译，教育科学出版社 2014 年版。

② 刘晶晶：《合作学习中小组文化建设探究》，《天中学刊》2014 年第 1 期。

验，同样必然扎根于积极向上的小组合作型班级文化。

小组合作文化的表现形式有显性文化和隐性文化。小组显性文化主要表现为组名、口号、组歌、小组标识以及小组制度、规范等小组文化；小组隐性文化表现为合作精神、合作意识、成员价值观、人际关系和行为方式等。小组合作文化既能在显性的观念层面上引领和规范小组成员的合作行为，又能在隐性的精神意识层面，内化为学生的一种合作习惯，对小组合作行为发挥着一系列无意识的、难以细察而又理所当然的作用。小组合作文化具有导向、凝聚、规范、教育等功能，在成员的归属、身份的认同、协作与沟通等诸多方面都发挥着重要影响。[①]

要让小组成员建立良好的合作关系，内化高效的合作习惯，除了需要在思想观念方面加以引导和教育外，在班级环境建设上也需要下功夫。在教室的布置上，强化学生的共同体概念，以小组为单位，把教室的相关区域划分为小组责任田，推行责任承包制，由每个小组负责更新内容。例如，读写角、照片墙、荣誉墙、特长展示台、书画角、文学作品展台等都是以小组为单位参与设计、布置、更新、展示的园地；教师留言本、家长心语本等由各小组科任导师、家长导师参与书写；各小组一起动手养绿萝、种芦荟，打造绿色小组；以小组为单位，轮流开设小组讲堂，点播热点，评论时事，关注社会；建立班级读写角，小组轮流定期更新阅读内容，让学生广泛阅读中外名著；设立照片墙，定期更新小组活动照片；设立荣誉墙，专门悬挂小组荣誉证书；开设小组成长记录展示台，通过小组共写随笔来记录小组成长故事，定期编制成册，并在班级展览；开创小组学生特长展示角，定期推出原创作品，包含摄影作品、书法作品、文学作品等，这些举措让教室里面的每一面墙、每一张桌椅都能发挥教育的功效。在班级设立擂台角，专门用来发布小组竞赛通知和学校竞赛通

---

① 艾杨杨：《合作学习中小组合作文化建设研究》，硕士学位论文，课程与教学论专业，河南大学，2015年。

知，引导学生以打擂台的精神去参与竞争，每期比赛之后，再在擂台角展示擂台风采，张贴比赛结果。除了教室的总体布置，还特别关注课桌文化，让学生用书签写好自己的座右铭、励志名言、阶段目标，贴在课桌上，时刻提醒自己保持状态。

充分发挥黑板报的功能，创设黑板报文化，由各小组自主设立主题，设计版面，分工合作完成，定期更新主题。

第二节　制度文化

小组规范是小组文化不可或缺的一部分，它有助于增强成员合作行为的自觉性、自律性和主动性，有利于保障小组合作学习的顺利开展。小组制度文化的重要内核是小组公约。班级共同体理念下产生的小组公约，强调每个人既是公约的"立法者"，又是公约的"遵守者"。它针对的是小组实际问题，解决的是小组共性问题，并需经过小组成员共同调研、讨论、协商、决策而产生。小组公约只有在共同知晓、共同认可的前提下才会形成普遍的约束力，它集中体现了共同体中"人人平等、相互监督、共促进步、公平公正"的成长原则。

小组制度约定了成员的权利与职责，对成员的言行举止提出了规范性要求。学习共同体的课堂强调倾听，强调培育"静悄悄"和润泽的课堂文化。其小组规则有，"组员发言时，其他组员应认真倾听，发言后补充、评价"，"讨论的声音要细微，不可干扰其他小组"，"遇到不懂的地方大方地向组员求助"，等等。其具体过程如下：

学生主动参与规章制度、班级公约、考评制度等的制定，自觉遵守班规，由他律变为自律，由人治转为法治，班规不仅在"墙上"，更在"心里"。根据"师生共进，民主选举"的方式，成立家委会、班委会、团支部，师生共同制定班级规章制度，形成班级公约；制定班干部工作和培训制度；合理构建学习小组，制定小组运行制度和详细可操作的小组考核方案。定期根据量化评比项目，落实合理科学的奖惩制度。家委会制定工作方案，明确各岗位责任，助力班级发展。在以小组为显性形式开展活动或推进日常工作时，要提高效率，并且达成预期效果，除了一些必备的小组规则外，最重要的是能形成小组文化。

一、构建分工协作、团结进取的小组成长机制

小组文化由组员共同商量决议，并且形成公开、透明的文件，在小组全员投票通过之后，全班进行展示。展示后，制作成小组文化宣传海报，张贴在教室。下面以"仁武部落"为例，展示小组文化的构建元素及具体内容。

仁武部落是 2020 级高三（5）班的班名。它以小组合作学习为特色，打造学习共同体。整个班级由六个小组构成，分别是语文组、数学组、英语组、物理组、化学组和生物组。每个小组由科任导师、家长导师、行政组长、单科组长、组员构成。每位成员各司其职、相互配合，共同完成小组活动任务，相互学习请教，共促小组发展。六个小组良性发展，既有互助又有竞争，相互促进，形成了良好的成长氛围。

下面，节选一段 2020 届高一（1）班菁茵小组的一篇成长日志，这段文字记录了该生的小组生活感受。

在我的心里，菁茵组是我所待过最有爱、最团结、最温暖的小组。日常中的每一个细节都足以验证这一点。我们有一个优秀的组长，他总能积极主动地为班级、小组做贡献，并且每次任务都完成得很出色。虽然他有时候喜欢和我们开玩笑，但当我们需要帮助时，他一定是最先伸出援助之手的。所谓"罩组员"就是如此吧，在他的带领下，我们的小组也逐渐成

长为充满爱的团队。今天我才和欣慧开玩笑，说全班怕是没有一个小组像我们这样。"这样"指的是中午吃饭时，我们几个人总会帮全小组把饭和餐具拿好，以防有人因有事而赶不上吃饭。这件事，我们已经坚持一个多学期了，但我们丝毫不觉得麻烦，似乎已经成为一种习惯了。

如果要用一个词来评论我们组的男生，我选择"靠谱"。和我以前对男生的认知完全不同，他们显得更成熟。举个很简单的例子，当我们上课跟不上或者作业不懂时，只要问组长或者涛哥，无论他有多忙，都会耐心详细地为我们解答。（不要问我为什么不找老师，因为我们小组的男生太优秀了！）我们组全员都是班干部，大家都在自己的职务上勤勤恳恳，理由就是大家都努力，我们不能不努力。所以说，小组的氛围很重要。无论什么事，只要组长一声令下，我们一定会全力完成。

无论对待小组事务还是对待班级事务，我们都很上心。团结互助，每个人心中都装有集体。这，就是菁茵小组。

二、形成民主自治、互督互助的小组实施方案

在推进班级幸福共同体建设过程中，非常重要的一环是在小组互助合作方案实施过程中能做到"人人参与，人人尽责"。下面是 2018 届高三（5）班的一个小组互助学习的实施方案案例。

案例

广州市天河中学高三（5）班小组合作实施方案

设计者：杨换青

前　言

1. 本导师制包含师生导师、生生导师、一对一帮扶三部分。

2. 每个小组配备一个教师导师和一个学生导师；教师导师负责全小组成员的学习和生活方面的指导，学生导师协助指导老师工作并定期汇报组员情况。

3. 小组长落实班主任规定的小组任务，指导老师和班主任定期检查跟踪。

一、总体原则

指导思想：快乐至上，合作双赢。

合作方式：强弱互补，兴趣相投。

合作目的：提高成绩，学会分享。

二、小组分工

小组长：在指导老师的指导下宏观指导小组成员，负责小组成员的整体提高，一周与小组成员有深刻的思想交流；协调小组成员之间以及与班级其他成员的关系，友好合作，良性竞争；负责收交各科作业至科代处。

学生导师：每个学科选定一个学生担任该科组小组的学生导师，负责每天检查本小组相应科目的作业，除了督促上交外，提倡学生导师在老师批阅前先批改，收集本小组存在的共同问题，跟科代表汇总；每天必须向自己的学员指导几道具体的题目；抽查背诵文科识记知识，理科公式、原理等；与自己的学员每天有思想交流（课后，需真诚）；检查学员的"笔记本和错题本"。

学员一对一帮扶：组内成员结成一对一帮扶对子，认清自己的不足，虚心好学，主动请教，实现双赢。

心理辅导队长：打造乐观向上、积极拼搏、合作愉快的团队；有一定的心理疏导知识；遇到解决不了的问题，找杨老师解决。

三、评价体制

1. 整个小组成员隶属高三（5）班，班级统领是杨老师，每七个学生组成一个小组，小组统领是科任教师；全体成员服从5班全局管理，不准搞帮派，一切是为班级好。

2. 班级日常管理中，有小组成员犯规，除扣该组员的分外，小组总分将被扣相应分数。

3. 小组评价机制采取小组自评和他评，主观和客观相结合的方式，主观指的是自己在小组的幸福指数，客观是指小组学员的学习成绩提升情况。

4. 班级总体打分，学员成绩提高，导师和学员都将受到表扬。

5. 小组长每周写一份小报告给班主任，包括请教老师次数，指导和请教组员情况，完成作业情况，小组成员情绪以及其他突发情况等。

6. 阶段小结，评出优秀小组合作奖、优秀导师奖、优秀学员奖。

构建"导师制""责任制"的互助模式，既能高效地落实学习任务，又能提升疑难问题的解决效率，改变了传统教学过程中"教师全面负责制"的局面，真正调动学生参与学习过程管理，实现自主学习、深度学习的目的。这样的互助学习方案很受学生欢迎，一位叫翁宓儿的女孩在成长叙事中这样写道："说到学习，咱们班的学习氛围是我超喜欢的一点。我和外校朋友说得最多的一句话就是'我们班的学习氛围特别好'。这种氛围，是我以前从未体验过的。浮躁、自暴自弃、敷衍……这些态度在咱们班都不存在。我喜欢那种一群人围着老师问问题的感觉，喜欢那种大家围在一起讨论问题的感觉。在这种环境下学习，不认真都对不住班级。"

三、形成积极进取、相互依赖的小组合作氛围

社会互赖理论认为，人际交往存在着积极互赖（合作）、消极互赖（竞争）和无互赖（单干，既不竞争也不合作）三种关系结构，这三种关系对人际行为过程、行为心理和行为结果具有重要影响。

班级幸福共同体模式下的学生关系是一种积极依赖的、友善的、合作的伙伴关系。成员之间彼此信任，平等交流，在倾听同伴意见的基础上融入自己的

思考，进而重构自我的经验和意义。基于这种合作的、信赖的、亲密的、欣赏的、平等的关系，才能进行合作学习、互助成长。在这个意义上，班级幸福共同体首先是一种关系型组织。这种关系的核心体现为积极互赖性。共同体的小组合作重在改变传统班级学生之间普遍存在的生疏关系，改变应试背景下被竞争扭曲的紧张人际关系，致力于促进班级（小组）共同体形成亲密和谐的、积极的互赖关系。

在构建班级和谐人际关系过程中，班主任要善于捕捉机会，积极搭建平台，给予学生表达感情、增进友谊的机会。在互动交流中，实现情感的升华，进而化为合作的力量。例如，我在 2023 年新年第一课上，设计了一个新年表白的环节，让每个组长以书信的方式给组员写一份新年贺词。每个组长结合过去一年班级、小组的生活和学习，都写出了精彩的贺词。有一个组长模仿习主席的新年贺词，写下了一篇班级新年贺词，表达对班级和小组的总结和祝愿。下面是具体内容：

2023 新年贺词

——by 天昇小分队

时光荏苒，岁月如梭，2023 年在我们的紧张与期待中如约而至，在此，我向天熠部落特别是天昇小分队致以美好的新年祝福！

2022 年，我们接过高三生的身份，一步步踏过成人门完成成人礼，历经多次大小考试的洗礼，挺过疫情的考验。在 2023 年，我们又站在了高三（1）班的教室里，蓄力携手冲刺高考，吹响奋进向上的学习号角。

历史的长河波澜壮阔，一代又一代中国人接续奋斗创造了今天的中国；青春的画卷生机勃勃，一个又一个天熠人不断拼搏组成了今天的天熠。

今天的天熠，是饱含梦想的天熠。教室门口的理想大学榜单映照出我们的目标，饱含我们的希望与梦想。每一株小草都有钻出泥土的梦想；每一粒种子都有长成参天大树的梦想；每一只蝴蝶都有冲破茧飞向天空的梦想；每一个天熠人也都有考上理想大学的梦想。十多年教室苦读，就看今朝。一定不要放弃，2023年心怀梦想，继续追梦！

今天的天熠，是努力拼搏的天熠。从早上六点半到晚上十点半，从教学楼到食堂，从上课到下课，整个天熠部落无不充满着奋斗的气息。天熠人心中有目标，身上有力量，跌倒了就立刻爬起，被打击就调整自己……这就是天熠力量！

天熠部落及天昇小分队从不会止步于此。习近平总书记在新年贺词中说道："艰难困苦，玉汝于成。中国共产党百年栉风沐雨、披荆斩棘，历程何其艰辛又何其伟大。我们要一往无前、顽强拼搏，让明天的中国更美好。"于我们而言，天熠部落也是如此，长风破浪会有时，直挂云帆济沧海，我相信，在我们的共同努力下，明天的天熠部落也会更加美好。

明天的天熠，持之以恒梦将成。古人说得好："路虽远，行则将至；事虽难，做则必成。"只要我们有"千磨万击还坚劲，任尔东西南北风"的坚毅，"骐骥一跃，不能十步；驽马十驾，功在不舍"的坚持，"黄沙百战穿金甲，不破楼兰终不还"的坚守，不忘初心，牢记使命，2023年的天熠之梦必将势不可挡。

明天的天熠，有为青年报国家。青年兴则国家兴，青年强则国家强。习近平总书记曾说："展望未来，我国青年一代必将大有可为，也必将大有作为。这是'长江后浪推前浪'的历史规律，也是'一代更比一代强'的青春责任。"作为新时代中国青年，以及天熠优秀青年的我们，要肩负起这青春责任，不负国家不负党，不负天熠不负己，争做有为青年，为天熠之辉煌、中国之进步贡献自己的力量！

最后，祝愿天熠欣欣向荣、梦想成真！祝愿祖国繁荣昌盛、国泰民安！祝愿大家新年快乐、皆得所愿！

谢谢大家！

班级幸福共同体中各小组在交流、互动、合作中，形成了强大的凝聚力，不仅取得了优秀的高考成绩，也培养了优秀的组织、管理能力。支撑学生德智双收的是班级文化和制度保障。良好的成长氛围，让学生、家长对班级充满了感情。例如2020届高三（5）班的家长、学生在毕业的时候，拍了一部班级微电影来纪念班级生活。拍摄、台词、制作、剪辑全部由班级全体师生、家长共同完成。毕业微电影台词就是班级幸福生活的缩影。部分文字如下：

珠江岸边有一座现代书院，它是广州市天河中学，天河中学有一个独特的班级，它是高三（5）班，又叫作"仁武部落"，班级秉承"仁武"原则，追求"文行忠信，恭宽敏惠，弘毅博雅，仁武兼备"的目标。

且看艳阳高照，我们风华正茂。

仁武部落的一天从朗诵班级目标开始。每天班级目标的朗诵"学会做人，学会做事……仁武兼备，铸造辉煌……"将同学们的朝气展现得淋漓尽致，为新一天的学习注入活力。听！大课间的音乐已经响起，五班"仁"整齐的脚步踏在红色塑胶跑道上，"一、二、三、四——追求卓越，超越自我！"这气势恢宏的口号掷地有声，喊出了高三顽强拼搏的精神和无悔青春的风采。我喜爱同学们课堂上的积极互动、求知若渴；喜爱自习时同学们的各有章法、安静有序；喜爱遇到困难时大家的互帮互助、群策群力。但我更欣赏大家表现出来的学习之外的能力，运动场上，每一次传球、助攻、得分，不仅是我们的骄傲，更是你们团结配合的结果；更有一处不为人知的秘密花园：最后一节晚自习下课，一天的紧张学习生活可以告一段落，抓住时间的间隙我们在此时恣意地载歌载舞，愉悦身心。

我们喜欢部落倩影。语、数、英、物、化、生，在仁武部落中不是一个个枯燥的科目，而幻化成为六个异彩纷呈的小组，六科老师带领着他们的小组，帮助着他们的小组，也融入他们的小组。学习，在仁武部落中流动了起来。你听，那是刘志明老师为组员们逐个分析问题，那是王恒新老师对同学们提出问题的惊喜赞叹，那是李跃文老师对同学们积极学习和学问素养的由衷感叹。你看，那是杨换青老师带领我们"托举梦想"，那是李良进老师在严谨的公式与智慧的话语中扩大着每一位同学的"进步"空间，那是乐华老师在振臂高呼，追忆着往昔的峥嵘岁月。老师们是同学们的榜样，在老师们对每一个小组的"精准帮扶"中，同学们渐渐成长。

我们喜爱部落活动。集体生日会为寿星送上神秘生日贺卡，更有可爱老师温情送祝福，挑战"一起扔扔扔，一起猜猜猜"的聚会游戏。我们在部落里永远是杨妈的孩子，六一的3D拼图带我们永葆童真。"九拔五"拔河比赛，饱含着老师对我们的希望。冬至日父母的爱心饺子温暖了每一个师生，还有杨妈的可乐鸡翅，同学妈妈亲自做的牛肉辣酱，"家长讲坛"链接家校社会，为我们开拓视野。2020520班级情书传达出陪伴是最长情的告白——爱你，爱你，我爱你。

我们喜爱仁武部落文化。是的，"仁武兼备"就是我们共同的追求。爱国勇担当，青春正飞扬，是我们成人之时许下的诺言。点火高三是我们"我要、我能、我行"的必胜信念。我们喜欢仁武部落的一点一滴，那是我们青春与梦最开始的地方。所以，我们——来了！

情感是需要表达的。当老师、班级感动了学生，学生也会真挚而热烈地表达感情。比如，在高考前夕，组长组织了全体组员以文字的方式向班级告别，写下了一封封滚烫的"小组情书"。

例如，2020届高三（5）班语文小组以《红豆生南国，春来发几枝？》为题，创作了一首诗歌，来表达对班级的留恋与祝福：

感谢你，让冰冷的数字独有你的温度。

感谢你，让我的童年依然熠熠生辉。

感谢您，让英雄的木棉在我的心中永垂不朽。

愿你的青春开在盛夏的鸡蛋花里，

愿你的字里行间流露着村上的温柔，

愿你做个芒果味的少年永远飘香，

愿你手操屠龙宝剑挥洒万丈豪情。

……

"愿君多采撷，此物最相思。"

仁武君子为您倾情呈现，我即是你，你亦是我。

物理小组以《谢谢您，老师》为题写了一封情真意切的书信，来表达对老师和同学的感谢。信中说："谢谢班主任杨老师每天一早回到班上督促我们，更新班级励志语，策划独属于我们班的活动，经常给我们写信，用有温度的教育带给我们感动和力量；谢谢每一位老师的尽心尽责，耐心教学；谢谢五班的每一个你，为这个'家'带来的快乐、温暖、感动。"

除了以小组为单位的团体表白外，也会收到很多个人告白。一位内敛的女孩在毕业前给我写了一封长长的书信，其中有一段这样的文字："自从您上次在美丽的木棉树下有感而发并写一封'情书'给我后，我感受到的不只是您对班里孩子的关爱，更是对教育事业燃烧不尽的热爱。因此，我也要向你表白！谢谢您一次又一次的宽容，谢谢您一次又一次的关爱。无论我学习多么困难，您都会想方设法地帮助我、鼓励我，这一切我都已深深感受到，它会一直温暖着我。"

第三节 活动文化

班级活动文化的重要内核是班级主题活动。主题活动是搭建个人与个人、个人与团体的桥梁，通过每一个阶段、每一个环节中的活动逐步形成班级文化。共同体背景下的班级活动需要在准备阶段确立一个共同的活动目标，需要在对话、倾听、协商中整合各种活动思路，确立最终的活动方案；在活动中，需要分工、合作推进过程，完成任务；活动结束，需要总结、反思、分享与展示。其构建过程如下：

主题活动方面，做到有主题、有设计、有内涵、有情境、有反思，班级活动形成了"活动内容系列化、活动过程情境化、活动效果高效化"的活动特色。以2019年为例，我组织了三十余次班级活动，跟学习相关的有学习经验交流、学习榜样评选、学习方法推介等；跟学习共同体相关的活动有小组合作启动仪式、小组质量分析会、小组月度总结会、小组之星评选活动、小组故事分享、小组擂台赛等；与生命成长相关的有阅读启动仪式、阅读计划分享、读书沙龙、整书阅读报告会、种植芦荟、共养绿萝、时事点评、演讲比赛、辩论赛等；跟家校合作相关的有家长讲堂、家校联系书、给家长的一封信、榜样家长评选等。依托校运动会、校艺术节、校科技节、级组篮球赛、级组拔河比赛等学校、级组活动，培养集体荣誉感；依托班会、班级活动，维系班级活力，让学生有归属感、获得感、幸福感；依托家长资源开展家长讲坛，每周三家长为学生开讲座，内容涉及目标管理、金融、情绪管理、人际交往等，拓宽学生的视野，增加学生的见识。

班级活动是增强凝聚力、促进班级发展的重要途径，富有美感且具有意义的班级活动对促进学生全面发展、激发学生的创造力具有极大的意义。幸福共同体视野下的班级活动主要是根据教育目标，借助媒介，创设情境，让学生在感受和体验中认知美、内化美、创造美，在美好的体验中明理、悟道。班级活动通常采用"设定目标—创设情境—选择媒介—确定形式—推进过程—实现目标"的流程。

班级活动主要有下面四条路径。

一、以物为载体，扩充活动的张力

通过观察物的外在样貌、解析物的内在构成、深挖物的内涵意蕴、学习物的精神品质来实现教育目的。以"芦荟"为例，可以设计"赏芦荟花""绘芦荟形""种芦荟苗""品芦荟神""学芦荟品"五个班级活动，通过观察、讨论、分享、体验，让学生学会欣赏、体验、创造的同时，学会欣赏，懂得合作，历练品行。附具体案例：

百合心意

背景：随着高考的临近，有些孩子难免出现焦虑。经过观察，我发现有些孩子的脸绷得紧紧的，这是其内心焦虑的显性表现。除了跟孩子们亲切交流，耐心疏导外，我还得想办法营造一个既温馨有爱又能激发斗志稳定情绪的备考环境，怎么做呢？

目的：营造备考环境，缓解情绪。

准备：6月25日，下班后，我跑到超市去买回了一个大花瓶，又跑到花店挑了两枝大百合。一枝是五朵，寓意"五班"；一枝是六朵，寓意"顺"。当我兴冲冲地拿着百合回到班级时，同学们一下子兴奋了。新鲜欲滴、含苞欲放的百合给整个班级带来了喜气与活力。

我在黑板上写下了"笃定从容，静待花开——仁武部落微班会"，接着用了几分钟给孩子们解读这两朵百合的寓意，告诉他们心不安定的时候去给百合换换水，看看它的颜色，闻闻它的花香。几天下来，这百合增加了教室的颜色，活跃了班级的氛围，联络了班级的感情。孩子们给它换水，把叶子抚平，还有孩子俯下身子去观察花开的样子。就这样，几天过去后，我发现孩子们安静从容了很多，教室又恢复了奋斗的模样。几个脸绷得紧紧的孩子，也学着百合绽放的样子，舒展了自己的笑容。

这就是百合的情谊。百合每天都在散发着淡淡的幽香，在静静地陪着孩子们备考、战斗，从容淡定，坚定向前。

就这样，时间过去了几天。2020年7月1日，百合已经绽放了最美的模样，时机成熟了，我赶紧召开了第二场百合微班会，主题是"幸运七月，百合心意"。

七月是高考月，也是填报志愿等影响人生走向的重要时间段。

在这个七月的第一天，我穿上自己最喜欢的红裙子，我要带给孩子们热烈红火的祝愿；更要借百合之意，祝愿孩子们在高考中能"百合"心愿，心想事成；更希望我陪伴高考的这些家庭能"百合"心意，马到功成。

我把两节微班会组织成文，配上一些生动的图片，做成一篇班级公众号推文，当我把链接发到家长群时，家长们很高兴，也很感动。有一个很有意思的现象出现，那张漂亮的百合图片竟成了很多家长的微信头像，或许大家都在用这种方式默默地期待和祝愿高考"百合"心意吧。

教育需要契机，教育更需要情感。所有的灵感源于教育者对孩子的热爱。

"百合心意"案例背后是我对教育的理解，也是我的教育理念的呈现。

二、以事为载体，提升活动的引力

教育需要情境。教师需要根据教育目的，捕捉教育契机，创设教育情境，以"事"为载体，开展班级活动，用美的形式、美的氛围、美的过程来实现育人目标，既能实现教师"做成事"，又能让学生"享受美"。例如，为激励高三学生高考冲刺，我与家长、学生共同策划了一场"烛光夜谈"特色励志活动。在学校草坪上，师生用蜡烛、彩灯、气球等道具布置会场，然后席地而坐，促膝长谈。活动分为小组交流、自由交流等环节。星光闪烁，烛光摇曳，微风习习，心情舒畅。浪漫而美好的氛围让学生自觉参与交流，他们平和而坚定地表达出"珍惜时间，享受高三，冲刺高三"的愿望。本次活动洋溢着美好的班级情谊，让学生很好地体验到了美好的活动氛围、美好的班级生活，从而激发了学生高昂的奋斗激情，实现了美育与德育的融合。

案例 1

美丽天熠，魅力女生
——天熠部落女生节活动方案

（一）活动目的

阳光暖，花儿香。为了更好地营造天熠部落的文化氛围，引导天熠女生更多关注自身的身心健康、文化内涵、独立意识等综合素质的提升，彰显天熠女生的风采；引导天熠男生尊重女性，关爱同伴，彰显天熠男生的风度；通过活动，形成团结、和谐、进取、阳光的班级成长磁场。

（二）活动主题

美丽天熠，魅力女生

（三）活动对象

全体天熠学生

（四）活动时间及地点

2022 年 3 月 7 日星期一 西校区球场

（五）准备活动

1. 准备会议：召开预备会议，就女生节活动商定具体事宜。参加人员是六个小组的组长及副组长。

2. 道具准备：气球、彩纸卡、心愿墙等。

3. 家委准备奶茶等。

4. 男生给小组女生写好"赞美卡"。

5. 女生写好"心愿卡"或"特权卡"。

（六）具体活动

活动项目 1：小组男神送祝福

规则：

1. 每组派两个男生组成一组，背靠背夹着气球，气球上贴上本组男生写给女生的"祝福卡"，从起点站到终点站用时最短的小组取胜。

2. 每组配备一名外组的监督员和计时员。

3. 终点站放置移动"祝愿墙"。到达终点后，将"祝福卡"贴在"祝愿墙"上。

4. 各小组代表宣读"赞美卡"或"祝福卡"。

5. 女生接受"祝福卡"或"赞美卡"。

活动项目 2：天熠女神特权行动

1. 女生写好自己的"心愿卡"。

2. 男生抽签，每人负责完成一张"心愿卡"。

3. 该项目若是自己不能完成，允许找帮手完成，或与项目主人商量更换新的"心愿卡"。

此项活动含学习类、文艺类、搞笑类等，只要健康向上，内容不限。

活动项目 3：举杯同庆，共同祝贺

1. 家委负责订奶茶。

2. 同学之间互相交流、分享、祝福。

案例2

广州市天河中学天琴部落文艺汇演策划方案

（一）活动背景

紧张的月考刚刚结束，马上迎来学校的体育节和艺术节。为了调节学生的学习节奏，为了给学生一个展示才华的平台，为了更好地选拔学校体育节和艺术节参赛选手，特举办广州市天琴部落的班级文艺汇演活动。

（二）活动时间

2020年10月26日第九节班会课

（三）活动地点

高一（1）班课室

（四）活动目的

1. 帮助学生调节学习节奏，舒缓情绪，为本周和下一周的考试总结做情绪铺垫。

2. 展示学生才华，体现教育的多样性。

3. 增进学生间的互动，增强班级凝聚力。

4. 在活动中进行师生、生生互动，体现天琴部落"活动强班"特色。

（五）活动形式

表演

（六）活动参与人

天琴部落全体成员

（七）活动策划者

谢贺靖涵、包欣宇、林淑欣、黄馨慧

（八）活动主办方

天琴部落

（九）活动总体布置

谢贺靖涵负责收集并整理节目单。（见附表）

王嘉莉和罗予涵作为本次节目的主持人。

第八节物理课一下课就按照原计划布置场地，尽量在第九节上课前布置好。

电教吴玮涛和张鲁宜提前开好电脑，将节目所需伴奏调好。

各组组长作为策划分队长负责彩排好自己小组的节目和控制好节目的时间，争取将节目做到出色，最大限度地展示自己小组的风采。

尽量不要利用学习时间排练，利用课余时间最好，周一中午要排练的报给谢贺靖涵请假。

本次活动有奖项，最终将评选出八个最受欢迎的节目，获奖最多的小组获胜。

三、以课为载体，实现教育的合力

课堂，是开展班级活动的主要阵地。课上，可借助各学科的特质，开展学科与德育活动的融合；课下，可以活动为媒介，开展学科活动，从而实现活动与课程的融合。例如，诗歌教学，以小组合作的方式搜集素材，排练展示，开展"推介会""品评会""朗诵会""创作赛"等系列活动，让学生体验诗歌之美，既能增加学生的诗歌知识，又能助推学生学习诗歌的兴趣，还能有效提升学生对诗歌的鉴赏能力，最终实现智育、美育、德育的有机融合。

案例

花语励志，助力成长
——广州市天河中学高二（1）班学科德育融合案例

一花一世界，花草皆有情。广州市天河中学高二（1）班以"共同体"为抓手，凝聚班级合力。在本次活动中，结合诗词教学任务，开展学科与德育融合活动，要求学生以小组为单位，选择小组组花，并介绍选择的理由。由组长负责全程协调，小组成员参与，制作好课件，在活动课上展示。本次活动引入花木，链接教室与自然，以花语励志，激励学生做一个"品德高尚、人格健全、身心健康、全面发展"的人。

践行学科育人的教育思想，把诗歌教学与德育活动结合起来，每个小组为自己的组花写诗作词，成为本次文化建设的亮点。

下面展示两个小组的作品。

（一）天岚小组组花——君子兰

【组员】李冠毅　林子晴　杨育轩　徐慧　李锦源　罗宇为　古轩麟

【组花名】东海、南山（寓意福如东海，寿比南山）

【花语】君子兰的花语是君子的谦虚、温柔、礼貌、富贵和高贵。这是因为它优雅和高贵的姿态，就像一个谦逊有礼的绅士，自古以来就受到人们的喜爱，可以给周围有绅士风度的人。

【推荐理由】首先，"君子兰"的"兰"与"天岚"的"岚"同音；其次，激励天岚小分队的成员继续做一个好学好问、讲文明、有风范的好青年，君子谦谦，温和有礼，有才而不骄，得志而不傲，居于谷而不卑。

【组花之词】浣溪沙·君子兰

艳丽高洁美如画，梅菊柏竹不及它，过路行人不忍摘。

幸福美满花开放，谦逊婉约真君子，鸟鸣悠悠颂子兰。

（二）天璟组组花——富贵竹

【组员】陈维瀚　陈子龙　何梓衡　马高斌　李佳琦　刘奕含　许德健　杨蕊竹

【组花名】婕哥、高斌

【花语】平安、吉祥、富贵

【推荐理由】好养，观赏性强，价格适宜。富贵竹寓意着平安、吉祥、富贵，表达了对大家的美好祝愿。竹子象征君子，有刚正不阿、谦虚、有气节、坚韧、坚持自我、不怕威逼利诱的特征。用富贵竹当组花，是希望我们都能成为一名像君子一样的人。

【卜算子·咏富贵竹】

叶绿竹节身，得志气节存。入世兼济富贵好，挺首心不傲。

退如梅花孤，进有牡丹福。清水濯心身曼妙，立于尘世姣。

四、以主题为载体，形成活动的系列化

为促进班级的健康发展，聚焦培养目标，定制阶段性的班级活动。以主题为载体，拓展班级活动的张力。

案例1

"爱我天高，为校争光"系列主题班会计划

第一部分："爱校"手抄报活动

前置准备：制作手抄报，展示解读。

要求：各小组展示并解读手抄报内容，要求形成电子稿，发文化建设班长卢宝静邮箱，卢班长审稿整理。

第二部分："天高带给我的感动"故事分享会

要求：以每个小组为单位，小组长收集个人感动故事，审稿，无错别字，言简意赅，细节清晰，能温暖动人。整理出来后，印发学生，编制成1-36号故事，选出"最感动的事"10篇。（许敬之负责）

第三部分：校园采风活动

以小组为活动，小组长是导游，带领组员参观校园，并拍摄校园的自然风

景或人文风景。分享感受，评选你最喜欢的校园风景。

第四部分：我眼里的天高

根据前期采风和对校园的观察感受，制作PPT，展示校园风光和人文特色。（严善愉负责）

第五部分：我为天高增光彩誓师活动

我爱天高，美丽校园，温馨人文，我将以怎样的行动为学校增添光彩？

要求完成书写：

1. 我要做一个什么样的天高人？

2. 我会怎样度过我的高中生活？

3. 感谢学校教会了我什么？

以小组为单位，收集每个学生的作业。（班长负责）

案例2

天琴部落爱校班会系列之校园美景推介活动

（一）活动目的

1. 欣赏校园美景，激发学生的爱校之情。

2. 以小组为单位，移步换景，活动过程增加小组感情。

3. 以爱校之情激发学生的学习激情和生活热情。

（二）活动时间和地点

2020.12.28　地点：高中校园（含东、西校区）

（三）活动方式

1. 组长当导游，组织和带领组员游览校园。

2. 游玩顺序。为避免拥堵吵闹，各小组不扎堆，从不同的地方开始游玩。

3. 各小组只能使用一部手机。

（四）活动成果要求

1. 完成一篇游记（12 月 28 日日志）。单独一页，要有大标题、关键词、层次。

2. 每个小组单独提交照片 20 张，含 5 张校园美景、5 张小组照片，一定要有合照和单照。

3. 小组故事视频。

4. 小组感想视频。

节选部分感想：

1. 今天在组长的带领下，我们来到后花园，共同欣赏美景，并留下了许多珍贵的照片。说实话，来天高这么久，要说真的认真观赏，这还是第一次，以前仅限于知道有这么个地方，却从未有空静静观赏，今天杨老师给了我们这个机会，当然要好好珍惜。

后花园坐落于北楼与实验楼之间，旁边的文化长廊更是给它添了几份韵味，走近静心亭，真的感觉宁静了下来，只听见耳畔的虫鸣；走上小拱桥，又仿佛听见了流水声，一切烦恼都烟消云散。

在一块大理石前几张小石桌上，我们组留下了珍贵的合照，每个人发表了在天琴部落在菁茵组的幸福感言，象征着我们对集体的热爱和彼此间心连心的深厚情谊。时间过得飞快，转眼间就到了下课时间，大家有说有笑，依依不舍地离开了，真希望以后能有更多这样的机会。（翁宓儿）

2. 今天班会课进行了游园活动，这次游园中，我发现了学校更多小角落的美景，其中最喜欢的当属学校的后花园了。走进这里，一片书香之气，迎面而来，后花园规模虽小，但每一片地方都是一幅内容优美丰富的画卷，一草一木像被精心设计和栽种，每一帧都是优美的画卷。还有静心亭，青绿色的石板桌凳，错落有致的屏风，无一不散发着古韵书香之趣，这像是现代大世界中古韵十足的小角落。置身其中，让人感到十分雅致，浓浓的书卷气息。右边是古风十足的后花园，而左边则是现代科技长廊，科技长廊上有些是学生制作的小制作发明，展现了天高学子的创造力和创新能力。

总的来说，学校后花园让人流连忘返，天高的每个角落都有惊喜，等待我去发现探索。（侯紫晴）

不管是以哪条路径召开的班级活动，均需要注重几个关键点和着力点。

一是善创情境。

善于创设情境，让情境教育起到润物细无声的作用。我分享几个关于芦荟的故事吧。教室里有几个上一届班级留下来的废弃花盆。我跟孩子们商量，我们一起去种花吧。第二天，我找来了一些芦荟苗。放学后，我带领着孩子们，开始种芦荟。没有工具，我们直接用手把花盆里的土块捏碎，再小心翼翼地把芦荟苗放进去。刚开始，孩子们不敢去碰泥巴，我就第一个带头弄泥巴。孩子们也就跟着动起手来，嘻嘻哈哈，很是快乐。他们都说这是他们第一次触摸泥土。那天，我在自己的微信圈发了一段文字："整理一天的思绪，中午休闲时刻，与孩子们一起种植芦荟，是最快乐的时光。触摸泥土的感觉，感受生命的力量，倾听成长的声音，真好！从今天起，奖励自己，每天做一件让自己快乐的事儿，哪怕五分钟，浮躁的世界里，我们常常只听到室外滚动的车轮声，却忘了窗外的鸟儿鸣唱；我们常常眉头紧锁，匆匆赶路，却忘了头顶上的悠悠白云……路在延伸，视野却越来越小……匆匆岁月，别忘了给自己留一刻宁静纯洁的闲暇。"

我把这段文字分享给孩子们。分享完文字，我指着窗台上摆得整整齐齐的几盆芦荟告诉大家："只要播种就会有希望，咱们就等着芦荟慢慢长大吧！"

与芦荟相关的另外一个情境教育如下。

有一天，去饭堂吃饭的时候，我惊喜地发现饭堂门前的一株芦荟竟然开出了漂亮的花朵。这是我第一次见芦荟的花，我相信班上的孩子们也很少见过芦荟的花吧。我第一反应是，赶紧拍下来，可以做今天的班会课素材。中午，我上网搜索了一些关于芦荟的知识和相关素材。下午班会课时，我就以芦荟的花作为小悬念，设计了班会课的开场白，并以"芦荟之美"为主题，开了一堂班会课。这堂课在给孩子们惊喜的同时，也让他们明白芦荟成长所蕴含的人生道理。

教育情境无处不在，只要我们用心，生活随处可见教育的情境。当我们老师善于捕捉生活的情境，抓住教育的契机，就能够实现教育的灵活性，助长教育的生命力。作为教师，我们要为孩子们的成长搭建一些平台，创设一些情境，在情境教育当中，让学生悟得道理，用行动把道理内化为品质。

二是善抓契机。

依托年级组、学校、社会等大的活动背景，抓住契机，培养学生的集体荣誉感，增强小组的凝聚力。例如，学校的校运会、艺术节、科技节，年级组的篮球赛、演讲赛等都是不错的机会。在我校三十周年校庆的那一天，我们班举办了一个情景剧表演活动。活动背景是这样的：我们班的孩子看到很多功成名就的校友们被请回母校作报告，很是羡慕。我灵机一动，这是一个很好的爱校和理想教育的契机。我利用午休时间，模仿学校的"三十周年校庆邀请函"制作了一个"广州市天河中学六十周年校庆邀请函"。我对同学们说："你们今天是不是特别羡慕这些被请回来的校友们呀？"孩子们说："当然羡慕了，我看了校友介绍，他们可厉害了！""那你们是不是也希望自己在学校校庆时被邀请回来作报告呀？"孩子们说："当然想啊！"我变戏法似的拿出一叠邀请函，一张一张发给孩子们，然后让他们以小组为单位，现场编剧本，现场表演。表演的时候，要求明确各自未来的身份，模拟三十年之后校庆时同学的聚会。由于我们的小组活动训练有素，孩子们在很短的时间内竟然表演得有模有样。有两个孩子的表演让我印象特别深刻。一个叫小锐的小孩，他说："我现在是一名飞行员，这次回母校，除了参加庆典，还想特别邀请杨妈坐我驾驶的飞机。"逗得全场哈哈大笑。孩子们打趣道："杨妈，他开的飞机你敢坐吗？"我认真地说："咱们小锐读书的时候就是一个认真的孩子，现在也一定是一位优秀的飞行员，我当然敢坐。"还有一个女孩，我总感觉她对我不是很热情，但是在那次情景剧表演当中，她说："我现在是一名医生，我知道杨妈的颈椎一直不好。我一定要想办法，将她的颈椎病治好。"听她这样说，大家都鼓起了掌，我更是惊喜和感动，赶紧走过去紧紧地拥抱她。直到现在，想起她的那句话，我还是满心感动。从他们的表演当中，我不仅大概了解了孩子们未来的职业意向，还收获了很多感动。这比单纯的理想主义说教要有趣得多。

再看一个案例：

这个元宵节，真好！

今天是开学的第一天。课间，一位住宿的女孩跑过来对我说："老师，明天元宵节，学校不放假，可我想吃元宵，怎么办？"我说："想吃元宵啊，我给你煮呗。""真的吗？"她兴奋地尖叫。听到我们的对话，其他孩子都跑过来围着我说："杨妈，我们也要吃汤圆。"我脱口而出："要不，我们班搞一个元宵节的活动吧，一起来煮汤圆？"教室里顿时惊呼一片。而我呢，说出这个大胆而新奇的想法，就有点儿后悔，因为这实在有些冒险，这么多人在教室开火做饭，这可是学校头一回，我很是忐忑。但看着孩子们兴奋的样子，我实在不忍心收回我刚才的承诺。我开玩笑说："那我们就真的开展一次元宵火锅大会哦，万一校长批评我，把我班主任撤了，你们记得把我捞回来哦。"同学们哈哈大笑："杨妈，我们一定会把你捞回来的。"

说干就干，我找来几个走读的女生，开始布置任务：有的负责带电火锅，有的负责买青菜，有的负责买饮料，有的负责买一次性碗筷。分配完毕，我说："明天我会把我们家的锅也带来，管大家吃饱吃好，不够的食材，我负责兜底。"

接着，就开始找活动的地儿。我记得学校有一间闲置的教室。我找来教室的钥匙，打开门一看，满地狼藉。大家一起动手，扫地、拖地、擦桌椅、搞造型，场地布置完毕，还蛮有感觉的。想着明天能跟孩子们一起煮煮元宵，话话家常，应该是一件很值得期待的事。

第二天，处理完工作相关事宜，已经是10点半。我赶紧去学校旁边的万佳超市准备午餐要用的食材。一个人搬不过来，我还特意请办公室的两个小同事一起帮忙采购。我们三人来到超市，目标明确，行动迅速，火锅食材、汤圆、油盐酱醋、零食等，一会儿就堆满了购物车。同去的小同事媛媛和茵茵在忙碌中还不忘记让我摆个pose，照张相。现在想想，这张照片，还真有纪念意义。因为，这一定是我这辈子去超市买东西最多的一次，满满的一车。接着，媛媛在她的朋友圈发了这张采购图，内容是"别人家的班主任把整个超市搬回来和学生过元宵节"。她的一个朋友评论：你问问，这个杨老师，还收不收三十几岁的学生。哈哈，有趣的对话，源于这场有趣的活动。

十一点半，开始正式动工。我感觉自己不像是一个班主任，更像是一个家庭主妇。我在为自己的孩子准备丰盛的午餐，不是一个，是一堆。一回到家庭主妇这个角色，那些锅碗瓢盆自然就是熟悉的味道。我娴熟地把食物分类、摆放、配置，烧水，加食材，调味，那间教室已经成了我的厨房。

一个小时后，孩子们下课了。一个个兴奋地飞跑进来，"哇，好香啊"，"哇，这么多吃的"，"我要吃汤圆"，"我先来点儿喝的"。就这样，一场盛宴开始了。中间的过程，我没办法全部详细地记录下来，我只记得桌上是数不清的零食，一袋袋青菜和肉，一包包饺子和面。教室里面散发着食物诱人的香味，弥漫着所有人的欢声笑语。我们班的科任教师都来了，他们有拿着零食的艳艳老师，吃零食还不忘分享给思华老师的朱朱老师，还有一直不停地吃肉吃菜的淑娟老师，发着烧吃着汤圆的婳婳老师。老师们边吃边感慨："给我的感觉就是很幸福"，"很贴心"，"汤圆很好吃，想要牌子"，"现在吃这么多汤圆，晚上都吃不下了"。

孩子们呢，我记得有一直守着火锅的皓天、嘉琪、雅文，煮汤圆的善瑜，把零食堆成高塔的超哥和瀚乾，剩下的，或自顾自大快朵颐，或几个边吃边聊，或是不停地邀老师拍照，还有不停地摆造型自拍。我留意到，房间里面有很多椅子，可是基本没人坐着，大家都是或站着，或蹲着，似乎这样才能表达出心里的那份放松和随性。

看着这些欢乐的笑脸，我有说不出的安心、舒坦、满足和幸福。我不禁感慨：人生太需要幸福的体验，心灵太需要幸福来滋养。幸福不是那么遥不可及的，只要你有心。比如此刻，一切的幸福都融化在这间热气氤氲的教室里，一切的美好都包含在每一颗元宵节的汤圆里，所有的心都是暖洋洋的，所有的脸上都是满足与喜悦。一切都好！

活动结束后，孩子们说："今天是我最开心的一天。好久没有这么痛痛快快地和同学们嘻嘻哈哈、无忧无虑地吃顿饭聊个天了，好久没有这么疯疯癫癫了。这是完全释放天性的一场聚会。在此，特别感谢杨妈能带我们一起找回自我，不忘初心，做一个快快乐乐、无拘无束的人儿。"

"我从来都没想过，在高中，一群人可以在一个狭小的教室里，吃火锅，聊天，拍照，逗趣嬉笑，玩游戏，可以和老师像朋友、像家人一样皮、一起玩，可以一群人在一起吃汤圆，抢着吃菜和肉，热热闹闹地过元宵。"

我在家长群里分享了一些照片，家长们也被深深地感染了，他们说："看到孩子们被幸福快乐包围着，我们也感到幸福满满的，一切只因有您，谢谢杨老师。""感恩杨老师为孩子们精心安排的生动元宵节。""孩子们感受到满满的幸福。""这么久以来，感觉到老师用心用情对待孩子们，孩子也折服于杨妈的人格魅力。我们都在庆幸遇见恩师。"

面对着满满的回忆和感动，我想说：这个元宵节是我这辈子以来最隆重、最让我心动的一个元宵节。

在这个案例中，我抓住了一个契机，创造了一个活动情境，通过活动链接师生情感，建设班级文化，开展师生、生生互动，很好地实现活动育人的目的。

此外，通过开发班本课程，总结和凝练班级文化。开设品格教育、幸福教育、爱情教育、公益精神、节日文化等班本课程，让班本课程系列化、精品化。

通过社会实践，推进和强化班级文化。周末，以小组为单位，参加公益活动、社会实践活动，以家庭为单位开展亲子阅读、学雷锋活动等。

通过班级联谊活动推广班级文化。如参加对贵州纳雍县的脱贫攻坚活动，与纳雍四中高一（8）班联谊，帮助构建学习共同体，建立读写角，以家庭为单位捐助图书。

第四节 精神文化

班级精神文化的重要内核是班级价值观。班级价值观必须要基于社会主义核心价值观，符合当下主流价值观、学校提倡的育人观，是班级在民主选择下共同确立的独特的价值观。就班级共同体而言，班级价值观主要体现为追求个人与个人维度的自由与公正，个体与他人维度的信任和合作，个体与群体维度的关怀和包容。近几年，所带班级都以共同体为特色，形成以"部落"为主体的班级，比如2018届的"杨村部落"、2019届的"仁武部落"、2020届的"天琴部落"等。"杨"谐音"羊""阳"，寓意为"班主任杨老师是班级的领头羊，带领孩子们朝着太阳奔跑，让整个班级洒满阳光"。"部落"寓意为"共同体"。通过"构建共同体，创建幸福班集体"活动，实现"让师生过上幸福而完整的生活"的班级理念。这种幸福的完整性包含学生的德智双收、仁武兼备、全面发展的幸福，师生共同成长的幸福，家庭成长的幸福。秉承"知行合一、追求卓越"的班训，追求"内圣外王、德智双收"的目标。"内圣"指的是要注重内心的修行，从正其心、诚其意、致知、格物做起，保持"赤子之心"；"外王"指的是做事的本领、手段、修为，最终是为了给更多的人服务，培养学生的大爱与大行。根据班级建设目标，选择《真心英雄》作为班歌，设计由"时钟与宝剑"组合的图案作为班徽，寓意"珍惜时间，创造幸福，铸造辉煌"。班级总体构想是：通过多彩文化的构筑，构建立体式幸福共同体，让每个孩子在体验幸福、创造幸福、传递幸福中感受人情的温度、成长的自由度，获得生命发展的广度。

班级文化的上述四个方面虽然代表不同的形态，但它们之间的联系十分紧密，组成了以"价值观"为核心的班级文化圈。它们之间多重多种的关联性使它们构成了一个整体，形成了具有强大教育力的班级文化场。共同的价值观、相同的思维模式和行为方式会形成班级共同的充满能量的成长磁场，这正是班级共同体最有价值的地方。当一群拥有相同目标、相同观念以及相同信仰的人在一起成长，他们就能将日常生活与学习中的实践活动作为基础任务，在和谐的氛围中，以平等的方式展开良好的交互与沟通，在分享与合作的过程中形成带有创造性作用的学习文化。

以构建共同体为手段，以共读共写为路径，以情境活动为依托，开展多元文化建设，实现"同心同向、外显有规、内涵有德、学而有成"的幸福共同体，助力家长、学生、老师都过上幸福而完整的生活。共读共写活动富有成效，如2018学年编写了《我与1班的故事》《杨村部落》《最是书香能致远》《名著阅读成果集》《世界很美，我们去看看》《元宵喜乐会》《学生日志》《家长心语》《文字里的深情》等10本班级专刊；师生互写书信，共计文字近10万；累积班级日志40余本，达20万字。近几年，依托共同体，总结和记录班级文化成果，已编撰校本教材、班本教材《华少祺韵》《仁武部落》《构建共同体》等10多本。

由于活动构建了和谐的班级共同体，形成了凝心聚力的班级文化，所带班级风气正、学风浓，师生关系、生生关系、家校关系融洽，全方位调动了家长、科任、学生的积极性，让其拥有了归属感，产生了幸福感，体验了成就感。学生团队互帮互助，乐观善良，德智兼收；教师团队团结协作，不仅收获了优异的教学成果，而且体验到了强烈的职业幸福感；家长团队凝心聚力，亲子关系和谐，家庭幸福和睦，全方位收获了幸福而完整的生活。

基于立德树人，以核心价值观为主线，通过构建班级幸福共同体的活动，形成了多彩积极的班级文化。

共同体视角下的班级文化建设着力于小组共建共生，在班级文化建设上注重打造小组特色文化，重点打造十个共同体文化标识。

一、为班级起一个响亮的名字

（一）班名要具备内涵性和意义性

班名，不是一个冰冷的名字，更是一种希望、一份期待、一份情感、一种精神。班名有其丰富的内蕴。以我所带 2020 届"天琴部落"为例，它有以下含义：

其一，"天琴"，意为"天晴"。这一届的学生经历了新冠肺炎疫情。疫情带给中国的影响是巨大的，但好在全国上下齐心协力，共同抗疫，最终雨过天晴，山河无恙。"天琴"有"天晴"之意，预示国家经历风雨，迎来晴天。我还想传递一层含义，即成长路上难免经历风雨，但只要有信心、有恒心、有方法，最终也会雨过天晴，迎来彩虹。其二，"天琴"，意为"和谐"。"琴"是一种乐器，有雅致和谐之意。我想借此意营造和谐的班级氛围，构建幸福团队，让孩子们能在和谐的集体中快乐成长，拥有归属感、幸福感。其三，"天琴"，意为"添情"。我希望自己能用心用情带好一个团队，在学生的成长路上多添一份情感，多加一份关爱。师生共情，共同创造一个情感磁场。其四，"天琴"，源于中山大学发起的一个计划——天琴计划，这个主要是就三年之后我们的高考奋斗目标而言。希望全体师生共同努力，用三年规划实现理想的高考目标。就四种含义来说，前三者是就品质和精神而言，也是为第四个目标保驾护航。情感育人、文化育人、以情动人，方能启智增慧，决胜高考。

（二）班名要体现传承性和相关性

我所带班级均是以"成长共同体"为组织特点，班级管理采取小组方阵管理的模式。为体现"共同体"特色，我的班级都以"部落"为名，小组均以"小分队"命名。近十年，我带领下的班级有"杨村部落""仁武部落""天琴部落""天熠部落"等，这些班级尽管因为班级特点和班级目标不同，班名内涵有所差异，但均以"部落"命名，体现我所带班级的"成长共同体"特色，尤其值得一提的是，班名还体现了区域、学校、班级、小组的传承性、连贯性和相关性。例如，我所在区域是广州市天河区，又成为"天河部落"，所在学校是天河中学。近年来，我所带的班级均以"天"字开头，形成"天某部落"的特色。班级内的小组均以"天某小分队"命名。这样就保持区域、学校、班级、小组的相互依存、相互补充的特色。以2020级高一（1）班为例，班名是"天熠部落"，下设"天璇小分队""天瑨小分队""天岚小分队""天烁小分队""天宝小分队""天权小分队"六个小组。班级公约、班级精神、班级目标的设定与学校的文化、精神、目标保持一致，小组的文化、精神、目标又与班级保持一致。

二、为小组起一个富有创意的名字

为小组起一个富有创意的名字，能激发组员对小组的认同感，使组员产生归属感。建组之初，通过全体组员群策群力为小组命名，既能提供增进感情的机会、增强小组凝聚力，又能凝聚小组精神。2020级，我们的班级取名为"天熠部落"。为体现班级的共同体特色，我在设计小组特色时，要求各小组均以"天＊小组"的形式命名小组。下面以2020届高一（1）班为例，展示小组的组名及含义。

组名：天璇小组。组名含义：在古代，天璇表示"天上的关键"，该组成员以"天璇"命名，表达了抓住高中这一成长关键时光，努力成长的愿望。

组名：天宝小组。组名含义：宝玉晶莹无瑕，善受雕琢。该组以"天宝"命名，表达了组员愿意接受打磨，成为班级宝藏人物的心愿。

组名：天瑨小组。组名含义：运用谐音，取"劲、进、竞"之意，以"天瑨"命名，表达该组成员"有干劲、能上进、有竞争力"的成长目标。

组名：天权小组。组名含义：天权，北斗七星之一，以天权命名，表达该组成员期待成长为一支具备"活力、高效、精敏、睿智"的队伍。

组名：天烁小组。组名含义：烁，有"明亮"的含义，"烁"，可以拆成"火"和"乐"，以"天烁"命名，表达了该组组员将用火热的感情去追求明亮的明天的心愿。

组名：天岚小组。组名含义："岚"由"山"和"风"构成，以"天岚"命名，表达该组成员追求"既有山一般的沉稳大方，又有风一样的洒脱率真"的成长心愿。

该班级的六个小组组名，各有特色且含义丰富，均表达了成员的美好心愿。从某种意义上说，小组名蕴含的是一种美好的团队期许，更是一种团队精神。

三、为小组设计富有内涵的组徽

组徽是一个小组的外在标识，组徽的每个元素都要体现小组的特色，蕴含小组的精神。通过全体组员共同构思、设计出来的组徽是小组精神文化的载体。我每带一个班级，不仅让学生设计组徽，还开展专门的小组文化展示活动，组长带领全体组员在全班面前展示本组组徽，并分享组徽的设计过程和元素构成，解读组徽的寓意。展示活动不仅是了解各小组文化的窗口，也是全班组间交流和了解的平台；不仅有利于小组文化的强化，也有利于班级文化的凝聚。以2020级高二（1）班"天熠部落"（班名）的小组为例：

天璇小组组徽

天璇小组组徽寓意：后面的北斗七星既代表了天璇，又表明了正确的方向。名字后面的是笔与剑，表示"以笔为剑，不负韶华"。"昉"表明亮，暗示天璇的光明未来，也谐音"坊"，有牌坊之意。外面是苯环，体现理科思维。

天烁小组组徽

天烁小组组徽寓意：六个星星代表着六个组员，中间的太阳代表组长（太阳：日）；六个星星和太阳一般大小表示我们小组是人人平等的；星星围着太阳，太阳照耀星星，表示组长不仅要管理组员，更要庇护组员；星星和太阳都是闪耀的，"烁"也是闪耀的意思。

天权小组组徽

天权小组组徽寓意：将校徽的元素和一班结合在一起。还有一种解读就是组员们的人格都像山一样高大，大家都能看最好的风景。

天宝小组组徽

天宝小组组徽寓意："驳"乃《山海经》中一猛兽，食虎豹，可御兵。寓意凶猛竞争，不畏挑战。

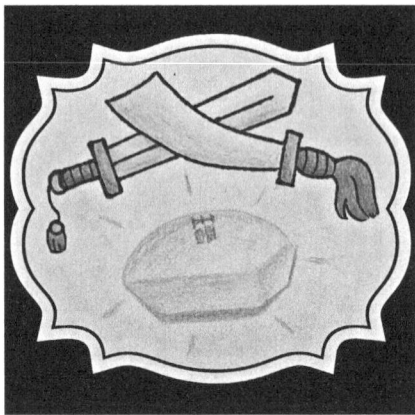

天璐小组组徽

天璐小组组徽寓意：璐，虽为顽石，却又成玉之梦，发光之愿。心如明镜，自省成长（谐音镜）。璐的线有弯有直有棱角，弯的线代表柔，直的线代表刚，棱角（有锋芒）代表过人之处，刀剑代表竞争，整体表示挑战磨炼自己，在竞争中进步，将石头打磨得像玉一样（谐音竞、进）。

四、制作一个漂亮的座位卡

正规的会议都需要为每位嘉宾制作专门的座位牌，以体现正式和尊重，能增强仪式感。在学生的座位上设置座位卡，同样能增加仪式感，增强学生上课的专注度和投入感，也能增强学生的责任感和对班级的认同感。快速记住学生的名字是对学生的尊重和关怀，也是新教师迅速走近学生的法宝，尤其是新班级，座位卡既能方便老师快速认识学生、记住学生的名字，又方便同学之间相互熟悉，对融洽班级氛围、建立良好的班级关系起到沟通和桥梁作用。

我每接任一个新班级的班主任，都会为每位学生定制一个个性化的座位卡。座位卡向外的一面刻上校徽、班徽、组徽、校名、班名、组名、学生名字；座位卡向内的一面刻上校训、班训以及学生自己喜欢的一句励志语。一张小小的座位卡，正面就能体现学校、班级、小组的文化链接，背面是对学生爱校教育、集体主义教育的渗透和融合。当然，座位卡的基本元素是包含上述要素，至于制作，可以在颜色、形状上体现出差异性和独特性。制作时，可以统一排版，然后统一打印，若是能发动全班学生一起设计，然后手工制作自己的座位卡，那效果自然又会更好。

五、喊出一句响亮的口号

班级文化是一个班级的灵魂，能体现班级的风貌和精神。班级口号是班级文化的一种表现形式，能够凝聚班级力量。一个班级需要凝聚力，有凝聚力才能形成成长力。有成长力的班级，才能在一个成长磁场里激发每一名学生的成长张力。形成凝聚力的途径多样，喊响班级口号，是打造班级文化的一种重要方式，是开展班级工作的一条重要途径。

为班级定制一句响亮的班级口号，并且能坚持每天激情满满地喊口号，为自己成长助力，为班级发展助力，这是我坚持十余年的做法。十余年来，我所带班级在班长的引领下，每天坚持在早上七点半喊出班级口号。每次班长都会发出指令：请全体起立，然后大声喊出"我们的班级口号是……"多年来，班级口号已经是一种精神的象征，用仪式感强化班级口号的神圣感，增加学生的使命感和责任感。偶尔，有学生迟到，又恰逢全班朗读班级口号，迟到者就会就地肃立，朗读完班级口号再回座位。

于学生而言，班级口号已经是一种内化的精神；于我而言，班级口号已沉淀为带班的一道风景与管班的一个法宝。虽然班级特点和风格不一，班级口号各不相同，但基本能坚持以下原则和要点。

班级口号需要让学生体验归属感。心理学家马斯洛认为，人在安全需要之后都在寻求一个自己所归属的集体。班级口号要能让学生找到对班级的认同感和归属感。如班级口号"班级是我家，美好靠大家"引导学生以班级为家，通过喊班级口号，让学生体会到班级的温暖，在认同班集体的同时，产生主人翁意识和班级荣誉感，从而引导学生规范言行，积极贡献，维护班级形象，助力班级发展，让学生心往一处想，劲往一处使，为班级共同的"家"增光添彩。

班级口号需要让学生体验参与感。要让学生心有所依，认同和趋向班集体，产生"班级归属感"，就需要在班级口号的定制过程中调动学生积极参与。在班级口号的征集和确定中要体现民主性，内容上要有普适性和针对性，能适应班级学生的风格、贴合班级特点、符合班级建设的目标、凝聚班级精神。在学生对班级口号认同、趋近、参与的态度和行动中，形成"人人愿意喊，人人喜欢喊"的态势，既能营造良好的激情呐喊的氛围，又为创造良好的班风和学风提供强有力的支撑。

班级口号需要凝聚班级特色。班级口号是体现班级文化的重要窗口，在提炼和确立班级口号的时候，要优先考虑融合班级精神和特色。例如，我所带的班级是以"成长共同体"为模式，构建"人人有事做，事事有人做"的相互依存、相互督促的成长机制，需要调动每个学生的积极性，发挥每个学生的能动性，需要在提升自己的同时，助力他人的成长。于是，在全班同学的参与下，我们确定了"点亮自己，照亮他人"的班级口号。

六、创设一套班级励志操

习近平总书记在全国教育大会上强调，坚持中国特色社会主义教育发展道路，培养德、智、体、美、劳全面发展的社会主义建设者和接班人。坚持五育并举，培养全面发展的时代新人。总书记高屋建瓴地阐明了什么是好的教育，要求教师切实做好教育。好的教育不能仅关注考试分数和学校的升学率，更应关注培养积极健康的人格和良好的心理品质；好的教育不能仅关注课堂知识和技能堆叠的厚度，更应关注学生核心素养和性格涵养的高度。在落实党的"立德树人五育并举"的教育方针时，我在班级管理和班级文化建设方面，尝试做到德育渗透，五育融合，班级励志操就是一种尝试。我结合学生的体质特点，根据育人目标和班级文化建设目标，创设了一套室内操，利用班会解读励志操的含义，示范和教会学生做，并且发出倡议和要求如下：

天琴部落关于推广"励志养心操"的倡议书

各位天琴部落的同学：

为更好地帮助各位同学拥有强健的体魄和愉快的心情，为学习和生活提供有效保障，现在班级推广天琴部落特色项目——励志养心操。具体内容如下：

1. 熟悉励志养心操的名字和动作。包括：

第一节　眼里有光，肩上有责

第二节　仰望星空，脚踏实地

第三节　托举梦想，坚持不懈

第四节　胸怀开阔，点赞生活

第五节　为人正直，沉稳有力

第六节　背后力量　学会感恩

第七节　学会沟通　相互给力

第八节　谦卑笃行　终能圆梦

2. 负责人：各组长和体育部长、班长。

3. 练操时间：每天下午第一节课后。

希望天琴部落的每位同学秉着身心发展的需要，认真贯彻该项工作。

班级定制操不仅能展示班级学生积极、进取、阳光、乐观的精神面貌，还能增强班级团结、自信、自强、自律的精神品质，成为班级贯彻五育并举、增强学生体质、提高学生综合素养的一条路径，也成为班级充满活力、独具魅力的一道风景。

七、写一份创意的小组日志

学生的成长路上有成功的喜悦，也有失败的痛苦；有欢声笑语，也有泪雨滂沱。成长日志能记录成长路上的点点滴滴，能表露内心真情实感，能更好地诠释内心的世界。通过文字留下美好的回忆，沉淀成长的风景。于学生而言，成长日志是刻录一段成长的印记。于教师而言，成长日志是全方位了解学生、走进每个学生心灵的无价信息宝库。我每带一个班级，都会定制小组漂流成长日志本。在日志本上，刻上班名、班徽，为每个组定制封面颜色各异的小组日志本。在推行成长共同体模式下，小组成长漂流日志成为凝聚小组力量，展示小组风采，促进小组发展的有力且有利的武器。

小组日志需要人人参与设计和书写。小组全体成员共同商议小组文化建设，确定小组发展目标，商议小组奖惩措施，设计小组组名、组徽，确立小组口号等。在小组成长日志本的扉页上写下小组组名、组徽等相关文化元素。共同参与设计和书写扉页，能增强仪式感和参与感。

小组日志内容丰富，形式多样。每个小组在书写日志内容时，可以选择不同的视角和形式，做到百花齐放，各有特色和亮点。例如，有些小组采取论坛的方式，选择一个社会热点问题，采取跟帖的方式，所有小组成员就一个热点问题发表自己的观点。在观点的阐述和思维的碰撞中，既拓宽了知识面，又增强了小组感情。有些小组采取写连载小说的方式，也非常有创意。小组全体成员共同协商小说主题，商议小说情节构思，然后轮流写连载小说。2018届，我不仅支持学生写小组连载小说，还参与写小说，并且把小组小说作为课堂小说专题的授课素材。小组连载小说不仅成为一件有趣的事，更成为一件有意义的事。小组漂流日志既能记录下关心班集体的好人好事，起到互相鼓励、互相学习、互相促进的效果，也能记录下班级中个别学生不好的苗头，起到相互监督、及时纠错的作用。它不仅可以增强学生的集体主义观念，使学生心情舒畅、班级朝气蓬勃、步调一致、奋发向上，使班级更富有集体凝聚力和荣誉感；还留下了班级前进的足迹，是孩子们成长过程中一笔宝贵的财富。它是一本写着小组独家记忆的故事书，是一本刻印小组成长的史册。

八、唱响一支嘹亮的班歌

班歌是班级"软文化"建设的起点，是班级文化的精神载体。班歌的选择和确定过程本身便是引领学生重新认识班集体生活、凝聚班级精神、增进班级文化理解的教育过程。好的班歌能够弘扬班级精神，展现班级的精神风貌，提升班级文化内涵，对净化学生心灵、陶冶道德情操、培养集体主义精神有重要的作用。带班过程中，我选定曲目，然后结合班级特点和风格进行改编，与学生一起创作富有班级特色的歌词。 在创作班歌后，我让学生自己去探寻班歌所蕴含的意义，并尝试阐释自己对班歌的理解。由此，为传唱班歌奠定认识和情感基础，促进学生对班级文化的接纳和认同。 班歌的阐释可采取多种方式，比较常用的即召开主题班会，在班会课上进行小组汇报分享。当学生理解了班歌的意义后，以传唱来表达与传递班级文化，便具有了基础。传唱，强调的不是唱的技巧和结果，而是唱的过程与情感。我采用多姿多彩的方式带领学生唱响班歌，唱出班级的精气神。以 2020 年为例，我结合"天熠部落"这个班名以及班级学生特点，选定《歌唱祖国》作为班歌曲调，然后与全班学生改编歌词，拟定班歌《歌唱天熠》。我亲自教学生唱，并且带领学生在全校的红歌比赛中唱响班歌，对班级精神的凝聚起到良好的促进作用。

《歌唱天熠》歌词：

珠江岸边　现代书院

天熠歌声多么嘹亮

歌唱我们美丽的天熠

快乐成长　迈向幸福

歌唱我们美丽的天熠

快乐成长　迈向幸福

不怕困难　不畏挑战

创造和谐的幸福天熠

和谐幸福的天熠

是我们精神的家园

天熠的战士一起来呀

我们团结友爱　幸福成长

珠江岸边　现代书院
天熠歌声多么嘹亮
歌唱我们美丽的天熠
快乐成长　迈向幸福
学会学习　健康生活
爱国担当是我们的理想
我们战胜了多少困难
会创造明天的辉煌
我们爱天熠
我们爱战友
谁有困难我们就助他成长

珠江岸边　现代书院
天熠歌声多么嘹亮
歌唱我们美丽的天熠
快乐成长　迈向幸福
歌唱我们美丽的天熠
快乐成长　迈向幸福
灿烂朝阳　正在升起
天熠大部落茁壮成长
我们部落有力量
共创天熠辉煌
天熠的生活天天向上

天熠的前程光芒万丈

珠江岸边　现代书院

天熠歌声多么嘹亮

歌唱我们美丽的天熠

快乐成长　迈向幸福

歌唱我们美丽的天熠

快乐成长　迈向幸福

这首班歌结合了学校的地域特点、学校文化，体现了班级学生的特点，寄托了班级的愿景，表达了对班级的热爱。

九、设计一个班徽

班级文化是一个班级独特的风貌和精神的象征，它具有隐性的教育力量。班徽不仅是一个班级充满柔性的、温和的、人文的精神文化标识，还是班级个性文化显性标志的集中展示，代表了一个班的精神符号。有的班徽背后是一段故事，有的班徽包含了一个道理，有的班徽寄托深切的期望。

不管设计什么样的班徽，都需要遵循"以学生为主体"的原则，号召全体学生参与讨论、设计，开展班徽征集、展示活动，在确定班徽后，要召开专门的班徽解读，以仪式感促进学生对班徽意义的理解，增强班级认同感和归属感。例如，我所带的班级——天熠部落的班徽如下图：

天熠部落的班徽

该班徽以一棵白杨树为支架，以心形、星星等为元素构成。白杨树代表我（杨），突出我的领航、导航、支持作用；星星代表的是学生们，大家"心心相印""同心同向"努力追梦，最后都能发光发热，实现天熠部落星光熠熠的美好愿景。

十、挂上一块有意义的班牌

班牌是班级大本营的一道风景线，更是一个班级闪亮的名片。班牌的设计包含班名、班徽、班训、班级目标、班主任寄语等，班牌印上班主任的照片和全班合影，能图文并茂地展示出一个班级的特色风貌和精神要素。班牌要体现传承性和创新性。我推行的是班级成长共同体班级模式，所以，在班级命名时，我均以"部落"来命名，这些年带过的班级分别取名杨村部落、仁武部落、天琴部落、天熠部落等；同时，以"天"字开头，与我所在的区域（天河区）、学校（天河中学）保持了一定的关联，能实现区域、学校、班级发展的同向性。

第五章

班级幸福共同体的共育机制

第一节　共育意义

20世纪后期，世界各国政府为了解决社会现实问题，在推动社会的可持续发展过程当中，把改造旧教育、建设新教育、构建大教育体系作为一项重要的工作。大教育体系实际上就是指全民的终身教育，它是以学习化社会为背景，以终身教育和终身学习为基础，以学校、家庭和社会三位一体化为模式的教育。在大教育的事业中，学校、家庭、社会三者之间是紧密联系的统一体，是推动孩子顺利实现社会化的基本力量。

大教育体系是以教育的社会化和社会的教育化为主要标志的，其纵向特点是全人生教育过程、终身教育，其横向特点是家庭教育、学校教育和社会教育的三位一体。教育是个系统工程，大教育系统及学校家庭社会的结合，最终发展成为组织性较高的广义的教育系统。学校教育和家庭教育是相互制约的，影响青少年成长的重要的体系。家庭教育以他的力度和成效制约着学校教育，学校教育影响和制约着家庭教育。

在大教育背景下的学校教育无力撑起一个完美无缺的教育空间，需要树立科学的教育发展观。在苦练内功、深挖内涵的同时，重视与家庭教育之间的融合协作，努力培育学校改革与发展的新起点，提高人才培养的质量。

家校合作，是班级管理和学校管理的重要课题，有效、高效的家校合作能为教育赋能。

一、家校合作能多维提升教育能力

（一）家校合作能提升家长管理和教育孩子的能力

随着社会的发展和家庭经济的改善，孩子的教育问题已成为每个家庭的首要问题，对孩子有良好的愿望，愿投入精力，肯花费资金。可不少的家庭存在两大问题：其一，对孩子的目标定位不准，期望过高，目标和现实的差距会造成家长心理落差，引发家庭矛盾，造成亲子关系紧张；其二，对孩子的教育缺乏策略，造成家庭教育的初衷与教育的效果相背离。

基于以上两点，如何指导家长制定适合孩子发展的目标，如何提高家长的教育艺术，是当前迫切需要解决的问题。教师具有较高的学历，有专业的素养，在家校沟通过程中，可以有针对性地对家长提出建议，共同为孩子量身打造个性化发展方案，制定孩子成长方略和路径。家校共育会极大提高家长在家庭教育当中的教育水平。现在，不少学校开设家长课堂，为家庭教育问题提供理论上的支撑和实操性的建议，并有了良好的效果。

（二）家校合作能提升老师的教育能力

家长队伍当中不乏有识之士。他们来自各行各业，有丰富的人生阅历，有多样的职场体验，有各专业的技术技能。与家长沟通的过程，也是教师学习的过程，教师能从家长那里了解各行业的前沿信息和发展状况，增加自己的见闻和对社会、对行业的理解，是提升阅历和能力的有效渠道。

在与家长沟通的过程中，教师能全方位地了解学生的兴趣爱好、个性特长。比单纯的摸索会高效很多。每学期开学，我会有一项重要的工作，就是家庭调研活动。从家庭背景、家长职业、家长业余爱好、学生的兴趣爱好等各个方面进行调查。调查形式可以是纸质版，也可以是电子版。根据统计的信息，得出学生的综合情况，这为后期工作的开展提供了有效信息，大大提高了教师解决学生问题的能力。

（三）家校合作能提升学生的综合能力

家校沟通的过程是服务于孩子成长的互动过程。和谐的家校沟通，最终会助力于孩子综合能力的提升。家长家庭教育水平提升了，孩子自然就能够享受更有针对性、更有效能的家庭教育。教师的教育水平提高了，孩子就能享受到更具发展力的教育。

在我的家校合作当中，有一项开展得不错的家校互动项目——魅力家长进课堂。为充分发挥家长的作用，利用班会课或活动课开设家长专题讲座。他们或结合自己的人生经历，或结合自己的职业特色，或结合社会热点，开设有针对性的讲座，大幅拓宽孩子们的视野，实现了学校与社会的连接。有趣的家长讲堂活动的开展，也激发了学生的学习动力和内驱力，可谓一举多得。

二、家校合作能融合教育多方关系

家校合作过程当中，家长层面、教师层面、学生层面的能力都得到提升，这让他们各自找到更大的价值感。教育效果的提升会获得更大的成就感，成就感会融合各种关系。

（一）家校合作能助力亲子关系更和谐

传统的家庭教育，往往导致家庭矛盾频发，亲子关系冷淡。不当的亲子沟通和教育方式，还会造成家庭大战。通过家长课堂的开设，在理论启发和实操指引下，家长对孩子的目标期望会有合适的调整，沟通艺术也会大大提升，对孩子的教育方式方法及教育态度也会有调整和改变。这样一来，亲子关系会变得更融洽。

（二）家校合作能助力师生关系更亲密

亲其师，才能信其道。若没有良好的关系为基础，再好的教育艺术和教育能力都无计可施。良好的家校沟通，会让家长更信任老师。家长往往是教师最好的宣传者。当一个家长经常在孩子面前说："你遇到这么好的老师，一定要好好珍惜，要用努力来回报老师对你的好。"自然，老师的形象就会在学生的心中扎根，变得高大。师生的沟通就会很顺畅，教育效果会大大提升。在我的教育生涯中，我把家长当作我的亲密战友，不少家长都成了我的朋友。当家校关系亲密了，孩子也就更亲近老师了。

（三）家校合作能助力家校关系更生态

一个班级就是学校的一张名片。当每个班级的家校沟通效果显著时，学校整体家校关系的生态环境就会和谐有序。这些教委会的成员都是由各班级家委产生。他们会参与学校工作的决策，监督学校工作的运行。若是每个班级的家校工作畅通，整个学校的家委就会站在学校的立场，理解和尊重学校的决策，共同为学校的发展出谋划策，真诚为学校的发展提出可行的建议和改进措施。

三、家校合作能助力多位发展

家庭、学校、社会是以孩子为中心的同心圆。家庭和学校能为了共同的目标开展合作，达成协同发展，会助力一个学校的发展。现在的家长参与学校事务意识增强，维权意识增强，需要有孩子在校发展的知情权和监督权，他们愿意参与学校的事。家长资源是学校发展的有效性资源。各行各业的家长可以为学校发展提供资源，可以承担义工导师，可以提供管理建议等。有一个说法，市场经济模式下，家长是"顾客"，是"消费者"，不是常说顾客至上吗？所以，"办让家长满意的学校"是一个学校发展的追求目标之一。现在的家长和学生都有自主选择学校的权利，家长和学生看重的是一个学校的硬件和软件的综合力量。所以，借助家长资源，拓宽学校的发展路径；尊重和满足家长的需求，赢得良好的口碑。金杯银杯都不如家长和学生的口碑，良好的口碑就是一个学校最好的宣传。从这种意义上来说，每一位教师都需要有家校沟通的艺术和能力，因为家校沟通不仅关系到自己班级的发展，还关系到学校的发展。

当然，家校沟通最终的受益者肯定是孩子。当学校教育能有效接轨家庭教育和社会教育，当每个孩子都能成长为合格的青年和社会的担当者，国家和民族就会有希望、能发展。

但愿每一位教师在家校合作过程中能有方法、有成效，让家校形成合力，共同为教育赋能。

第二节　共育原则

美国霍普金斯大学首席科学家爱普斯坦在深入研究美国中小学校、家庭、社区关系后，提出了建立学校、家庭与社区关系的交叠影响域理论。该理论认为"学校、家庭和社区这三个背景，实际上对孩子以及三者的状况、之间的关系发生了交互叠加的影响"，即学校、家庭和社区的活动，单独或共同地影响着孩子的学习和发展。该理论有别于传统家校合作理论当中的单纯性或先后次序的影响关系，而是构建一种新型的伙伴关系。学校、家庭和社区有着共同的目标、共同的行为和共同的责任，而相互产生正向影响，形成教育合力。

新型关系能改善学校的教育实践活动和学校的教育氛围，增强父母培育子女的技能和领导能力，密切学校社区及家庭的关系，帮助教师更好地工作。实践证明，家校协同教育有助于所有的学生在学校和未来的生活中取得成功。作为班级管理者，需要先确定家长关心的重点及需要，然后提供场地，调动社区资源，为家长提供开设亲子课程等资源，在家校沟通、交流、合作的过程中需要遵循下面两个原则。

一、坚持以学生为主体，突出学生在家庭、学校和社区的交叠影响中的中心地位

学生是学校教育发展和成功过程中的主角，是学校、家庭、社区合作关系构建的媒介。毕竟，学生通常是父母获得有关学校信息的主要来源，学生对学校教育的评价以及信息的反馈，直接影响到家校合作的质量。因此，教师要帮助学生理解家校合作和社区合作的意义，传授学生加强亲子沟通的技能。比如，家校沟通中，我们常通过借助家校联系书、发放学校相关通知，以及布置亲子活动的作业等来实施，这些活动都可以通过学生传递给家长。在开展此类活动或发放此类通知之前，对学生进行相关的培训，让学生明白学校活动的目的及期望达到的效果，有意识地指导学生向家长传达学校的相关精神及亲子沟通的艺术，会有利于家校合作的开展。

二、坚持以成长为目标，打造良好的磁场，突出环境育人的效果

环境育人，能起到事半功倍的效果，交叠影响域的理想境界就是"学校、家庭和社区关系被激活后，在发挥彼此独特作用的同时，能以生为本共同助力学生的成长，三者形成学生成长良好的磁场"。这个磁场具有以下特点：

学校如家庭般有温度。学校要认识到家长参与学校活动的重要性，尊重家庭的差异性，注重家校合作的多样性，设法提高家庭参与的积极性。家校合

作中，尤其注重环境的营造，在温暖和谐的氛围中，让家长安心参与，放心交往，树立主人翁意识；同时，让学生在学校感受到被关爱和被重视，感受到家庭般的温暖。当家长和学生在心里把学校当成家，家长就会愿意接纳学校，参与学校相关事务，主动为学校的发展出谋划策；学生就会热爱学校，愿意去努力学习，为学校发展增光添彩。

家庭如学校般有秩序。家长在家庭教育过程中把孩子当学生，强调学校、家庭作业以及开展培养学生技能和成功体验活动的重要性。家长用行动促进孩子学习，积极支持教师的工作，从而让孩子在家的表现与在校的表现保持高度一致。现实中，很多孩子在家庭和学校表现完全不同，究其原因，在于家庭教育与学校教育的不协调性。所以，家庭教育需要与学校教育保持相同的目标，树立统一的规则意识，保持基本一致的秩序性。

家庭般的学校和学校般的家庭在培养孩子的目标和方式上达成共识，让孩子在成长过程当中不会因为家庭教育和学校教育的不协调而无所适从。在学校，学生可以享受跟在家庭中一样的温暖与关爱；在家庭，学生又可以受到像在学校一样的纪律与秩序教育，从而出现成长的和谐与有序。

在有序而和谐的家庭教育和学校教育之外，若能引进社区教育的资源，协助学校教育和家庭教育，那更是锦上添花了。

总之，在交叠影响域理论的支撑下，要重新审视家庭教育、学校教育、社区教育的交互作用，主动用好各方资源，落实各方责任，在发挥学校主导作用的基础上，借力家庭教育和社区教育，让三方教育形成合力，共同为学生的成长保驾护航。

第三节　共育途径

一、成立家委会，领导家长团队

班主任需要带好三个班，一个是学生班，一个是科任班，一个是家长班。就如班级管理中需要选拔和培养一批得力的班干部一样，家长队伍也需要一支核心骨干队伍，这支队伍就是传统意义上的家委会。家委会是家长团队的领头羊，其作用不可小觑。故在家委会的选拔中需要以谨慎的态度和科学的原则来操作。

我在家委会的选拔中采取的是双向选择的方法。过程分宣传、调查和综合衡量三个阶段。

（一）宣传阶段

宣传阶段主要以我的讲解宣传为主，解读家委会的作用、构成及岗位设置，说明家委会的权利和义务。此外，还会以具体生动的案例，来说明参与家委会的诸多好处。例如，能更近距离观察孩子的学校生活，有更多参与班级活动、更多陪伴孩子的机会，等等。有时请往届的家委会成员来现身说教，效果也是极好的。

（二）调查阶段

设计学生调查问卷和家长调查问卷，主要调查参选家委会的意愿。在以往的调查问卷中，我发现有些家长愿意，但孩子不愿意父母参与。有些孩子愿意家长参与，但家长却不愿意。我首先考虑的自然是"孩子希望父母参与家委会，且父母也非常乐意参与家委会工作"的那一部分。选出这一部分家长之后，我会展开详细的家庭调研，包含工作性质、业余时间、兴趣爱好等。最重要的一点，我会跟家长面对面交流，了解他的教育观，听听他们对家委会的理解，了解他们的处事方式。因为家委会的工作需要投入一定的时间，更需要有奉献的精神和合作的态度。所以，调查过程必不可少。

（三）综合衡量

在经过前两个阶段综合摸查之后，我会进行一个综合的考评，才确定人员。具体人员确定之后，面向全体教师、学生、家长进行公示，最终确定家委会人员名单。此后，举行成立仪式。在家长群、科任群、学生群发布通告，我以班主任的身份表示热烈的祝贺，并致以真诚的谢意。简单的仪式感能够体现对家委会的尊重，也能增强他们的工作兴趣和信心。

组建完成之后，由家委会内部通过投票选举，选出男、女负责人各一名。主要方便分别与父亲一方和母亲一方进行工作交流。另外，设置联络部、财务部、活动部、团建部、文化建设部、课程部等部门，并分别选出部门负责人。各个部门各司其职，相互配合，共同做好班级的管理和服务工作。

在我的家校工作中采用金字塔式的层级管理。为了凸显每个部门负责人的重要作用，增强其岗位意识，我基本只与家委主任对接工作，家委主任负责整个家长团队工作的布置和统筹。当然，如遇个别情况需要班主任出面协调沟通的，我会鼎力支持家委工作。由于各个部门分工明确，责任到人，整个团队的工作能够做到有条不紊，井然有序，家校合作顺畅高效。

家委会的组建和运行是家校合作的重要一环。如果成员得力，班主任的工作就会省力。家委工作有效，家校共育就会高效。

建立一支有热情、有干劲的家委会队伍很重要，成立家委会章程更重要。家委会章程是家委会工作的抓手，家委会团队共同遵守的契约是家委会工作成效评价的依据。家委会章程的制定需要遵循哪些原则呢？这么重要的章程如何制定比较合适呢？

其一，目的性原则。家委会章程必须遵循以学生发展为目的。学生的发展是家校共育的根本目的。家委会章程的制定也必须以学生的发展为目的，章程中要体现以学生为本，科学和谐地推进班级事务，提供有效服务。

其二，协同性原则。家长和学校是学生发展的两个主阵地，无论是家委会的选拔和成立，还是家委会章程的制定和执行，都应该遵循协同性原则。家长和教师要根据班级学生的特点和发展态势，共同协商家委会需要落实的工作，科学制定家委会章程，让家委会章程既能规范和约束家长团队的运行，又能促进学校教育和班级工作的开展。

其三，主人翁原则。家委会章程要体现家委团队的主人翁意识和工作的服务意识。家委团队需要在班级运行过程当中提供班级发展的建设性意见，需要提供班级活动的保障和服务。家委团队是家长团队的领头羊，是家长活动的倡导者和组织者。所以，在家委会章程中，需要明确家委团队的主人翁意识和服务意识。同时，家委会章程需要征询家长团队每一位成员的意见，体现班级全体家长的主人翁意识和集体主义意识，以便于后期家长工作的推动和发展。

其四，发展性原则。家委会章程是根据班级当时的情况所制定的规则，而一个班级的发展是具有动态性的。所以，家委会章程要根据班级发展态势，经常调研班级发展情况，听取家长团队和教师团队的意见，根据班级学生的反馈，进行及时更新、调整和补充。

其五，契约性原则。家委会章程一旦制定就具备规范和约束力量，它是开展班级工作的依据，是家校共育的契约。有了章程，家委在开展工作中就有了方向。

总之，有效可行的家委会章程直接关系到家委会工作的开展和家长团队的建设，也直接影响家校共育的质量和学生的成长，建设一支和谐高效的家长队伍就需要在家委会章程上下功夫。

二、借力家长资源，丰富班本课程

家长资源中蕴含着丰富的人力资源、物质资源、时间资源、信息资源、网络资源等。整合家长资源，让家长主动参与到班本课程建设中，可以拓宽德育的内涵。家长来自不同的职业领域，有着不同的教育背景、生活环境、生活阅历、知识技能、思维模式、生存方式、人生态度等，合理借力家长资源，有利于拓宽本班课程体系。现以节庆活动中的传统文化教育为例，说明借力家长资源的重要性。

中华传统节庆文化是以中华民族独特的民族心理、道德伦理、精神气质、价值取向和审美情趣为深层底蕴的一种传统文化。它包含着丰富的德育资源。根据节日特点和班级特色设计主题活动，借力家长资源，渗透传统文化教育是实现德育的有效途径。例如，我举办过元宵节活动，主要分四个课例完成：第一课，让学生与家长一起收集元宵节相关资料信息，介绍元宵节相关的来历及习俗；第二课，举办元宵节灯谜活动；第三课，家长、老师、学生一起煮元宵，采用元宵节火锅大会的形式举办元宵节活动，我们一起采购原材料，在教室里架起大锅一起煮元宵、吃火锅；第四课，分享节日感悟和活动心得。在完成前面三课的基础上，要求同学们以日志的方式记录自己在元宵节活动中的收获，并在小组和班上进行分享。家长以活动感言的形式，发表参与班级活动的感悟。整个过程下来有图片记录、文字记录，最后教师进行图文并茂式的总结和点评，让学生既对元宵佳节有比较系统的认识，又能增强班级凝聚力。

如何有效借力家长丰富的教育资源呢？

（一）借力宣传发动，调动家长参与热情

要实现家长的持续高质量的参与，需要把重点放在活动的实施途径上，建立多元化评价机制，使所有家长有信心、有兴趣、有能力进行全程参与和

评价。

在家长资源库的建设阶段，开展宣传活动，解读班本课程建设的意义，激发家长参与班本课程建设的兴趣，提高他们自觉参与的意识。设计问卷调查，通过电话访谈等方式，详细了解家长的教育背景、专业特长、工作经历、人生体验等情况。经过分析数据和信息筛选整合，以菜单方式确定可供学生自由选择的各门家长微信课程。通过专题讲座、项目活动、家长访谈等形式来实现"动态当中学，静态当中悟"的效果。

（二）借力评价机制，激活家校班本课程磁场

通过引入评价机制，激活家长参与班本课程建设的磁场。在过去的家校合作课程中，我主要通过两个评价机制来保障家长参与的持续力。

1. 班主任评价

在家长课程的开设中，我全程参与，专注学习，并当好书记员和点评员的角色。我在班上准备一块小黑板，家长在讲课的过程中，我充当书记员，用关键词记下其讲座的重点，形成一个思维导图。家长讲课结束后，我以关键词为抓手，对照思维导图，就家长讲课内容进行点评。这一点评既是对家长讲课内容重点的重申，又是对学生听课内容的强化，还是对家长讲述内容的评价。其中，重点是表达对家长参与授课的感谢，以及对授课内容给予高度的评价。这个环节不管是对授课的家长，还是对听课的学生，都能起到很好的效果。

2. 学生评价

在家长授课完成后，我会特别安排一个作业，让学生就授课内容进行评价并写下自己的听课心得。一般来说，家长会准备充分，效果都是极好的，学生都会有所触动，当他们用文字表达自己的所思、所想以及对家长的感谢时，这对授课家长是极大的肯定和鼓励。每次，我会把学生的反馈及时发送到授课家长的手上和班级家校联系群。这些反馈不仅会激励授课家长，还会激发更多家

长参与的意识，从而达到更多家长参与授课、全部学生受惠的良性循环。

　　班本课程的开设，会为学生留下弥足珍贵的成长记忆，为后续健康持续、全面和谐的发展提供支撑。家长不仅是课程的开发者和建设者，也是课程的学习者，能实现教育者和学习者的双重成长。学生的成长是动态的，要求教师与家长进行实时沟通、适时调整，根据不同班级的学情和班级建设目标进行有方向性、目的性的课程选择，建设动态实时调整评价机制。在班本课程实施过程当中，做到教师与家长的地位平等，责任共担，自觉参与。

三、发挥家校教研组在家校共育中的作用

　　家校合作在程度和效果上会有层级之分，浅层的合作停留在沟通、联系阶段，高层的合作须上升到共育阶段。

　　家校共育的内容不仅与思想、成长、成功有关，而且需要在课堂教学上引入家长的力量，把家长讲堂的范围拓宽到学科教研上，让家长参与到学习目标的确立和课堂的互动中来。这改变了以往的家长单纯参与的教学开放式模式，真正让家长参与到课程的设计和推进中来，吸收家长反馈的意见，做更好的课程设计和调剂。把家校共育的力量引入学生成长的全过程，既能提高工作效率，又能更好地促进教师和学生成长。

四、设计亲子作业，促进家校共育

　　亲子作业的设计要有整体概念，要明确亲子作业的过程活动。开始前，要向家长和孩子说明活动的内容、要完成的任务、具体的要求。活动过程中，要引导家长观察孩子的活动过程，积极鼓励家长和孩子共同完成，并要求家长以身作则，起到示范作用，教师要开展有针对性的指导。活动之后，要有简单的

小结，通过展示亲子作业，激发家长和孩子的热情。

亲子作业中遇到的最大困难是只有部分家长愿意参与，如何激发更多的家长参与亲子作业是教师需要思考的问题。教师可以采用各个击破的方式，在前期沟通和调查中，对部分家庭氛围好、亲子关系和谐的家长，可以先去沟通，让他们在家长队伍中起到模范和先锋作用。比如我的班级家委，就是一个很有力量的示范团队。在布置亲子作业时，我首先会与家委进行沟通，就布置内容和活动过程进行商讨，再制定出具体的作业要求。

我会根据具体任务和活动目标，对他们进行具体的指导，让他们先行一步做好作业，以供全班家长和孩子参考。在2020年新冠肺炎疫情期间，我在班级开展了好几项亲子作业，基本都是家委商量具体的活动内容和活动落实措施，然后由家委做好相关的示范。在家委的以身作则、亲自示范之下，很多家长自觉参与，多人提交了满意的亲子作业。当全班形成良好的亲子作业氛围时，部分不太积极的家长也会被带动。我会根据班级亲子作业的进度，定期展示优秀的家庭作业，对个别不积极配合的家长就进行私下交流并提供针对性帮助。家委也会加入个别帮扶队伍中，以便全部学生和家长都能较好地完成亲子作业。我有一个很强烈的感受，就是不管班级哪个层面的活动设计和任务完成，都需要良好的家校合作氛围。当一个班级具备了良好的合作磁场时，其余的问题都会迎刃而解，班级管理如此，亲子作业也是如此。

五、开展亲子活动，促进家校共育

亲子活动能增进亲子交流，促进亲子关系和谐，提高家庭教育质量。家庭教育质量的提升又有利于家校共育质量的提升。

家长是教师的重要合作伙伴。作为教师，不仅要带好学生班，也要带好家长班，有家长做好足够的后勤保障，教师在前面冲锋陷阵才有足够的安全感。

带好家长班，首先要向家长宣传自己的教育理念，分享自己的带班方略、家校共育的合作态度等，其次要用行动去指导和构建家校共育的生态环境。其中搭建亲子活动平台，用任务驱动去指导和提升家长的家庭教育水平，是实现家校共建共育的有效途径。我所带的是高中班级，学生与家长的关系基本定型，亲子关系的改善不是一朝一夕的事儿。遇到关系不好的家庭，单纯做工作、讲道理收效甚微，所以借助班级氛围和家校共育的大环境，搭建班级亲子活动平台，设计活动任务，用环境渲染和任务驱动去改善亲子关系，能较好地达到曲径通幽的效果。

比如在高三成人礼时，我设计了一个照片墙活动。要求父母和孩子共同筛选从出生到18岁期间满载回忆和意义的成长照片，并按时序把照片做成一张大海报。这张海报就是一个孩子的成长时光轴。接着我在教室开辟一面照片墙，张贴了全班孩子的巨幅海报。我发现海报上的每张照片，家长都细心写上了拍摄时间和精彩点评。我仔细品读那些点评，心里充满感动。我尚且如此，作为当事人的孩子和父母，自不必说。我想，收集、整理、筛选、制作的过程就是一场亲子交流之旅。回忆曾经的温馨，反思现在的相处，父母和孩子都会有所感触，并在以后的亲子交流中更多地为对方着想。这样，活动就起到一个触动和改善的作用。

一个班级在形成家校共育的生态环境，有良好的活动氛围之后，会以活动促进更多的亲子活动。比如，我在班级举行了一场篮球赛，当我把赛场的精彩照片分享在家长群之后，家长们主动提出，要在家长队伍中建立一支"篮球队"。说干就干，就在班级篮球赛结束的当天，通过家长群接龙的方式，一支"爸爸篮球队"就组建完成。由班级篮球赛发展成班级亲子篮球赛，就是以活动带动活动。形成良好的班级活动氛围，不仅有助于改善各个家庭的亲子关系，更有利于构建班级家校共育的文化。

总之，亲子活动是改善亲子关系、增强班级凝聚力、构建班级家校文化的重要一环。作为教师，要想办法根据班级建设的目标，捕捉时机，设计项目，构建平台，开展亲子活动，让亲子关系在活动中更融洽，让家校文化在活动中蓬勃发展。

六、开展家庭联动，实现家家共赢

家庭和学校是孩子成长的两大主阵地。家校共育除了让学校和各个家庭建立联系之外，可以尝试让班级家庭之间建立联系，家庭之间建立联系有其可行性。

首先，同一个班级的家长具备共同的美好愿景，他们都希望孩子生活在一个和谐友爱、积极向上的班集体中。家庭之间的联动有助于班级整体氛围的营造，为了打造正向成长的磁场，家长之间愿意相互分享、互帮互助。

其次，同一班级的家长具备相互合作交流的媒介。比如，家校联系群就是家庭联动的好途径。家长可以通过家校群私发信息，就自己想要了解的信息和需要解决的问题进行信息咨询，寻求帮助。在我现在的班级就有不少家长之间互相添加 QQ 好友、微信好友，经常就孩子学习问题进行信息的交流和互动。

此外，同一班级的家长有共同探讨的话题，班级目标、班风学风、考试信息、孩子成长等都可以成为他们相互切磋的话题。尤其在孩子学习问题上，家长们存在大同小异的烦恼，比如孩子自律性不够、内驱力不强、学习习惯不好等，这些话题很容易让家长内部产生共鸣，从而相互交流，或倾诉烦恼，或分享经验，或提供帮助，等等。这些家家合作的形式，有力促进了家庭教育能力的提升，有效减轻了班主任班级管理的压力。

131

七、班主任良好的引领力

要有效达成家家合作，实现互赢高效的效果，重要的是需要营造一个家校共育的良好氛围，需要班主任有良好的引领力。

（一）需要打造充满正能量的班级磁场

通过营造良好的班风学风，建设积极团结的班集体，让家长们感受到老师的用心、学生之间的团结；让家长们自觉、自愿地加入班级建设的行列中，构建和谐平等的教育关系；让家长和孩子都明白，班级内部是一种合作双赢的关系，而不是一种对立竞争的关系。在我所在的班级中，我就经常传输一种"合作互赢、水涨船高"的理念。当所有的家长和孩子都认同"大家好才是真的好"时，家长之间和学生之间就能毫无保留地分享经验，就能"不耻下问"地寻求帮助。

（二）需要提供有针对性的帮扶信息

作为班主任，要对班级内的每个家庭情况有深入的了解，才能做到心里有数，为需要帮助的对象提供有效信息。例如，在我的班上，有好几个家长为了孩子的"手机瘾"问题头疼不已。我专门为此事设计了一份家长调查问卷，深入了解每个家庭是如何管理孩子的手机的。通过调查，我得知，曾经因为手机上瘾而影响学习和亲子关系的小明，现在已经能较好地控制网瘾，合理地使用手机。我细致地询问了原因，原来是家长采取了合理的家庭手机管理办法。我在表扬其家长的优秀做法之余，恳请他对班内部分因孩子过度使用手机而烦恼焦虑的家长提供帮扶。接下来，在他的帮助下，班上孩子的网瘾问题得到了改善。

总之，家校共育除了学校和教师之间发生家校合作之外，还需要发挥教师的引领力，激发家家合作的积极性，建立家庭之间合作互帮机制，实现班级家庭资源共享，提高班级问题解决的针对性和时效性。

八、开展家长互助营，促进家长成长

在家校合作当中，学校对家长的教育有开设家长讲堂，提供有针对性的帮扶措施，推荐家庭教育相关书籍。其实我们还忽略了一个重要的环节，就是家长与家长之间的相互学习和影响。因此，家长互助营在家校合作过程当中会起到一个相当重要的作用。

（一）家长互助营有更好的合作心理基础

1. 共同的目标，为班级家庭互助营提供了良好的心理基础

作为同一个班级的家长，其孩子生活在同一个集体，受着相同的教育和熏陶，班集体是为彼此孩子营造良好成长氛围的地方。作为父母，家长之间有一个共同的出发点，就是班上的孩子都能有良好的成长氛围。这样就具备了合作的同向性心理。秉着"你好，我好，大家好，大家好才是真的好"的原则，共同努力，水涨船高，每个孩子、每个家庭都能得到相应的提高。

2. 同理之心，为班级家庭互助营提供了良好的生态环境

每个孩子的性格迥异，但同一阶段的孩子又都具有相似共性。他们所表现出来的叛逆行为也有相似之处。例如爱玩游戏，迷恋手机，叛逆，不愿意与父母沟通等。这些叛逆行为往往给父母造成相同的困扰。每个孩子的家长都很期待从别的家长那里得到相应的帮扶措施。于是他们就会有沟通的愿望，会寻求解决问题的策略。又例如每个家长都希望自己的孩子有一个良好的成绩，也很关注班里其他孩子的成绩，期望有一个前进的参照物，于是他们彼此之间也会主动打听对方孩子的情况，了解彼此的学习方法，以期更好地助力孩子成长，

如此等等。这些就为班级家庭互助营提供良好的生态环境。

（二）家长互助营的组建策略及运行

1. 做好研究，为家庭互助营组建提供有效依据

（1）研究家长。通过问卷星等调查途径，从家长的年龄、职业、性格爱好、亲子关系等多角度入手，了解家庭的详细情况，为家庭互助营提供组团依据。

（2）研究学生。从学生的性格爱好、学习方式、生活习惯、兴趣特长等方面做好详细的调查和走访。做好双方数据的调查和综合分析之后，再通过遵循家长和学生的意愿，采取家庭互选及教师建议相结合的方法，组建临时家庭互助营。在运行阶段，分试运行和正式运行。在试运行阶段，教师须随时跟踪，通过电话采访、个别谈心等方式跟踪互助营的开展情况和运行效果。如果有个别不太合适的地方，可以进行适当的调整。特别注意的一点是，互助营可以采取"1对1"组合或者两个以上的家庭组合。我的班级是分成6个家庭互助营。主要的依据就是班级学习小组的构建。每个小组所在的家庭构成互助营，6对家长就是6组导师。由学习小组组长的家长担任家长互助营的组长，这就让学习组长和家长组长构成父子兵模式，能对学生在校学习情况和在家学习情况进行更有针对性、更有效的沟通和连接。

2. 活动为媒，为家庭互助营的开展提供保障

如果没有目标做指引，没有活动做保障，家长互助营就会流于形式，形同虚设。所以每学期家庭互助营的组建和开营，我都会特别注重仪式感，对家庭互助营的组建发出倡议，对目标进行解读，对过程进行跟踪，还特别设置一些活动，让不同家庭之间有一个更好的互动。比如在班级家长论坛方面，由每个互助营的组长负责招募讲师，每个组的家长轮流担任家长论坛的主持人。我会参与他们的备课讨论。这样，既形成家校之间的合作，也形成家庭之间的互

动，能起到一个良好的沟通作用，对学生成绩提升和综合素养发展起到了良好的推动和促进作用。

家校合作是一个家庭、学校、学生的互动过程，其目标不仅仅是为了学生成绩的提高，而应该聚焦于学生综合素养的培养。家校合作的终极目标是为学生一生的幸福提供良好的营养。由于家庭和学校有共同的目标，家校合作才能有良好的运行生态。而家庭互助营是家校合作当中具有发展前景的重要一环，如果能调动每个家庭参与的积极性，发挥每个家庭的主观能动性，挖掘每个家庭的教育资源，形成整个班级家长的资源库，那就启动了家校合作的马达，家校合作将向更纵深的方向发展。

第四节　共育实操

鲁迅说："教育是植根于爱的。"习近平总书记说："爱是教育的灵魂。"爱是教育的源泉，教师有了爱，才会用伯乐的眼光去发现学生的闪光点，对自己的教育对象拥有耐心，充满信心，才会有追求卓越和创新的精神。

作为班主任，对孩子要有爱心，对工作要有爱意，是做好班主任工作的前提。道理我们都懂，可是，有时候，我们很苦恼，也很委屈；对孩子尽心尽力，对家长真诚相待，自己付出了许多，可是并不能得到预期的回应。有时候，可能还经常受伤。大家想过没有？我们不仅要有爱，还要能让孩子及家长懂得我们的爱，感动于我们的付出，佩服我们的智慧，敬佩我们的人格，真正拆除沟通的壁垒，真正主动参与班级建设。当由完成任务式的被动变成请缨式的主动时，那效果完全不一样。如果能更进一步，把"幼吾幼以及人之幼"的大爱精神传递开去，让家长口中"我的孩子"变成"我们班的孩子"，让家长

135

心里"只要我的孩子好就行"变成"大家好，才是真的好"，这样的家校共育才会魅力无穷。大家可能觉得，这也太完美、太难了。没错，有难度，但不等于没办法。至少我们可以在骨感的现实里，用自己的爱和智慧，让理想的羽翼丰满一点。我呢，一直是家校共育的受益者。这些年来，我经常中途接班，几乎一年一拨家长。我们都知道，现在的班主任其实带的是三个团队：家长、学生、科任老师。哪个团队带不好，都直接影响你班级的运转效果。年年遇到新家长、新班级，任务重、时间紧，如何快速取得家长们的信任，让他们心甘情愿主动帮助我一起进行班级建设呢？我主要分破冰、合作、共赢三个阶段。

一、破冰——让家长懂得我的"爱"

（一）摸查班级情况

如何快速了解新建班级的家庭和学生的具体情况，我设计了一份调查问卷，并在家长群下发了如下通知：

家长朋友：

大家好！

我们天河中学高三（5）班是一个新组建的团队，是一个家长、教师、学生三者的成长共同体，需要我们三方形成合力。作为班主任，我想尽快熟悉孩子们，根据学情尽快规划好班级发展。为了能更理性、更全面地了解孩子和成长环境，寻找教育切入点，助力孩子的成长。现在，想请您以"我眼里的孩子"为题，从性格、兴趣、特长、优劣势科目等方面介绍孩子的情况，写一些文字材料，通过 QQ 或微信转发给我。不介意的话，也谈谈对孩子的期望、心仪的大学（专业）和"家庭趣事"等方面。这既是对我工作的支持，同时，这也是您对孩子成长的一次理性思考。

期待您的参与。

天河中学高三（5）班班主任：杨换青

2019 年 8 月 31 日

因为是新接任的班级，大部分家长对新的班主任都持观望态度，对调查问卷并不是那么热心地回应。看来，我得想办法让家长们看到我的真诚，并且明白这份调查问卷对孩子成长的意义。

用什么样的方式让家长看到新班主任的诚意呢？快速记住孩子的名字，做到跟家长第一次沟通的时候就能对号入座是不错的选择。名字是一个学生独一无二的符号，记住学生的名字能体现老师对学生的尊重和关爱。每带一个班级，我都会第一时间想办法记住每个学生的名字，并且能在最短时间内做到名字与人对号入座。我的记性不好，但我愿意找标志、花时间去提高记住学生名字的效率。我所带班级中，最慢的花了一个星期记住全班学生的名字，最快的只花一天半的时间就能够把全班学生做到对号入座。有一次，我接班之初，家长们对我不冷不热，家长群里发的摸查信息的通知也没什么人回应。怎么打破僵局？我想，就让他们看看我对班级的诚意吧！

估计家长们没想到我能在这么短的时间内就记住全部孩子的名字。这样的"小事"在他们看来应该是一个班主任负责任的表现吧？这样的"记名速度"应该是让他们感动吧。不知是不是巧合，恰好有一位叫蔡一帆的孩子的家长在群里发了一段介绍孩子的文字给我。我一看，机会来了！我马上回复他：一帆，我已认识了。很阳光的孩子，今天穿了一件紫色衣服。孩子家长高兴地说：杨老师，您的记性可真好！这个短短的互动，就如一场及时雨，刚好验证了我已记住孩子名字的作用。这既是一场实况转播，又是一场"即时表演"，旁观的人是谁？是一群在对新班主任抱着观察态度的家长们。我想，感动的应该不仅仅是参与对话的那一位家长，更是一群家长吧。这场看似巧合的对话，要达成良好的沟通效果，是既要做到前期工作细致，真正了解学生，又要善于捕捉时机，契合沟通情境，做到不生硬、不做作，一切都是水到渠成式的信号传递。相比于前一天家长群的平静如水，此时家长群变得热闹起来。有家长说："感谢杨老师的用心！""真是一位负责任的老师！""有一位负责任的老师是孩子和家长的幸福！""祝福五班成为一个团结幸福优秀的大家庭。"

看到群里面热闹的景象，我趁热打铁发了一条信息：

> 发出通知后，至今已经收到很多家长的介绍。有些长达一两千字，让我无比感动！家长们的介绍很有针对性，我会认真研读，仔细研究，定制孩子成长方案。

家长们一方面看到了我的诚意，另一方面又听说老师通过调查问卷是可以定制孩子个性成长方案的，于是不再旁观，纷纷加入完成调查问卷的行动中。

不到一个星期，我的全班家庭摸查工作顺利完成。这份调查问卷成了我带班的第一个重要信息窗口，起到一箭三雕的作用，它不仅让我了解学生的个性，还能让我了解家长的脾气，又能了解孩子的优劣势科目，为后期的个性化教育起到很重要的参考作用。

（二）写好第一份书信

在家校联系的过程中，我常常借助书信把自己的教学理念、班级观察、带班思考等反馈给家长。接任一个新的班级，在家校共育破冰阶段，我会以书信为媒介，迅速建立与家长的连接。如果是高一，我就会以"家长如何帮助孩子适应高中生活"为话题给家长写信进行指导；如果是高二，我会以"高二，高中的转折点"为话题指导家长如何助力孩子在高二阶段有效学习；如果是高三，我的第一封信往往是以开学第一次模考为契机，指导家长召开家庭会议，引导家长正确对待成绩，帮助孩子分析成绩，制定提分措施。在接手 2020 届高三（5）班并摸底考试后，我写了一封长达两千字的信，现节选一段：

> 家长朋友们，结合孩子们近期表现（特别是摸底考试后），我给出了一点自己的看法和建议，希望给大伙儿一点启示。高考，一定是习惯、勤奋、思维、思想、身体、情绪等方面的综合较量。希望这个周末大伙儿跟孩子们都沟通一下，跟孩子达成共识：高三，赢在习惯、赢在勤奋、赢在自律、赢在气场、赢在状态。

在收到这封信后，家长们不仅认真地召开家庭考试分析会，还认真地给我反馈了家庭会议情况和家庭备考策略，也收到家长发来的热情洋溢的感谢信：

> "感谢杨老师给我们提供与孩子有效沟通的方法，感谢杨老师这么细致的分析，对家长有很大的帮助。"
>
> "让小孩看一看，感谢杨老师的孜孜教诲。有温度的学习，感觉小孩高三进步很大，心态也好很多。无论思想，还是品质，积极团结乐观向上。"
>
> "感谢杨老师对孩子各方面的教导和对家长各方面的指导。"

因为文字的力量，有了这些互动，家长与我的关系亲近了许多。当然，这些考试指导的书信，我一直坚持写。因为有这些及时的考试指导，我班的家长和学生都能正确对待考试成绩，不急不躁，稳打稳扎，成绩总能稳中有升，高考中也能呈现最佳状态，考出满意的成绩。

（三）开好第一次家长会

班级管理当中，家校共育能够助力班级的管理和成长。如何有效破冰，发挥家校共育的合力？开好第一次家长会很重要。中途接班后的第一次家长会，我不仅会精心备好课，设计流程，还会设计邀请函，打印会议流程。在仪式感上下功夫，能有效引起家长的重视，给家长良好的第一印象。

家长会上要重点做好几件事情：听取家长们对班级的期待和建议，现场采访一些家长的育儿心得；家长与家长之间有效互动；分享教育理念、带班特色和对家长们的建议。

（四）实播班级动态

要真正发挥家长的作用，就要让家长感觉班级时时在他们眼里、心中。这么多年来，我养成一个习惯，就是每天至少转播一次班级实况。破冰阶段，更是每天花样翻新，通过文字沟通、图片分享等方式发布班级每天的重大事件、学习生活场景等，让家长全方位感受新班主任的温情和新班级的温暖。小组晨会、班级目标诵读、学习讨论场景、班会实况、班级活动等，都成为家长群分享的内容。当一张张鲜活的照片、一张张快乐的笑脸呈现在家长们的面前时，家长们的心暖了，他们的心离班级更近了，当初家与校之间的疏离感、家长与班主任之间的陌生感、心与心之间的冰块也就在温暖中一点一滴地融化。一位家长在看到孩子的笑脸后，在家长群里说："感谢杨老师有温度的教育，让我的孩子充满阳光，幸运遇见，幸运孩子能成为您的学生。"

在播报班级动态时，既要做到有情境、接地气，符合孩子成长和班级发展的规律，又能够体现出有高度、有格局的教育观。例如，我在接任一个新的班级时，都会举办几期爱国主义主题系列班会，我把"爱中华"的系列班会活动照片做成一个音乐相册，在家长群分享，并配上"有格局，方可成大器"的文字。有家长在群里互动说:"这些班会开得太及时、太有必要了。我们的孩子生长在和平年代,他们太幸福了,一定要对他们进行爱国主义教育。谢谢老师及时给他们补上了这重要的一课。"我回复道:"没错的,无论何时,无论何地,祖国都是第一位的。"这样就形成了一个良性的家校之间关于爱国主义教育的共识,也体现了一个班级的高度和班主任的德育站位。

(五)开展个别家庭交流

如果说,前面几个行动是从"面上"去为建立良好的家校关系做文章,那么,个别谈话就是从"点上"下功夫。每位班主任都知道,个别交流是走进学生的有力法宝。但破冰阶段,任务重、时间紧,如何快速突破与家长的关系呢?在首期个别家庭上我坚持一个"抓两头,放中间"的原则。两头指的是特别优秀孩子的家长和特别调皮的学生家长。这些信息哪里来?可以从前期的家庭调研中捕捉,也可以从与前任班主任教师等交流中获知。与优秀学生家长的谈话,是期待他们继续发扬优势,成为班级的领头羊;与闹腾的学生家长谈话,是尽快给他们安抚,至少不能让他们在接班初期对班级工作的开展起破坏作用。在这里,我重点突破的是与闹腾学生家长的谈话。这需要做很多前期准备工作,充分了解学生的个性特点、家庭构成,特别关注单亲家庭情况,谈话要做到稳、准、狠,能一语中的,抓住学生的"特点",把话说到家长的心坎上,那是极好的。交流中,既要体现班主任的能力和原则,又要让家长感受新班主任的温情和真诚。

(六)举办集体生日会

因为有了前期的各种面上和点上的沟通和准备,我对班级大部分家庭情况都有了一个大致了解,对家长的脾性也有了了解。接下来,就是用一个集体互动的方式把家长、科任、学生连接在一起。举办生日会是一个不错的选择。在接任新班级的一个月后，我会举办一个"班级集体生日会暨月度叙事"活动，为此我不仅设计了生日会邀请函，而且制定了详细的议程。

现在我给大家介绍一下具体内容的安排。在这个活动设计里，基本是每个家庭、每个科任教师、每个孩子都有自己的任务安排和准备工作，活动过程也是全员全程参与。在家长与家长、学生与老师、老师与家长、学生与学生的互动中，大家消除了生疏感，真正地感受到我们是一家人。

在班级月度叙事环节，孩子们诉说新班级的感动瞬间，能够再现新班级的温暖，体现新班级的温情，这些叙述最能打动家长，也极具说服力。

活动最后，我会带着感情为孩子们朗读一封热情洋溢的生日贺信。有一年，时值火热的夏季，西瓜备受欢迎。我以西瓜为媒介，巧妙地融入了成长启发，表达祝愿。为了增加仪式感和情境感，我特意用一个大西瓜做道具，给了家长和孩子们一个大大的惊喜，也带给他们深深的感动。

其乐融融、充满仪式感的生日会后，家长们亲身感受了孩子们的幸福，对这个班级放心了、有信心了。生日会后的家长群热闹非凡，生日会得到家长们纷纷点赞。家校破冰工作基本结束，家校共育阻力扫除，接下来，就是怎么搭建平台，发挥家校合力了。

二、合作——让家长表达他的"爱"

（一）开办班级家长讲堂

家长当中，有很多可用资源。来自各行各业的家长，他们经历丰富，资源多，人脉广，有些家长的成长本身就是一本励志书。如何有效利用家长资源，助力班级成长？我决定开办班级家长讲堂，把家长请进课堂。家长讲堂自开办以来，经过摸索改善，日臻完善，从筹备选拔到运行反馈，已经是一套非常完善的流程。我们成立了家长讲师团，选出了讲师团的团长和核心组成员。有专门的开班仪式、核心组定期会议和专门的讲座排期。讲坛内容及主题由班主任和核心组成员协商确定。家长开讲之前，必须准备好PPT和讲稿，由班主任审核把关。讲座过程当中，全体家长讲堂核心组成员均到场观摩助阵。家长讲堂结束之后，我会让学生在班级日记本上写下课堂心得，以及对家长讲师的感恩等。这既是把听课内化为力量的一种措施，也是对家长讲师的一种激励和感谢。例如，2020学年第一学期，我们就开办过"齐心协力往前冲"的合作教育、"我和我的孩子"的亲子活动、"向目标出发"的励志教育、"金融学小知识"的理财教育等。由于仪式感强，内容精彩，收获丰富。家长讲坛已经成为我们班级很受欢迎的第二课堂，家长们争着上讲台，学生们也渴望家长来。

（二）建立榜样家长团

每个团队都需要引领者和示范者，家长团队也不例外，如何让家长团队有序运转及高效配合班级工作，是每个班主任都需要思考和解决的问题。在带领家长团队时，我运用了金字塔式的家长团队管理模式，重点打造几个优秀家长小组织，如家长讲师团（由家长讲坛的家长组成）、家长导师团（由每个学习小组组长的家长组成）、家委会（由热心班级事务的家长组成）等。每个团队有专门的负责人，他们负责团队的运行，我只需要与负责人进行工作布置和对接即可。实践证明，这些团队能承担班级重大活动的开展，他们在班级的发展和成长中起到很重要的作用。这些家长以他们的行动和付出赢得了其他家长的尊重，他们也有了家长工作开展和推动的话语权。无疑，他们也就成了我开展家校活动的重要支持者和支撑者。

为了发挥示范家长的引领作用，让正能量得到最大限度的传播和发扬，我在班级选出和宣扬榜样家长。这些家长，他们本身素质就高，富有大爱之心，在教育观念上与我相同，脾性、做事的节奏也基本与我一致。他们成为我带班

143

管理的合伙人。冬至节当晚，学校没有放假，我想在班级开办一个饺子节，于是有一些家长主动承担了包饺子的任务。最让我感动的是有一位学生妈妈当天过生日，她取消了庆生活动。她说："今年庆生的最好方式就是为班上的孩子们包饺子！"整整一个下午她包了好几百个水饺。那天晚自习的时候，家长们送来热气腾腾的汤圆和水饺，教室里面充满了欢乐和幸福。当我把家长包饺子和孩子们吃饺子的图片发到家长群时，家长们无一不感动。这样的良性互动，使家长榜样的辐射作用就形成了。我也趁机大力表扬和宣传这种"幼吾幼以及人之幼"的大爱之心。之后，我们的教室里面常常会有家长们免费赞助的水果、牛奶等。有一天，我看到教室后面摆了七八箱牛奶，一打听才知道是博华爸爸几天前送过来的。我跟他留言致谢。博华爸爸说，相比于老师们和其他家长的付出，他这点不算什么。当家长们把为班级做贡献内化为一种自觉行为时，班级已经不仅仅是老师的了，也是家长的了，真正的家校合力就产生了。

（三）设立班级文化建设中心

一个班级的成长离不开集体活动和班级文化，在开展班级活动和打造班级文化中，引入家长的力量，既能省心省力，又能提高家长参与班级事务的积极性。我请家长参与班级的养绿植活动，家长负责购买绿植，并指导孩子们养护。我还组织家长参与照片成长墙的建设，定期更新家庭故事。在成人礼活动之后，我让每个家庭选出孩子成长过程中的重要节点并剪辑成一张张能代表孩子成长的照片。然后，我在班上开辟出主题为"保持童心，不忘初心"的一面墙，专门悬挂孩子们的成长照片。这样的一面照片墙刻录了36个孩子成长的印记，成为教室里面一道绚丽的风景，引来不少外班的学生参观。在班级成长档案的建设当中，家长与我一起制作班级成长视频和照片，编制班刊。过去一年，我们编制了十本班刊、两本成长相册和两个大型视频。特别值得一提的是，在家长们的帮助下，我所在的班级获得了全国书香状元班、广州市班级文化建设优秀班、天河区班级文化建设示范班。从材料的准备到印刷，家长们功不可没。甚至可以说，在高三教学任务繁重的情况之下，如果没有家长的帮助，我根本不太可能去完成那么繁琐的材料准备。

（四）设立家长纠纷委员会

在班级管理当中，难免会遇到家长不理解甚至误解的情况，或遇到一些不太好相处的家长，这时怎么办？借助家长的力量让他们相互教育和自我教育是比较不错的选择。有一位家长因为不满级组工作的安排，在家长群留言："我比较好奇，周六一天考四科，这样的考试意义何在？"面对这样明显带着情绪的质疑，我保持沉默似乎不妥，但怎样回应合适呢？这事有点儿伤脑筋。这时，我想到了家长讲师团的团长。他是一位识大体、有威望的家长。由他出面解释，估计会更容易让留言家长接受。我跟他简单解释级组安排的原因。他在家长群说："小宇妈妈，谢谢你！其实你说的代表我们所有父母的心声，心疼孩子！在我家，孩子学习我是啥也帮不了，只能孩子回来了帮他补充补充营养，让他心情愉悦就行，学习的事我也操心不了，就交给学校和他自己吧！"同为家长，站在家长的立场去安抚和沟通，估计有情绪和意见的家长会更好接受吧。果真，那位家长愉快地接受了建议，并不好意思地说自己有点儿冲动了，愿意配合学校和班级的安排。

三、共赢——让家校都能获得"爱"

家校合作，从破冰成功到和谐运转，再到助力共赢。一个学期下来，其实有很多温暖的记忆。如何给一个学期画一个圆满的句号？为了将情境感和仪式感进行到底，也把家校共育进行到底，我决定举办了一场盛大隆重的颁奖典礼。从奖励方案、奖项确立、奖杯设计、沟通修改，到民主推选、打分评分等环节，我全程与家长们一起商量决策运作。既做到了民主，又做到了公平。前期工作准备就绪，为了凸显仪式感，我把家长们做颁奖嘉宾和活动过程中的精彩照片做成了一个音乐相册，在家长群分享。家长们纷纷感叹："辛苦杨老师了，特别有创意，一定能激起同学们的学习热情。""叹为观止！感受到金灿灿的奖杯背后杨老师沉甸甸的付出，谢谢杨老师！""感谢杨老师对班级的用心经营。"我觉得"经营"这个词用得特别恰当，确实，一个班级就像一个家一样，需要用心、用情、用爱去经营。

以上就是我分享的家校共育过程当中走进家长内心、赢得家长的支持、激发家长参与班级管理热情的一些方法和策略。孩子们不仅取得了好成绩，也得到了成长。家长们高兴了，因为孩子不仅成绩好，对父母还更加孝顺了，亲子关系更和谐了。家长不仅仅是合伙人，更是革命战友和亲密朋友。我的班级管理变得轻松从容，我也收获了很多快乐和幸福。有一位妈妈，记录了孩子的成长变化，整理了我与她的 QQ 聊天记录，编成了一本近 10 万字的册子。她把这本珍贵的册子取名为《信任为源，静待花开》，作为礼物送给我。在我开家长会或者开办学校家长讲堂时，有些家长默默为我录音，并把录音转为文字，花了整整一个星期，整理出近两万字的讲话稿。听说我的颈椎不好，有家长想方设法寄给我最好的治疗颈椎病的药，还要亲自给我抹上。不少家长动情地跟我说，杨老师，我们现在是朋友，希望孩子毕业之后，我们依然是一辈子的朋友。事实上，我和很多家长真的成了一辈子的朋友。在孩子们毕业之后，家长们都自发把家长群改为"杨村部落"。杨村部落、仁武部落是我所带班级的班名。我很高兴，所带班级不会因为学生的毕业而解散，而是上升为一种情感，沉淀为一种记忆，内化为一种精神。

班主任要怎样让家校合作的温度持续？我想有两点是必不可少的。

一是需要以爱为底色，创造一个充满感动的班级。

没有爱就没有教育，爱是教育灵感的源头。一个班主任只有充满了对教育的热爱，对学生的热爱，才会有发自内心的对学生的呵护和尊重，才会想方设法为学生的成长想办法、出点子。我不由得想起了一件小事，在去湖南学习的时候，我跟班里的孩子们带回了湖南特产葛根糖，并且借葛根的特点写了一封信，题目就是《葛根里的高三备考之道》。在散步的时候，我闻着淡淡的桂花香，突然想起，桂花的气质与我所带的语文学习组孩子们的气质特别契合。于是，我亲自动手做了一个桂花香囊，并写了一封情真意切的书信送给孩子们。在给女儿做早餐的时候，我会顺手多煮几个鸡蛋，送给班上几个体弱的住宿的女生……诸如此类的暖心行动，在我与学生之间已经形成一种自觉的行动。在我看来，这只是举手之劳；但对孩子们来说，却无比感动。当孩子们与自己的家长分享时，这份感动就又多了一分。在我的示范和引导之下，我们班的感动每天都在上演。班里养的绿植，孩子们争着浇水；班上有学生生病了，同学们会自觉打电话问候；有好东西吃，大家一起分享；有好的题目和思路，大家也一起分享。当爱和感动洋溢在教室的每个角落时，教室就充满了温度和灵动。一间有温度的教室，一群幸福的孩子，这正是我追求的诗意教育和幸福教育。

二是以真诚和实力塑造自己的形象，赢得良好的口碑。

金杯、银杯不如良好的口碑。一个老师最大的荣誉不是奖状上的"优秀教师"，而是学生和家长眼中的"好老师"。老师的每一次付出、每一份真心，都会被家长和学生接受并收藏。当足够多的爱和感动累积后，就会形成自己独具魅力的教师形象。当一个老师能够把爱变成一种习惯，随时浸润在自己的教育教学过程中时，学生和家长就会心甘情愿地争着去做老师的宣传人。我常常觉得，自己经历过的教育故事和教育案例就是最好的教育素材，家长和学生就是最好的宣传者。一个老师，如果能在家长群和学生群中树立一个良好的口碑，他的教育之路就会无比从容轻松。

附1：家长会实操案例

家校携手，共圆梦想
——高一（1）班家长会记录

2018年8月29日，年级组召开了高一新生家长会，会议的时间是9点到11点，我考虑11点散会尚早，何不利用一点儿时间召开一个班级家长会呢？虽然年级组没有要求家长进班，但我想在第一时间能够接触到家长们，传播我的教育理念，沟通我的管班理念，让家长能够了解且尽快配合班级工作的开展，形成强有力的家校合作的保障。

因为学校正在施工建设，到处一片狼藉，很难找到一间可以开家长会的教室，我得寻找并收拾一个可以开会的地方。我在班级群发动了五个孩子带抹布回学校，和我一起搞卫生，花了两个半小时才整理出一间教室，家长会终于能在11点15分准时开始。下面是本次家长会的主要流程。

开场白环节，我直接从这次家长会场地的准备开始说起。我从七点回到学校，开始准备场地，一个满地垃圾、到处灰尘的教室被我收拾得干净整洁，这个舒适的环境就是我给大家的见面礼，也是我对大家的诚意。我告诉大家，年级组虽然没要求开家长会，但我们的孩子都来自天初，天中本是自家人，自家人总得早点儿聊聊天，拉拉家常。简单直接的情景导入很快就为会场营造了和谐的氛围。趁机，我也提出了要求，让大家手机静音，静心听我分享教育故事，传递教育理念，分享班级管理规划，这为后面的会议纪律起到了很好的保障作用。

第一个环节，展示理念，彰显格局。

我展示了第一张PPT，上面显示的是"诗意语文，幸福教育，张扬个性，彰显共性，家校合作，共圆梦想"，这是我的教育梦想和教育情怀的概括。"诗意语文"指的是我的语文教学梦想，希望语文的教学里面有诗和远方，能成为心灵的栖居地。"幸福教育"是我的教育理念，希望能带给孩子们人生的幸福体验，幸福就是人生的极致追求。"张扬个性，彰显共性"，是班级管理理念。教育首先是解放心灵，需要尊重孩子的个性，发扬个体特色。但是，班级需要有充满正能量的共性，我希望通过不同个性的展示，培养出班级积极向上的共同特点，比如善良、勤奋、孝顺、感恩、坚韧等品质。"家校合作，共圆梦想"指的是家长与老师沟通方面的一个目标，大家都有一个共同的目标，就是帮助孩子成长，并且能够实现各自的家庭梦想，希望大家能够真诚合作，为孩子的成长保驾护航。接着，我展示了第二张PPT，这是我具体化的教育理念，用几句话可以概括：为学生一生的发展奠基，为学生提供个性化的教育。我说，虽然我只是一个平凡的高中老师，但是我希望我的陪伴能够给孩子以后的发展奠定一定的基石，帮助孩子养成伴随他们一生的好习惯，培养孩子受益一生的良好品德和坚韧意志；同时，我尊重孩子们的个性，愿意为每个有个性的孩子制定个性化的教育措施，帮助孩子们尽快适应高中的学习和生活，能够在有限的时间里产生最大化的教育效果。在教育目标上，我提出了四点：学会做人，学会健体，学会学习，学会办事。做人是根本，健体是保障，在有身体和品质保障的基础上，我们让孩子学会学习、学会做事，从"要我学"到"我要学"，形成学习的自觉性和做事的自主性。在管理理念上，我提出了自己的规划：主要是激趣，激励，激发班级活力，通过动其心、动其情，产生学习的动力；通过活动，形成师生之间的合作互助，形成强有力的班级合力。通过在第一环节传递教育理念和教育目标，家长心中有数并对教师产生极大的信任，在以后的配合工作当中能够积极参与和全力支持。

第二个环节，教育风格，学生评价。

在解读理念后，我想，应该介绍一下自己的情况，目的还是增加家长的信任，明白我的教育用心。以什么样的方式介绍？自己说不如让学生说。往届受益学生真情的感恩以及取得的优秀成绩就是最好的宣传，优秀学生就是老师最有力的招牌。在这个环节当中，我分两步走，第一步是列出了我们班上所产生的广东省优秀学生、广州市优秀学生名单，展示了 2014 届和 2018 两届高考成绩，重点介绍 2018 届高考状元黄俊荣的事迹。这几个数据有力地证明了教学上的成效，将教学成果很真实、很直接地传递给家长。第二步，我列出孩子们成长的轨迹，我把在暑假期间收集到的 14 届毕业学生的发展状况做成了一个表格，直观地展示给家长看。四年前，2014 届 1 班的学生以优异的成绩考入了各大学，四年之后的发展是什么样的呢？数据显示，很多同学都以自己的努力考上了中山大学的研究生，也有很多同学去了国外名校继续深造，还有一些同学进入了知名企业工作。这个数据非常直观地说明，我的高中教学不仅是一个高考成绩，还有社会公民素养的锤炼和社会事业品质的培养以及积极乐观人生态度的历练。教育的时间不是几年，而是一辈子。如果不是积淀了很多坚韧的品质和锐意进取的精神，那么，大学四年又怎会如此砥砺前行呢？我常常传输给孩子们的一个想法就是巴顿将军曾经说过的一句话："没有攻不下的堡垒，只是时间问题。"比如一个孩子确立目标为中山大学，也许三年不能实现这个目标，但是大学四年继续努力和锐意进取，可以在大学期间去报考中山大学的研究生，四年之后，依然可以实现自己的中大梦。我常常把这些孩子的成长历程和他们在高中阶段除了学习外形成的良好品质展示给学弟学妹们看，希望让他们受益。在展示完孩子们的成长成果之后，我用往届学生对我的评价中的几段话来展示我对孩子们的影响和细心呵护。我详细介绍了其中一个小故事，就是在 2014 届广州市一模之后，我们班 16 个女孩子全都退步了。孩子们焦虑，我也有些着急，毕竟离高考时间已经不远了。可是我不能把这种着急表露出来，否则会加重孩子们的负担。我悄悄地想着办法，因为我从来不怀疑，我们班孩子的进取心和勤奋度，我想应该是心理压力大了点儿吧。于是，我就从住在学校后面的家长那里借用一间房子，我与家长一起为我的 16 位女孩子做了一顿丰盛的晚餐，有红烧土豆焖鸡、排骨，我还亲自做了孩子们喜欢吃的红烧鸡翅。我不停地给孩子们夹菜，劝她们多吃点儿，高考一定需要体力。有关学习的话我一句也没说，可一切尽在不言中，女孩子们迅速调整了状态，在广州市二模考试中，状态又回来了，最终稳住了高考。四年之后的今天，想起那一场特殊的晚宴，我至今心里尚有浓浓的感动，难怪一位孩子在四年后给我的信中说，最难忘的是那次特殊的晚餐，不仅仅是关爱，更多的是前行的力量。这是四年前孩子们给我的信，四年之后我留给孩子们的是什么呢？是爱、感动、善良、感恩和选择天高的无悔。我动情地对家长们说，四年之后的今天，杨老师依然站在天高，那么2018年，孩子们眼里的杨老师又是怎样的呢？我展示了孩子们在即将离别之际给我的温暖话语，我是分小组展示的，每个小组的每个孩子都从自己的特点与个性出发，写出从我身上所学到的东西和表达感恩之意。我告诉家长们，这里面没有一句客套话，全部是他们体验之后的真诚感谢和对生活的体悟。我举了几个例子，有一个男孩子动情地告诉我说："老师，谢谢你让我学会了阳刚气质。"这个男孩子，我印象特别深刻，刚开始认识的时候，他特别内向，走路、说话都小心翼翼，我单独给他开了一个"处方"，给他布置了一项特殊的任务，我告诉他："从今天开始，你走路的时候需要抬头挺胸，面带微笑，要有一种坚毅的表情，胸中如有一猛虎在奔跑。每天晚上下晚自习之后需要在小区里面跑20分钟再回家。"几个月下来，有一次班会课上，我问孩子们："大家有没有发现这个同学最近的变化呀？"大家发现，这个小伙子已经不是当初的那个模样，已经变得非常自信，情绪高涨并且面带微笑，走路如风。气质是一个人精神的象征，如果这个孩子学会了阳刚气质，我想他的精神、他的力量都会伴随着他的人生，我认为我做了一件有意义的事情。我还举了一个例子，有一个小姑娘给我的留言是："老师，感谢你，用爱一点点地打开我的心门。"看到这句话，我百感交集，特别是这"一点点"三个字，说得实在是太形象了，因为这是一个非常内向的姑娘，基本上很难去开启她的心扉，我就是一点一滴地去关心她，一点一滴地去鼓励她，然后安排小组同学不停地去帮助她。终于在三个月之后，这个女孩的脸上开始有了快乐的表情，与同学的交流增多了，与家长的交流增多了。家长在孩子毕业时说，感谢杨老师给我找回一个快乐的女儿。我还分享了第三个教学案例，这是一个叫梁泽婷的孩子，我保存了这个孩子的母亲与我所有的短信记录。这个孩子最终以 642 分的高分考入了华南理工大学，而让我骄傲的不是她能考进华南理工大学，而是我在陪伴她的 10 个月里，深深地改变了她们家的亲子关系，让她能回归家庭。这个小孩，因为与父母的关系出现了状况，已经有一年多时间不理父母，不与父母在同一张桌子上吃饭；父亲去医院住院，她也不去看一眼。当我收到这位母亲的求助短信之后，我为这个孩子设计了一系列的帮助措施，包括谈话、聊天、讲故事、写信等，一点一滴地让她认识到孝顺父母是多么重要的一种品德，做人是做学问的基础。分享完三个成长的故事之后，我想用生动的事例告诉家长们，教育孩子真的不仅仅是关注成绩那么简单的事情，成绩背后一定是精神的锤炼、品质的锤炼和习惯的养成。我想告诉家长们的是，当你发现自己的孩子成绩出现了比较大的波动的时候，首先应该想到的是孩子的情绪、状态和精神世界是否出现了问题。我们要走进孩子的心灵，取得孩子的信任，掌握孩子的动态，深深地了解背后的原因，先解开心结，调整好状态，才能够让成绩有一个持续的提升。

第三个环节，找准方向，圆梦成长。

在第二个环节的案例分享和效果呈现之后，我想家长们已经对我的教育理念与效果有了形象的感知，对我应该也有了一些信心，于是我在想，接下来应该进入第三个环节了。优秀成绩，快乐学习，幸福体验的保障是什么呢？我从几个方面来跟家长们分享。第一，需要形成强大有力、互利合作、相互依存的积极的合作关系。而这种合作关系体现在学习和生活的各个方面。就以学习为例，我推行的小组合作学习模式已经在全校推广，而我们班是全校推广的航标，所以我需要大家的配合。在开学的第一个星期，我就需要成立学习合作小组，学习合作小组之间如何建立积极的相互依存的合作关系呢？我会将班级分成六个小组，不仅是常规小组，还有各种兴趣组、圈文化等。第二，我们会开展各种活动，通过活动来激发学生的内驱力，只有在活动中让学生张扬个性，开发思维，提升能力，产生兴趣，在兴趣的驱使下才会产生学习的动力，人人都有内驱力，那么班级自然就会有凝聚力。第三，传播通才理念，打造专才实力。高考是能力、品质、意志、情商的较量，那么，我们在高中阶段，如果仅仅埋头书海，仅仅把眼睛盯在教科书上，没有格局，没有胸怀，没有气场，是很难打赢高考这场战争的。况且我们的社会需要通识教育，需要通才，需要同学们在学习能力的同时，提升交际、办事等各种能力，希望同学们在跟着我学习的过程当中，不断地提升自己的能力，锻炼自己的品质，强化自己的意志，提高自己的情商。情商，真的是人生幸福与否的关键。第四，开展挫折教育，培养坚韧品质，学会调节落差。人生没有一帆风顺，挫折在所难免，我们需要的是一种坚韧的品质，能够克服困难，踏平坎坷，披荆斩棘，勇往直前。我们要有吃苦耐劳的品质，还要有承受挫折的能力。我举了个例子，同学们初入高中，成绩可能会出现一些落差起伏，这都很正常，所以我们要尽快学会适应，紧跟老师，注重思维和能力，用积极的活动去带动自己的学习状态，开拓自己的思维。最后，我跟家长分享一句话：优秀的人，不仅自己优秀，而且能让身边的人优秀。我想让同学们形成一种认识：优秀就是一种习惯。

第四个环节，具体实施，督促到位。

方向已经明确，具体怎么做？我从以下四个方面说明。第一，常规保障。常规是学习的保障，我们需要做好常规，注重细节，请家长和学生们明确校规校纪，严格按规章办事，尽量不要让我分心太多，好让我有更多的时间去跟踪孩子的心理健康，为孩子提供个性化的教育跟踪。第二，效率保障。包括做事的效率、课堂的效率，如何抓住零散时间，比如说，在保障运动之外的一些闲散时间，他们可以用来背单词、记公式、写日志、做做题等。第三，情绪保障。在孩子学习的过程当中，我们家长应该给孩子一个良好的家庭氛围，我们老师应该给孩子一个良好的课堂氛围，我们班级应该给孩子一个良好的班级氛围，因为只有心情愉悦，才能够更好地学习和生活。接下来就是家长需要做好后勤保障，我告诉家长们，最好跟住宿的孩子提供足够多的水果和牛奶，孩子正是长身体的时候，要有足够的营养，才能保持充沛的精力，才能应付繁重的学习。第四，信任保障。来我们班的科任老师都是优秀的，不管是对班主任，还是对科任老师，孩子们都应该信任，亲其师、信其道，在亲近老师的同时，才会相信老师所传授的道理、知识、精神。接着我提了几点建议：第一，要让孩子有一个幸福的成长体验，有一个持续的快乐学习的状态，最终能取得优异的成绩。第二，在新高考的理念下，我希望孩子们能坚持阅读，因为阅读是一种能够开拓思维、锻炼品质、扩展视野、培养品行的有效方式。第三，坚持写学习日志，把自己每天的所思所想、快乐、忧伤，甚至反思都记下来，有利于不断地改进、提升和保持前行的力量。在这里我还特别举了2018届高考状元黄俊荣的实例，展示了他的日志本，他就是坚持写日志，在强烈的心理暗示之下，调节自己的状态，保持不断前行的力量，最终成绩连续提升，考上了复旦大学。

身体是学习和生活的保障，要让孩子们坚持锻炼，保持足够的运动时间，因为运动能使人身心愉悦、思维活跃。我还强调要坚持沟通，并且跟家长们说，在我的带班过程中，我会有一项特殊的家庭作业，就是会让家长与孩子定期召开家庭会议，要有会议通知的回执和会议记录，我可以根据会议记录及家长们提供的信息，为孩子提供进一步的帮助措施。

第五个环节，总结提升，美好祝福。

以上环节进行得差不多的时候，我的家长会也接近尾声了。

我用一张PPT展示我对这个班级的一个设想。我说，我希望陪伴孩子一阵子，让孩子受益一辈子，我不仅希望孩子们能答对高考题，还能写好大写的"人"字；天高除了高考题，还有诗和远方；老师不仅仅像高考题，更像长者和朋友。最后我以激昂的状态，深情地告诉全体家长："让我们一起奔高考，让我们一起谈人生，2018，我在天高带着一班的孩子们开启幸福的密码。"教室里面响起了雷鸣般的掌声，我想这次家长会是成功的，家长们是满意的，我传递的是一种信心、一种理念、一种合作、一种精神，我以我最好的状态展示了天高老师的状态，我以我的精神在传递天高的精神。我想，一个学校的发展离不开各位老师的努力，每个人的努力会形成合力，会让一个学校形成强大的凝聚力，至少我自己愿意努力去做。

　　总结这次家长会，我有五点想法。第一，真诚的态度会让家长感觉到你是一个很真诚的人。你展示的是自己的真实状态，你用你的真情带着学生一起学习与生活。不管是故事的分享，还是成绩的展示，以及孩子们对我的评价，我都以客观真实、不做评价的方式去展示，让孩子和家长们能够真切地感受到这是一个真实而真诚的老师。第二，我愿意拿非常多的案例去分享，教育需要讲故事，故事所蕴含的真情和道理比生硬的说教要强百倍，在非常动情的故事叙述过程中，家长们能够非常快地捕捉到一位老师所饱含的真诚和深情，这种真诚和深情就是力量。第三，故事分享过程当中，教师需要展示自己对问题的处理方法和智慧，对孩子的热爱和对生活的态度。一种积极的态度和睿智的处理问题的办法，显示出一位班主任的智慧；而一位智慧的班主任会给家长们带来巨大的信心。第四，向家长们展示自己的教育理念和管理理念，体现自己教育的高度、格局、胸怀和品质。特别是为孩子一辈子的成长奠基和通识人才的培养理念，能让家长们感受到一位班主任的气场、格局，以及培养人才的立场、原则。第五，展示自己以往有温度的教育案例、教育情怀、教育状态，表达自己对教育职业的热爱，和孩子们带给自己的那种幸福感。这会给家长一种强烈的信心，一个幸福的老师，一定会带出一群幸福的学生；而幸福教育是我追求的终极梦想。人生经历千万种，幸福是最终的追逐目标。我在努力着，我想带着我的孩子们一起努力。当然，只有情怀是不够的。所以，在展示自己如何培养学生的品质，如何教育学生做人，如何教会学生沟通的同时，我展示了孩子们让人骄傲的成绩。毕竟高考是选拔人才的考试，而选拔是以成绩作为最终的评价标准，没有优秀的高考成绩，也就没有足够的说服力，所以我客观呈现了两届高考的辉煌成绩，这也是这次家长会能够顺利推行，并且能够让家长满意的原因。但是，成绩的取得背后一定是品质的锤炼，我常说的一句话就是，分数不是冷冰冰的数字，分数背后是品质的沉淀。我今天跟家长们分享的就是，德育是成绩的保障，做人是做学问的前提，我相信家长们应该也认同吧，希望我们有一个良好的合作关系，家校联手形成强大的联盟，最终为孩子的成长保驾护航。

附2：考试质量分析会记录

家校携手，圆梦高考

高三（5）班小组合作讨论式家长会模式总结及启示

班主任　杨换青

前言：第一次以小组讨论形式召开家长会，通过小组长汇报、导师下组质量分析、家长相互取经等环节，达成了预期目标并获得如潮好评，实在是一件愉悦的事。家长们主动反馈，为学校和班级点赞的热情感染了我，我也想用文字来记录本次家长会的筹备过程，这将又会是我教育路上最珍贵的一笔。时刻提醒自己：不忘初心，砥砺前行，帮助学生，丰盈自己。

2018年4月4日，我班召开了广州市一测后的家长会。本次家长会是第一次以小组为单位召开的家长会，突破了传统的家长会形式，改变了班主任一言堂或科任教师面上表扬先进、批评后进的形式，采取责任到人，提出具体问题，解决具体问题的方法，收到了比较好的效果。仔细回想，取得较好效果的原因在于，本次家长会我们采取环节具体化、对象具体化、问题具体化、措施具体化，做到激趣动心，动情动脑，自然就皆大欢喜。

在此，特别感谢我的科任教师们，他们全力支持我做班级管理的尝试，为了配合我的工作，他们付出了很多休息时间。在此，代表我本人和五班学生以及家长们向他们致敬。

一、本次家长会召开的背景及目的

广一模是高考备考中不可或缺的重要环节，一直是广大家长和考生高考备考环节中备受关注的焦点。通过一模，可以发现学生的学习漏洞、能力缺陷及答题技巧，帮助其制定下一阶段的备考计划，称得上是高考总复习后的第一次重大练兵。如何有效帮助家长分析成绩，找出问题，更有效地帮助下一阶段的提升，实现市二模的再次突破和高考的目标达成，本次家长会效率如何，将起到非常重要的作用。所以，本次家长会的目的之一就是帮助家长寻求突破点。

眼下高考的脚步越来越近，考生和家长的压力也与日俱增，不少考生甚至出现考前焦虑、复习混乱、疲惫低效等临考前惯有的"高原现象"，究竟怎样才能有效地复习并抓住提分点，如何在考试前调整自己的心理状态，积极乐观、愉快轻松地去迎考，成为大家共同关注的焦点问题。本次家长会的第二个目标是为了帮助大家调试一下家庭备考的氛围，为2018年高考备考全方面保驾护航。

二、家长会的收获和启示

本次家长会给了家长们耳目一新的感觉，更让家长对孩子有了一个全方位的了解，大家收获满满，也信心满满。会后，家长给予老师、学校高度的评价。一个班级就是一个学校的缩影，班级品牌就是学校品牌的浓缩，承载着学校文化的底蕴。家长会的热情给予我巨大的信心。对于学校第一次以小组形式召开家长会，我想写下自己的筹备过程，以及得到的收获和启示，勉励自己继续前行！

（一）家长会的收获

1. 前期准备是否周密详尽，直接关系到家长会是否充实有效。

本次家长会持续一个多小时，但是我的准备工作花了整整两周时间。几乎是广一模结束的第二天，我就开始从各个层面去布置任务，对广一模的成绩、考试心态等各方面进行总结。具体如下：

（1）个人层面。安排每个学生按照语文、数学、英语、物理、化学、生物、理综几个学科的顺序，从失分原因、丢分多少、增分点在哪里、可以增多少分、具体的增分措施是什么几个方面进行个人层面的总结。

（2）小组层面。考完的第二天，我就让小组长进行小组层面之间的思维碰撞。刚从紧张的考场走出来，做题思路都是新鲜出炉，此时进行一个思维碰撞，可以很准确地找到个人与组员之间做题程序和思考方向的异同。成绩出来后，我给每个小组打印一份成绩，有班级均分和其他组的参考，要求小组长召开小组质量分析。质量分析会上，各自拿出自己的分析报告，分析自己的情况和下一步的计划、方法。小组长听取各人的汇报后，需要组织大家一起制定下一步小组提升方法和相互督促帮助的措施，最后制定小组总体目标。

（3）班会层面。如果说小组质量分析会是小组成绩提升的保障外，那么班级之间、组与组之间的经验交流，组与组之间的相互挑战则是我们整体班级成绩提升的法宝。我想到了我刚接班的时候，为了迎接天河区一模考试，我采取了班级挑战大赛，以下战书的方式，在全班开展擂台赛，激发全班的斗志。区一模考试让全部孩子都进入了重点大学本科行列。于是，在周一的班会上，我又以小组汇报及挑战的形式开展了一次班会。小组成员组内荣誉感强烈，提出了具体的组内市二模985、211院校的目标名单和人数。这些不仅鼓舞了士气，更为我这次家长会程序中的小组长汇报环节奠定了基础。

（4）家长层面。一模成绩出来后，我把成绩发到家长群，并且布置了具体的任务：召开家庭会议，分析原因，找出差距，找出办法。会后要求家长向我反馈家庭会议的情况，这不仅为我后期开展班级工作提供了资源，也为能更好地做个别学生的思想工作提供了方便，大大提高了班主任工作的精准度和有效性。

家长会前，我又布置一项任务：要求在家长会上，每位家长准备两分钟的小组交流发言。任务具体，方向明确，不走过场，这为这次家长会的小组家长讨论环节提供了有利条件。

（5）科任教师层面。小组导师下组分析召开小组质量分析会，具体分析每个学生的得失分情况、平时学习情况，提出具体的学习建议和提分办法。这个环节尤其重要。为此，我们在前一天召开了将近两个小时的科任教师班团会议。我们班按照学生、小组、学科逐一分析，找出了每个小组、每个学生、每个学科的优点和不足，这不仅为我们后阶段的提分提供了保障，明确了方向，也为我们的家长会导师下小组召开质量分析会，提供了清晰的思路和具体可行的策略。这个环节也是让家长们收获最大的一个环节。分析会分组召开，小组长与导师一起分析七个组员情况的方方面面，基本可以精准分析，这是以往传统的家长会几乎做不到的。

正因为家长层面、学生层面、科任层面都做了精心的准备，才能做到家长会上有的放矢，不空泛，不客套，不走过场，高效而真实地再现学习状况，高效而精准地解决问题。

2. 过程操作是否具体明确，直接关系到家长会是否精准真诚

（1）调动行动源于自我示范。在我以前召开的家长会上，虽然我也准备得很充分，但不管如何充分，都不可能照顾好每一个孩子家长的情绪，满足不了每一位家长的需求，也解决不了每一位家长提出的问题。在我设计这种形式的家长会时，我的内心是期待甚至有些激动的，我预感到这种形式一定会给家长带去一种全新的感受，关键是会给他们以往家长会上没有得到的收获——自己孩子具体真实的情况的精准反馈。可是，如何让他们敞开心扉，相互取经？如

何让我的科任精准分析？如何达成我的预期目标？这些问题一直缠绕着我。于是我决定，从我做起，真诚优先。

行动是最好的示范，我想用我的态度和真诚感染家长、学生、我的战友们。最关键的是，我不说空话套话，更不是随意丢一个目标和设想出来，然后当甩手掌柜。家长会的每一个环节，我做到计划优先，具体到家长会、科任教师会的流程与要求。

为了准备各个层面的资料，我做了很多准备，为的是表达自己的真心和态度。例如科任会上，为了减轻老师们的负担，我把每个小组的学生每次大考成绩列出来，以小组为单位下发到每个老师的手上，老师们对着数据分析自己组员的情况就更方便、清晰；我打出科任会的流程和家长会的流程，一方面是会议的需要，另一方面是在传递我对家长会的重视，我想这份真诚一定是感染到了我的科任们。所以，在整个家长会上，他们的小组质量分析，除了高效，更有真诚。让每一个家长由陌生到真诚的互相交流不是一件容易的事。可是，昨天的家长会，我们做到了。家长们就像亲密的朋友一样，真诚地敞开心扉，诉说自己的烦恼和困惑，真诚地请教教子经验，也真诚地检讨自己的不足。这是一件多么让人感动的事情！我想，一定是胡校长的到场指导传递了我们学校的真诚，小组长的透彻分析传递了学生的真诚，导师们的用心对待传递了老师们的真诚，才会换来家长们的真诚。在我心里，将心比心，以心换心，真诚从来都是打开心扉的不二法宝。做人如此，做事也如此，家长会要成功，依然要真诚优先。

（2）提高效率源于方向明晰。为了开好这次家长会，我除了在各个层面做了具体的任务布置外，还提供了完成任务的具体方法和建议。学生层面，为了帮助孩子们有效地完成自我分析报告，我制作了具体的表格，从失分原因、增分科目、增分点、增分值、下阶段措施、目标分等几个方面，让学生找对策。家长层面，为了帮助有效召开家庭会议，我提供了具体的参考学生名单及分数，广州市划的院校档级分数线，孩子在校大概情况等。科任层面，为了帮助教师更深入地了解学生，解决家长提出的问题，我提供了各项数据和孩子们的一些细节故事等。对刚接手不久的魏老师，我更是一个一个给她落实，让我感动的是，魏老师虽接手不久，但迅速适应我们的小组管理模式。家长会上，为了有效推进讨论和分析环节，我在PPT上打出了各个层次的参考标准，包括小组均分、班级均分、班级高分段学生分数、天河区高分段学生分数，有了这些标准，讨论环节做到有效精准。

（3）良好氛围源于感动细节。感动感恩本就是家长会该有的氛围。以往的家长会，家长对固定的套路不感兴趣，对面上的分析也不感兴趣，最多就是在听到表扬自己孩子名字的时候，心里有点儿感觉，估计听到自己孩子被批评还憋着一肚子气，因为只知道不好，不知道不好的具体原因是什么。本次家长会，我们就采取环节具体化、对象具体化、问题具体化、措施具体化。在一系列具体化的流程中，估计家长们被感动了。感动是交流的开始，我来说说几个感动的细节。

胡校长鼓劲环节。校长百忙之中抽空下班为家长和孩子们加油鼓劲，这是让大家惊喜和感动的地方，特别是他亲和的语言、鼓励的语气、坚定的信心本身就是班级前进的动力，这个环节赢得了家长们雷鸣般的掌声，很好地调动了家长会的气氛；小组长介绍汇报环节，我只给每个小组三分钟的时间，但他们用非常精准的词语把孩子们的特点、优点、不足全部说清了。这可不是场面上的作秀，真正地体现了小组长的担当、能力和魄力，更是他们用心互相陪伴，朝夕相处，才能如此了解熟悉。说实话，每次小组长的工作汇报，我都无比感动，这是小组合作爆发内驱力和内核力的集中体现。他们不仅体现了集体荣誉感和责任感，更体现出互相依恋、形同一家人的团队感。这个环节一定感动了不少家长，在接下来的小组长下组分析的时候，我的每个小组长坐在家长们面前俨然就是一个主持会议的领导范儿，镇定有序，对答如流，因为他们的心里装着每一个组员，他们那么熟悉。所以，面对家长的问题，他们都能从容应对。

导师下组环节。我们班的每个老师都是学校教学线上的精英，他们身兼数职，工作繁忙，但在我推行小组合作管理模式的过程中，他们全方位地给予支持和帮助，让我感受到团队的力量。在家长会上，我们分工明确，责任到人，目标具体，面对面地进行分析，让每位家长能知道孩子的具体问题，以及以后努力的方向。这个环节，场面紧张热闹，但有序高效。没有一个走神、打电话或者说闲话的，大家都认真地跟着导师的思路，一步一步地往前推进。这个环节成了家长会上的重头戏，也是非常打动人的场面。正因为有太多的感动，消除了大家的隔阂，在后来的家长互相取经环节，大家才能敞开心扉，相互交流，毫无疏离感。这是一个多么融洽的氛围，这氛围就源于那些真诚的分享和真心的付出。所以，做教育，首先是做一些感动自己和他人的事情。

班主任环节。为了将更多的时间留给讨论环节，我在班主任层面花的时间很少，但我在营造氛围和把握节奏上，也得起点儿作用。当小组长在介绍组员的时候，我做了简单的点评。特别是化学组蔡肇宇介绍完自己的组员后，我临时问了孩子一个问题："肇宇，你以后想从事什么职业？"孩子坚定地说："老师，我以后想做老师。"我当即握着他的手说："我愿意把我的教学经验全部传授给你。"当时，全部家长自觉地鼓掌，我想，这掌声里一定是感动，我自己也被感动到了。后来，就在台上，孩子热情地拥抱了我，说道："谢谢老师！"我想，家长会传递的不仅仅是分数，更是一个学校的高度、一个师者的形象。也许，这份感动会陪伴这个孩子一生，至少我记住了当时的感动，也会将其沉淀为我教育生命中厚重的回忆。

（二）家长会的启示

1. 如何开创家长会的新形式

开完家长会，我带着一颗愉快的心走在回家的路上，因为家长会基本达到了我的预期目标。能做成一件自己想做的事，实在是令人愉悦；能让自己的内心愉悦，所有的付出都是值得的。此次家长会，收获的不仅是我的家长们，更是我这个班主任。我想，如果此次家长会依然像过去一样，我今天收获的就不是走在回家路上的愉悦，而是自己在台上讲得口干舌燥，以及回家路上的疲惫不堪。

所以，我在想，一个学期，哪怕是高中三年，也就那么几次家长会，如何让每一次家长会都让家长耳目一新？在他们认同和喜欢开家长会的时候，我估计他们也就认同这个班级和学校了，认同了班级和学校，也就会自觉地帮助学校一起管理孩子，真正达成家校联盟了。

2. 如何获得家长的认同

行动是最好的示范，事实永远胜于雄辩。要获得家长的认同，就要做好班主任该做的工作，让他们看到孩子性格的转变，是如何由棱角刺人变成圆润喜人的；更要让他们看到孩子成绩的提升。在 5 班，我相当于带了两个团队，一个孩子团，一个家长团。家长团队的打造也是尤为关键的。现在还记得，我刚接班的时候，家长们在班群里表现出负能量的信息，甚至表现出对学校老师的质疑。于是，我精心策划了第一次家长会，全场由我一个人主持，会议进行了两个小时。我把高三整个规划打印出来，然后解读自己的教育理念，提出计划力和执行力如何高度统一，并且提出"行动是最好的示范"这个带班思路。开完第一次家长会，家长群里好评如潮，至少第一次班会获得了家长们的认可。后来，我把每次班级活动图片以及孩子们的进步都呈现在家长群，孩子们的进步，大家是有目共睹的。而这一次，大家都在乎的广州一模，我们班在全体科任教师的努力下，取得了阶段性的战果。大部分家长是带着喜悦的心情来开家长会的，当然会场气氛就很好。我想，认同感是工作开展的强有力的保障。我们要用行动给学生示范、给家长示范，取得家长和孩子们的认同，工作开展自然顺利流畅。

3. 如何实现家长团队的内驱力

家校合作，是高考备考的有效法宝。所谓的"6+1"是等于7，大于7，还是小于7？就看家长怎么做了。周一到周六孩子们在学校，有老师的监督、同学的陪伴，学习上也偷不了多少懒。可是，一回到家，有些父母心疼孩子，让一觉睡到12点；有些不满意孩子的家长，说话难听，让孩子垂头丧气地回到学校；也有父母不管不顾，让孩子周末非常懊恼。种种情况都不利于学生的学习。于是，我们班的家校联盟行动就是我这个班主任工作的一部分了。刚接班的时候，我是采取纸质版的家校联系单，周一我必须收回回执。后来，我就让家长在QQ上给我反馈孩子周末情况以及需要我提供帮助的地方。

另外，我们班有一个特别的项目，每次大型活动或大考后，我有一项家庭作业布置给家长，就是召开家庭会议。家长们会主动给我反馈家庭会议召开的过程和效果。

在小组活动进行得差不多的时候，我在家长会上号召家长们自己建立小组群，同组员之间互相交流孩子的情况，他们不但成了好朋友，还帮我减轻了很多工作上的负担。

4. 如何落实家长会上的要求

家长会真正的目的不是开会，而是通过家长会达成孩子进步的目的，真正能解决问题。所以，家长会前期的准备、过程的调控都是为后面真正落实做准备。衡量家长会是否真正有效，不仅在于家长会上的表现，更在于会后的落实反馈。家长会后，我马上在家长群里做了简单的总结反馈，并且提出广东一模考试成绩分析到此，今晚开始制订广二模的计划。马上就有家长回应，并且坚决拥护，开始营造迎接广二模的氛围。

有很多家长在家长群或QQ上给我留言，说家长会给了他们耳目一新的体验，给了他们很多传统家长会给不了的信息，也有很多家长给予学校和班级很高的评价。有家长说："小组讨论式家长会给小组导师、小组长和家长们带来了热烈的讨论和顺畅的沟通，成为家长会最靓丽的风景。"有家长说："走进高三（5）班，独特的班级布置就吸引了我的注意。几张课桌相互围绕构成一个个小组，班级便由六个小组构成。在小组间走过，字迹工整的作业、摆放整齐的文具映入眼帘。我仿佛看到组内同学们一起学习时认真而专注的神情，仿佛听到组内同学互相讨论学习问题、谈论生活点滴的声音，感受到了同学们团结互助、共同拼搏的精神。高三的紧张与焦灼似乎被41位同学形成的合力冲淡了，取而代之的是融洽的小组小家庭、班级大家庭。"有家长说："家长会最为独特的环节是小组讨论环节，小组长介绍小组情况和导师引导下的小组讨论，家长们也按照孩子们的分组分为六个小组。在六位小组长轮流汇报各组市一模情况、小组优缺点和前进目标后，各组导师引导各组家长开展讨论。随着组长分析的深入，我们看到了孩子在学校最真实的一面。这一环节为家长带来了解孩子的全新视角，更让家长发现了以往家庭教育中未能发现的问题。别具特色的导师制度则让以往与家长相隔甚远的科任老师走到了家长面前。"

家长会是传递和宣扬学校形象，彰显学校和班级风貌，传达学校和班级理念的载体，如何开动脑筋，开出"形式多样、充满活力"的家长会，是每一位班主任需要思考的。小组合作讨论模式家长会是一次创新尝试，从家长们和老师们的反馈来看，效果是非常好的。

第五节　共育效果

家庭和学校是学生成长的主阵地，只有家长和教师同心协力、协同教育，才能形成家校共育的合力。在家校合作中难免会遇到一些难题，例如，家长不理解班主任工作、不配合班级工作，又或者家长投诉科任教师，这些问题等会给班级管理和家校合作的工作带来困扰。下面分别来讲述一些对策。

一、家长不配合学校工作，怎么办？

在日常的班级工作当中难免存在一些不配合班级工作的家长，分析原因，主要有三种：一是家长素质较低，觉得在家校工作中无法尽力，就保持沉默或者消极对待；二是家长素质很高，认为学校工作不能达到自己的预期或者需求，出现不配合的情况；三是对孩子的学习不上心、成长不关注，认为孩子在学校就是老师的责任，表现出对班级事务的漠不关心。

针对上述情况，当出现家长不配合的时候，我们可以尝试采取以下策略。

（一）分类分析，区别对待

遇到家长不配合工作，我们首先要判断，家长是属于"不会配合"还是"不愿意配合"。若是前者，就需要教师把需要家长做的工作进行详细讲解，教给家长具体的方法和步骤，从而保证完成任务。"不愿意配合"的家长，若是"自视水平过高，不屑配合"类型的，教师需要保持真诚的态度去征询他们的意见，若是有更好的策略，不妨采纳和执行；若是"事不关己，拒绝配合"类型的，教师需要跟他们讲清利害得失，打出感情牌，从孩子成长角度切入，争取获得他们的支持。

（二）真诚为本，平等沟通

按常理，家长和教师是最具有合作愿望的两个群体，因为彼此具备了共同的服务对象和共同的目标愿景。而现实工作当中，往往存在家长和教师彼此不配合、相互推卸责任的情况。究其原因，还是家校沟通层面出了问题。真诚的态度、平等的交流、民主协商是家校合作重要的前提。当家长出现不合作甚至对抗的情况，教师首先要认真反思自己的工作态度，沟通艺术上是不是出了问题。

曾经有个老师跟我抱怨："我们班家长怎么那么冷漠，不管我在家长群发什么信息，他们都毫无反应……"我说："我可以看看你们的家校群吗？"然后，我陪着他一起浏览了他们的群信息。我很快发现了问题：家校群的信息太多太杂，而且每一条信息后面都会有三个大大的感叹号。我查了他们几天的信息，心里面就有一种严重的压抑感。海量信息配上三个感叹号，每天如此，每一条如此，谁能受得了？

后来，我建议他在家校群信息沟通方面做一些调整。内容上分门别类，定时公布，可以采取一些专栏系列性质的，例如今日常规提醒、今日班级小结等。另外，建议他取消感叹号的使用，改为陈述句。做了两个小小的调整，一段时期之后，他们的家校群热闹了许多，家校关系也融洽了许多。

这个案例说明，在家校关系合作当中，若想得到家长的极力配合，就要让家长感受到彼此是平等的、民主的，而不是上级对下级的命令与强迫。

当然，除了真诚平等，也需要体现工作的高效。例如，把杂乱无章的信息分门别类，定期推出，就会收到相对较好的效果。

（三）构建关系，营造磁场

家校关系是循序渐进的，也是需要维持的。功夫在平时，不是出现班级突发事件时，才想到去联系家长。与家长的感情是靠平时日常点滴培养而累积的。例如接班初期，可以做一个详细的家庭调研，对家庭情况分类进行整理，有特殊情况的家庭就要在平日多加关注和关心。在平常交流当中让家长感受到教师的真诚和认真，家长就会亲近和信任教师，就会在家校沟通当中保持一种积极的态度，会积极主动地跟教师汇报孩子的情况，当孩子出现问题时，家长能给予积极的态度配合和支持教师解决问题。

在我的家校沟通合作当中，我就经常采取点面结合的方式去营造良好的家校合作磁场。在点上采取各个击破、个别交流，建立点状式互动模式，基本上每个家长都能成为自己的合作伙伴。我还尤其注重班级家校关系整体氛围的营造，在面上建立起网状式的合作模式。通过及时表扬积极优秀的家长，讲述温暖的家校合作故事，开展魅力家长评审活动，树立家长榜样，发挥引领示范作用。通过点面结合，形成立体式的家校合作，达成全员全程合作效果。

有了良好的家校合作磁场，形成家校共育的共识就有了集体舆论导向的作用。基本上班级就不会出现不太配合的家长。因为谁都不愿意被孤立，每个家长也不愿意看到因自己的不合作而影响孩子成长的局面出现。

（四）特殊情况，特殊处理

就算一个班级的家校合作氛围特别好，也难免会出现个别掉链子的情况。遇到个别家长不配合的时候，教师首先要保持冷静，切不可急躁，气急败坏，也不可先入为主，妄加推断。一个教师永远不要高估自己的实力，因为我们面对的是活生生的家长和学生。家长也好，学生也好，都是复杂立体的且动态性的。当个别家长不配合工作的时候，我们要保持冷静，理性从容地去面对，心平气和地去沟通。或许他们是因为家里有突发情况，或许是他们在工作中遇到了不开心的事情等等，如果遇到这些情况，教师不仅能够包容理解，还能够及时伸出援手，这就又成了家校深度合作的一个契机。

总之，家校关系简单却微妙，家校合作意义深远。教师要以真诚的态度与精湛的技术获得家长的信任与配合，如果遇到不配合的家长，教师也能够保持一份包容，用自己的耐心和责任感去打动家长，用集体舆论的氛围去引导家长，相信终会获得家长们的支持。

二、家长投诉科任，怎么办？

先看一个案例：

作为一名班主任，你接手目前的班级一年后，原来的数学老师休了产假，新学期换来一位年超五十，即将迎来退休生活的女教师来担任。原来的数学老师年轻、有活力、有方法，学生和家长都很喜欢。这学期开始不久，就陆续有家长向班主任投诉新的数学老师——教学方法老旧、普通话不标准、对学生太凶、班级学生成绩退步等问题，甚至还要组成家委联名上书学校要求更换老师。

你悄悄地找学生了解情况，发现学生反映的事情多少存在。于是，你尝试委婉主动和数学老师沟通。但数学老师也很苦恼，向你抱怨班级学生调皮，上数学课纪律不好，作业质量不高，家长挑剔等，还说自己教了一辈子书，普通话一直都这样，没听到哪一届学生有太大的意见，然后向你历数她曾经带过的优秀学生。

作为中间的班主任，你该如何化解这个矛盾呢？

班级作为一个学习、生活、成长的共同体，家长、科任老师、学生是三个重要的维度，各个层面的关系是否融洽，直接关系到一个班级的成长和发展。班主任是联系各种关系的纽带，是沟通各种关系的桥梁，是融洽各种关系的润滑剂。

遇到家长、学生投诉的事，班主任需要清醒认识，冷静分析，寻找策略，对症下药。就本案例，我认为可以从以下几个层面思考和解决。

（一）同理共情，做好三思考

第一问：家长为何投诉？

"教学方法老旧、普通话不标准、对学生太凶、班级学生成绩退步等问题，甚至还要组成家委联名上书学校要求更换老师。"从这些语言表述可以看出家长对这个数学老师的意见具体实在，主要涉及教学方法、教学技能、教学态度、教学成绩等方面。细细分析，恐怕教学态度和教学成绩是根本。

孩子的成长是一个慢过程，应该是一个综合素质逐步发展和提升的过程。可是，要让家长看到孩子在课堂上的隐性成长不是那么容易。尤其对一个刚接任的科任老师而言，家长很难全方位了解这个老师带给自己孩子的教育。此时家长了解这个科任老师主要有两种渠道：其一，成绩的进退；其二，自己孩子的陈述与反馈。本案例中，"教学方法老旧、普通话不标准、对学生太凶"这些信息的来源应该是学生回家对父母的陈述。成绩的进退是最显性的指标，也是大多数家长评判科任老师的最直接的标准。当一个家长看到自己孩子成绩退步时，肯定要找原因。于是，新的科任老师的教学方法、教学态度，就很容易成为家长分析原因的落脚点，而孩子的陈述与反馈直接影响了家长的态度和判断。恰逢一个孩子不适应新的科任老师，就难免有一些负面评价，也难免造成家长对新的老师的不满。于是，投诉或联名上书要求撤换就是他们对自己的利益的争取和保护。

第二问：学生为何不满？

从案例中可以看出新来的数学老师也教出了优秀的学生，按道理，作为老教师不缺经验，原来的学生也不会因他的普通话而嫌弃或投诉。那为何新接任的班级会出现家长、学生的不满和投诉呢？

"原来的数学老师年轻、有活力、有方法，学生和家长都很喜欢。"这可能是问题的症结所在。其中，"喜欢"是核心原因。爱上一个老师，喜欢他的教学风格和教学方式，已经形成一个良好的师生关系舒适圈。一旦中途撤换老师，就面临着师生关系的重新磨合。在磨合的过程当中，学生往往会带着挑剔的眼光，把新旧两位老师做对比。本案例中原来的老师年轻有活力，能跟他们玩到一块儿，聊到一块儿，没有代沟的沟通自然会更接地气儿，符合青少年学生的特点，能满足他们师生沟通的需要。正因为适应了这样的沟通模式，学生会先入为主地认为，这位即将退休的老教师与自己存在代沟，不愿接近或者不知如何沟通或走近。他们不明白每个老师的教学风格和性格特征不一样，自然就会呈现出不同的师生相处的模式，他们可能会把老师的严格当作"凶"。

第三问：数学老师为何苦恼？

不只学生怀旧念旧，老师也怀旧念旧。本案例中，这位数学老师带过不少优秀学生，应该也有不少师生情深的故事。遇到新的班级，她难免会将之与以前的学生进行对比。这一比较，让她心里也不平衡。所以，她会说，学生调皮，上数学课纪律不好，作业质量不高，家长挑剔等；还说自己教了一辈子书，普通话一直都这样，没听到哪一届学生有太大的意见。得到学生和家长的尊重和认可，是一个老师最大的幸福。我能理解这位老师的苦恼甚至委屈。作为一个老师，谁都渴望有和谐的课堂、和谐的师生关系、和谐的家校关系。对于即将退休的女教师，她更渴望有圆满的师生关系。可事实是上课纪律不好，作业质量不高，家长还挑剔，这难免会影响她的情绪和积极性。消极的情绪可能又反过来作用于课堂，这样学生与老师之间的沟通形成一个非良性循环，学生回家给父母的反馈也出现非良性，从而造成家长对这位老师有不满情绪。如此不良性循环关系，造成老师的苦闷。

（二）实况调研，落实三行动

在对事情进行多维思考之后，需要进行实况调研，作出合理规划，全面统筹协调，并在以下几个方面做好调解和补救工作。

行动一：做好深度沟通。

同理共情、从容淡定是处理本次事件的情绪准备，连续三问所带来的思考，能为后续深度沟通做好铺垫。在后续深度沟通中，更需要从家长、学生、科任老师三个层面展开，就各自的认知和意见，做好详细的调研并找出"意见"的本质原因所在，并就各自"意见"提出合理性的解释和建设性的意见。

例如学生层面，可以通过班会研讨、案例展示、故事解读的方式，让学生明白每个老师都有自己的教学风格，师生之间需要包容、接纳、理解、配合、适应。家长层面，让家长明白，中途接班师生之间需要一个磨合过程，由于教学方式和教学风格的差异，造成成绩的暂时波动是正常的；让家长明白孩子的成长是综合素质的提升，成绩只是一个显性指标之一，且成绩的取得是一个慢过程，好的师生关系是取得良好成绩的保证；让家长对新的数学老师树立信心，帮助孩子适应新的数学老师的教学风格，从而助力成绩的提升。科任老师层面，作为同事更应该站在理解和支持的层面，感谢她为班级的付出，理解她新接班的不容易，肯定她过去的成绩。最重要的是表明态度——自己是她的同盟军，会协助她一起更好地融入班级。当然，也要将所收集的家长和学生的意见委婉地告诉她，目的就是更好地开展工作，融洽关系。

行动二：做好活动融合。

没有活动就没有教育。在活动当中做好宣传，在活动当中融洽关系。在对三方做好深度沟通之后，可以开展一些融洽关系的活动。

例如，开一场班级生日会。生日会上邀请所有的科任老师都参加，并给孩子们送上生日祝福。数学老师作为科任老师之一参加并发言。此时，是"表白"班级的良好契机。感情真挚的发言会让学生多一种了解、多一分信任、多一分理解。

再如，开一场教育故事会。班会课上，邀请数学老师等几位科任老师讲述自己的教育故事。故事往往最能打动人，成长道理，师生情深，教育哲理，蕴于其中。数学老师能选择与目前班级相吻合的情境和案例来作为故事素材，从而展示自己对学生的帮助和扶持，自己的教育智慧和教育艺术，这一招甚能折服学生。当然要做好教师的宣传工作不是一两次活动就能达成的，日常生活当中点滴观察，放大亮点，处处宣传，仔细引导都是尤为重要的。同理，班主任也需要观察学生的亮点，引导学生上好课、做好作业等。

行动三：做好后续跟踪。

在前期沟通和后续活动中，师生的紧张关系会慢慢被打破、慢慢融化。后续阶段，尚需持续跟踪。与老师保持随时联系，多询问学生的作业上交情况，多询问家长孩子们回家的反馈，多问问学生的感受。在班级成长跟踪事宜上，写日志一直是我坚持的。日志是观察班级动态和学生思想成长动态的窗口，也是师生关系沟通的纽带和桥梁。邀请学生一起写日志是一个不错的选择。

综合本次事件，主要是关系到中途接班的一个师生关系破冰合作的过程。只要破冰有法、破冰得法，就能做到破冰、融冰。

成绩稳步提升，师生关系融洽，班级幸福成长自然是水到渠成的事，所谓的投诉、撤换也就只是一段小插曲罢了。

三、家长和学校互相指责，怎么办？

先看一个案例：

某家长的孩子在学校是个顽皮王，上课做小动作，与同桌讲话，下课与同学打架，作业常常不能按时完成，考试成绩自然也就常常是垫底。每次开家长会，该同学都是会上的反面典型，家长更是抬不起头来。老师多次严肃地对家长说："养不教，父之过。孩子在校表现、学习成绩都不好，家长应负主要责任。""老师教这样的学生真累，学校对这样的学生也不欢迎。"家长见学校、老师次次都拿自己孩子开刀，想来想去觉得自己无辜，于是决定反诉学校：孩子在校表现、学习成绩不好，学校老师不能把过错与责任都推到家长身上，我们家长把孩子送到学校，你们的责任在哪里？

针对以上案例，我们应如何做，才能既让家长配合学校，接受指导，又能让学生从中受到教育，收获成长与进步？

（一）家校隔阂，会让学校教育像纸做的房子

教育的效果取决于家庭和学校教育目标和教育过程的一致性。如果没有这种一致性，那么学校的教学和教育就会像纸做的房子一样塌下来。班级是一个以孩子为纽带，以培养孩子的成长为目的的共同体，需要学校与家长在培养目标和培养策略上达成共识，形成合力。就家校共育的目标而言，无论是家长还是老师，出发点应该都是为了孩子成长。

本案例中的家长和老师在"为了孩子好"这一点上应该是一致的。家长在多次感觉"抬不起头来"的情况之下，依然坚持开家长会；老师多次把孩子当反面案例，至少证明他是盯着孩子、没有放弃孩子的，这就是证明。

既然目标保持一致，为何沟通出了问题？家长为何反诉？我们可以从案例陈述中寻求答案。"养不教，父之过。孩子在校表现、学习成绩都不好，家长应负主要责任。""老师教这样的学生真累，学校对这样的学生也不欢迎。"这些话估计是已经"饱经折腾，用尽方法"而不见教育成效的老师说的"真话"。这些言语，措辞犀利，语气严厉，谁听了都不会舒服。"老师教这样的学生真累"明显是在抱怨，"学校对这样的学生也不欢迎"明显有嫌弃，"养不教，父之过"更是要命，这简直是赤裸裸的指责……这样一梳理下来，老师不仅在抱怨和指责，而且在推卸责任。这势必导致家长的不满，达成的效果与老师的初衷相背离。原因出在哪？出在教育过程中家校沟通环节——这位老师的措辞和语气让家长反感。第一次能理解，接连如此，自然就反抗了。

如果家校之间不是合作关系，而是对抗关系，那最大的受害者一定是孩子。如果家校出现敌对情绪，孩子的学校教育和教学效果就会像纸做的房子。

（二）家长与老师是"无为"还是"无法"

"我们家长把孩子送到学校，你们的责任在哪里？"这句话应该引起本案例中的老师的反思，也应该引起所有教师的反思。

是的，我们遇到的每一个家庭和每一个孩子都是我们无法选择的，我们要接纳每一个相遇的孩子，同时对培养孩子成长有一个正确的认知。我们或许不能培养出样样优秀的孩子，但我们是否反思——孩子在我们的手上是否变得一天比一天好？于我们教师而言，遇到"综合素质好，行为习惯好，学习能力强"的学生，是福气，没有遇到也不必强求。不管起点如何，"让学生变得更好"是我们应该追求的教育目标。"今天比昨天进步，明天比今天更好"，就足够了。

回到本案例中，我特别关注了"每次""多次"等字眼。在这里，家长和老师都要反思。既然是多次的沟通，为何孩子的表现没有进步？是家长和老师的"无法"还是"无为"？

在教育孩子的方法上，是否一成不变？是否对孩子有足够的了解？是否采取有针对性的教育措施？在对孩子的跟踪当中，是否用心用情？

孩子的心是最柔软的。哪怕是一块顽石，多次的触摸也会变得柔滑。或许他已慢慢改变，而老师的成见依旧？

我在设想，若是这位老师在第一次与家长沟通之后细心观察，及时反馈，拿着放大镜找孩子的优点，总能找出孩子的一点点闪光点。在第二次家长会上，老师就拿着这些闪光点去宣扬、去表扬、去激励，那会是一种怎样的效果？

在这位老师的眼里，孩子是"上课做小动作，与同桌讲话，下课与同学打架，作业常常不能按时完成，考试垫底"的顽皮王。何来优点？这样让人头疼的娃，如何爱？其实在每一位班主任的教育生活中都会遇到不少学生的问题。

我们需要知道"学生问题"和"问题学生"是两个不同的概念。本案例中，不管是家长还是老师，都应该去关注孩子行为背后的原因，了解他的心理需求。

（三）如何构建家校这座黄金桥梁

如何让家长愿意配合？

首先，不要对孩子和家长全盘否定。在我看来，无论对家长还是学生，赏识远比批评好。孩子有太多的缺点，可以跟家长反馈，但不要把孩子说得一无是处，一方面会让家长因为孩子不争气而懊恼，另一方面你会让家长对孩子失去信心。有几个"在家长会上抬不起头的"家长，开完家长会后在家里还会对孩子和风细雨？不发生狂风暴雨似的家庭打斗就算不错了。也难怪现在的学生很害怕开家长会。

其次，尽量避免在公共场合揭孩子的短。本案例中的老师，每次点名道姓地把学生做反面案例，确实失之偏颇。

第三，及时反馈沟通事情的进展。在与家长沟通的过程当中，孩子是否有变化、有成长，要与家长及时保持沟通和给予反馈，并对家长的配合和支持表达感谢。孩子的进步和成长，是家长配合学校工作的强大动力。

如何让孩子进步？

首先，研究孩子的兴趣爱好，发挥他的特长。一个孩子在某一方面获得成功和认可所带来的价值感和成就感，能促使他在另一方面变得更优秀。在我的班上，曾经有一个顽皮的孩子，不守纪律，不爱学习。我跟踪了一段时间发现，不管是上课还是下课，他总是拿着一个魔方不停地玩。我就在班级社团当中单独设立一个魔方社，让他当社长。还专门给他一节班会课，让他当小老师，教同学们玩魔方。在家长的鼓励和支持下，这个孩子还参加了国际魔方比赛并获得不错的成绩。价值感和成就感让这个孩子慢慢沉静下来，变得越来越懂事、专注、优秀。

其次，采取多元评价机制。每一个孩子都是独一无二的，成绩只是孩子进步和成长的一个显性标志而已。在班级开设各种社团，开展各种活动，让学生在活动和社团中彰显能力，张扬个性。平时"一无是处"的孩子，身上掩藏着许多发光的东西，需要我们老师去发现、去发掘。

再者，发挥同伴的引领和示范。舆论监督和导向是一种很好的教育方式。教会学生"学会接纳同伴，愿意帮助同伴"，让优秀生明白"一个人的优秀不仅仅是自己优秀，还会让身边的人变得优秀"。有了良好的成长氛围，班级里面的个别差生也会慢慢变好。

总之，孩子出现问题，若是家校相互踢皮球，势必造成家校隔阂，对孩子不利。所以，不应双方推卸责任，而应心平气和，共商对策。老师要学会抓住家长这条家校沟通的黄金桥梁，家长要紧密配合老师寻求对策，目标一致，步伐一致，齐心协力地助力孩子往好的方向发展。

第六章
班级幸福共同体的经营机制

第一节　方阵管理

一、班级共同体的整体框架

班级共同体整体框架由导师团、行政小组长团、组员团、家长团、班主任等组成，他们共同建立起一张积极的、相互依存的正向关系网。见图6-1。

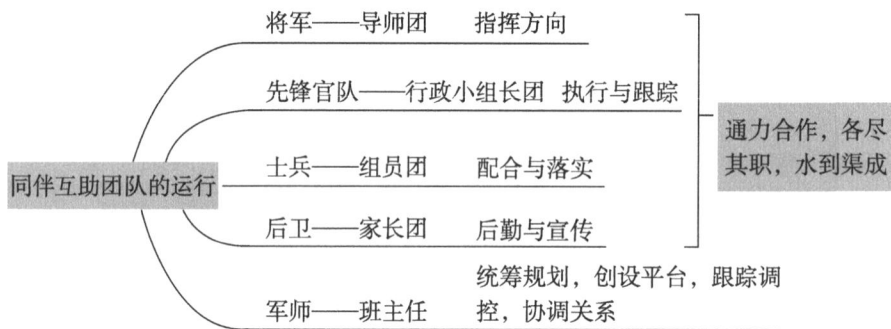

图6-1　班级共同体的整体框架图

近几年，我带高三毕业班时，常常把高考比作一场战役。在学习共同体四种团队角色中，导师团由科任老师担任，我把导师团比作将军团，他们负责前方指挥，管理战队；把行政小组长团比作先锋官队，他们负责执行任务，冲锋陷阵；把组员团称为士兵团，他们负责配合作战，落实任务；把家长团称为后卫队，他们负责后勤服务，做好保障。班主任的角色就是军师，其主要任务是统筹规划、创设平台、跟踪调控、协调关系。在整个团队运作过程当中，我想方设法，用心用情，动脑动手，让各个团队各尽其职、通力合作，让班级良性运转。在德育管理能卓有成效的同时，让成绩的提升也水到渠成。各团队由我统一指挥调配。我以家长群、科任群、学生群为指挥阵地，发布指令，推进过程，跟踪效果。每周六晚，我会公布"班级本周观察"小结；每周一上午，我会发布"本周任务指南"。

家长共同体构建当中，我们要做家长眼中有气场、有自信、有智慧、有爱心，能带给他人幸福感的班主任。在策略上，要开好第一次家长会，写好第一份家校联系单，做好第一次单独沟通和班级情况汇报。要让教育效果看得见：包括孩子的笑容多了、心情好了、心地宽了、孝顺多了、成绩进步了；沟通形式可以多样化，例如制作家校联系单、召开家校沟通分享会、举办家长大讲堂等。要跟踪个案，让孩子成长、家庭成长效果可见。

建设科任团队，主要是尊重、信任科任老师，大力宣扬他们的优秀事迹，树立他们的威望，与他们及时沟通，与他们一起部署班级工作。

在班级共同体各团队要素中，重点抓好生生共同体的构建和运行。

二、小组构成

关于生生共同体的构建，我从准备工作、具体分组、小组形式三方面来解读。

（一）充分调研，算出学生综合得分

在组建学生共同体时，我主要考虑学生自评与愿望、家长介绍与评价、同伴互评、教师综合考核与估量等要素。主要从以下几个方面做好准备工作：第一，根据学生性别、性格、兴趣、特长、能力、成绩等元素，让学生自评和互

评；第二，根据职业、兴趣、家庭目标、我眼里的孩子等元素，做好家庭调查；第三，为每个孩子建立一个跟踪档案，在对他们都有了充分观察、跟踪之后，在着手正式分组前，我会根据前期的资料分析，结合学生性格、家庭、能力等元素，给每个学生评出一个非学科类的分数，非学科类分数与学科类分数相加，得出学生的综合分。

（二）根据综合得分，具体分组

在算出综合分之后，我根据"高低搭配，强弱互补"的原则进行分组。比如，我们班总共 36 个学生，第一个小组选择了综合分排名第一的学生，这个小组就需要组合综合分排名第 36 位的学生，第二个小组选择了综合分排名第二的学生，这个小组就需要组合综合分排名第 35 位的学生，依此类推。这样的组合，可以做到各组综合分均衡，既考虑到学习等智力因素，又考虑到性格等非智力因素，可以在小组合作中避免某个组过于热门或冷场的现象。具体见表 6-1 分组示例。

表 6-1　分组示例

一组	二组	三组	四组	五组	六组
1	2	3	4	5	6
12	11	10	9	8	7
13	14	15	16	17	18
24	23	22	21	20	19
25	26	27	28	29	30
36	35	34	33	32	31

（备注：分组按成绩类与非成绩类相加得出的综合分为依据）

小组组合绝对不是简单的组员相加，而是各方面元素的综合相融与互补。

学习共同体正式运作前，我重点做好两件事：第一，给全班解读各个小组、各个组员的优势和不足，解释小组组合的理由。第二，举办一个隆重的启动仪式。在启动仪式上，我除了邀请科任导师团、家长导师团，还会邀请兄弟班级的学生和老师。启动仪式场面宏大，并且全程录像。这样做的目的是为了营造一种仪式感，因为仪式感能给后期共同体运行带来正向的推动作用。

（三）小组形式

我们班的生生共同体分常规小组和非常规小组，采取综合分分出来的组称为常规小组。常规小组由行政小组长、单科小组长、下组班干、家长导师、科任导师组成。常规小组主要是开展组内交流活动，是小组活动的大本营。

除了常规小组，还包含非常规小组、学科核心组和各种圈文化组。

非常规小组，主要是开展组与组之间的交流活动。学科核心组由科代表和各单科小组长构成。圈文化组包含书法圈、写作圈、阅读圈、摄影圈、文艺圈、英语角等。发展班级圈文化是一件很有意义的事，可以培养学生的专长，激发学生的课外兴趣，也可以让学生走出小组的小圈子，实现组与组之间的交流和互动，良好的圈文化成为小组之间沟通和交往的有效媒介。例如，我在班里设置了一个书法圈，这个圈内成员由每个小组的书法爱好者组成，大家在一起相互切磋交流，并定期推出书法圈成员作品展。这不仅有助于他们自己进步，还可以带动全班养成良好的书写习惯。

中心组或专家组的组建也是一种可以尝试的非常规团队。在我们班，有一个由科代表为组长，各小组的单科小组长为组员的学科中心组，他们会定期开会，由各单科小组长收集组内学科学习情况，再由科代表牵头，研究班级各学科的共性和弱点，再跟科任老师反馈，研究和调整下一阶段班级学科教学内容，这是我们班学科教学的亮点，也是学习成绩靠前的重要因素。

以上对班级生生共同体的框架构成的解读见图 6-2。

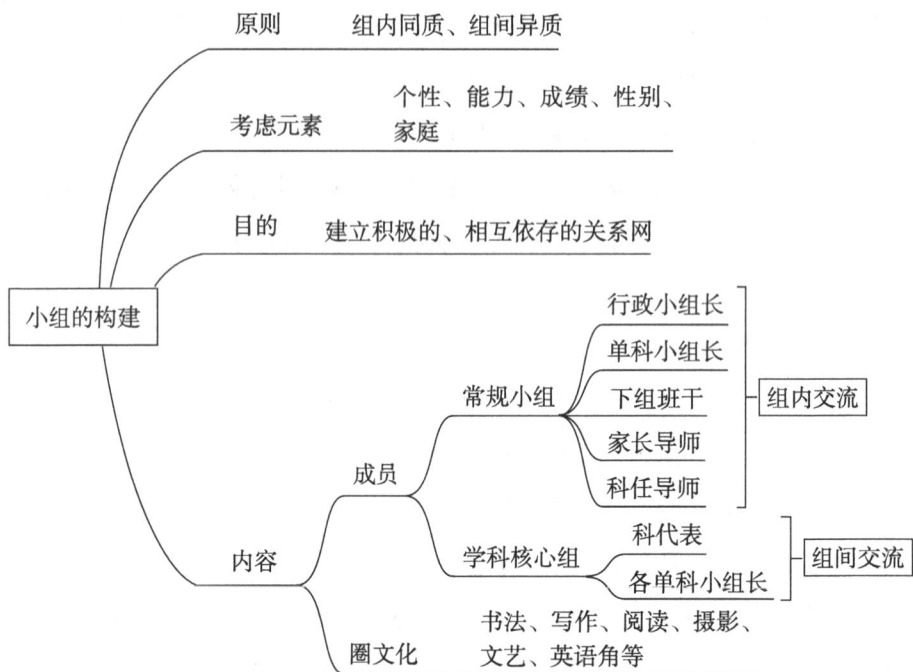

图 6-2　生生共同体构建框架图

班级成长共同体搭建好后，我尽量让家长导师团队、科任导师团队、学生团队进行自主管理，我是"幕后"的设计者、调控者、推动者和跟踪者。

第二节　云管理

一个富有生命力的班集体，首先需要在组织机制层面有合理的架构，主要是从以下几个方面来建立班级的内部组织机制。

一、建立云组织

通常意义上有家长群、学生群、科任群三种云组织。所谓云组织，就是以线上联系的方式建立学生、家长、科任团队。建立云组织容易，管理并发挥云组织的积极作用不是一件容易的事。目前，很多班级云组织基本成了信息的转发站，没有温度，也没有能量。管理不好，还成了吐槽或者泄愤的地方。网络上，流传一些家校群的负面报道。若是云组织无序，会给教师带来巨大压力，让教师背负心理包袱。那么，怎么管理好班级的云组织呢？

二、取一个群名

要真正激活云组织，使之成为班级管理和成长的"后援团"，单靠规矩，未免显得有些冰冷。要让云组织成为一个温暖的"云空间"，就需要"暖群"的技术，为班级取一个有特色又温暖的群名是不错的选择。例如，我现在的家长群被命名为"不二家家长团"，相比于"高一（1）班家长群"，它更有个性、更有温度。这个命名，说起来挺有趣的。这个班，是在我高二分班的时候中途接手的班级。作为新组建的班，为了快速拉近学生与我的距离，我在见面会上特别为学生们准备了不二家的棒棒糖，把棒棒糖的含义说给学生们听，告诉学生新班级就是你的不二选择，让新生既来之，则安之。学生们一边吃着棒棒糖，一边聊聊天，迅速就热闹起来了。我趁热打铁，问学生："为方便大家线上联络，咱们班需要建立一个班群，大家看看，咱班班群起一个什么好听的名字呀？""就叫不二家！"其他同学也纷纷响应。班群名就这样决定了。放学后我叮嘱学生们，记得把家长都请进家长群。晚上，一家长在群里留言："杨老师，孩子回家跟我分享今天班会课的情况，还说您给他们准备了棒棒糖，建议咱们这个家长群也叫不二家家长团吧。"其他家长也纷纷跟帖，不二家家长团就应运而生。目前，这个家长团运行了三年，没有出现任何不和谐的音符，互动多，充满了温情和力量。

与家长团一样，班级科任群也可以取一个特色的群名。例如，为响应全员育人的号召，高一建班时，我把科任群改成"班级建设指挥部"，邀请全部科任教师参与班级建设，班级的重大决策、班级发展愿景、班级发展规划都通过班级指挥中心一起商定通过；高三时，是高考冲刺的关键时期，我把科任群改为"高考备考指挥中心"，大家通过班群沟通班务，决定备考策略。我在群里对科任老师的称呼是"战友们"，一方面提醒大家，高三是备考的关键期，需要打硬仗、会作战；另一方面，提醒我们彼此处在同一个战壕，是亲密的战友，在情感上也就亲近了许多。

除了常规的科任群、学生群、家长群外，班上特别建立了特色小组云组织，每个小组以"小组名＋云端之家"命名。我推行的是班级幸福共同体班级模式，全班采取方阵管理模式，以小分队的方式推进学习和生活。为了加强联系，每个小组组建一个线上组织。每个组织成员包括每个小分队的学生、家长及科任导师，作为班主任，我进驻了每个小组，便于掌握每个云组织的动态，也协助各小组开展和推进工作。为了发布任务指令、推进小组工作，我设立一个云端指挥中心，由我以及6个小分队长组成。每次任务由指挥中心发布，再由各个小组长转发到云组织。云端组织对线上工作的开展，尤其是周末或寒暑假的班级管理意义非凡。在疫情期间，云组织的有序管理，为网课期间的工作赋能、提质、增效。

三、制定五条家长群群规

云组织主要用来线上交流，方便沟通，包括传达信息、交流互动等，因而讲究用语文明，沟通简洁。作为班主任，在建立云组织的前期，可以做一些培训，或者推送一些线上组织的运作规则给相应的成员。在此基础上，与家长、学生、科任等相关成员一起制定群规，约定交流规则，并定好相应责罚措施。比如，不得在群里转发或散布负面信息，不准在群里表达过于偏激的言辞，等等。

要让班级云组织有序地运转，需要遵循一定的网络交流原则和共同认可的群规。没有规矩不成方圆，云组织的管理比实体管理更需要制度来约束，需要教师下功夫，与云组织成员共同制定群规，以便让云组织有序运行。

建立云组织前，教师需跟家长等相应群体解读云组织建立的意义和作用；明确云组织属于团队相处的模式，既然是团队，就要遵守团队的运作规则。新班建立之初，教师可以通过旁敲侧击和察言观色，在家长和学生团队里寻找有号召力和热心肠的成员，组成云组织的临时管理者，并且作为成员代表，与教师一道制定云组织的运营规则的初稿，再在群里一致投票通过。因为班级云组织成员相对简单，在共同的班级愿景和发展目标指引下，大家能较快地达成共识。例如，可以制定如下家长群群规：

1. 明确组群成员。本群为高一（×）班全体家长群。成员由班主任、科任教师和家长组成。其中每个家庭由学生父母或其他监护人参加。

2. 明确建群目的。本群为家校线上沟通组织。建群目的是家校联手为孩子打造一个良好的成长环境。其作用有三：教师为各位家长播报班级动态，以及交流相关信息；各位家长在群里交流教育经验，互帮互助；收集相关资料和信息，为班级发展提供针对性的信息依据，共同决策班级发展方向和商议班级活动开展事宜等。

3. 文明群用语。班级群是公共场合，全体群成员在群里的发言要特别注意场合、掌握分寸，注意文明用语，维护良好的沟通氛围。

4. 清楚群内容。其一，网络空间信息繁杂，请做到不随意转发未经证实的消息，不转发不健康信息。其二，为了保障孩子们的个人隐私以及信息安全，如无特殊情况请不要在群里讨论孩子的个人问题。咨询、请假等私事请单独跟老师电话或短信联系。其三，群内不得发任何与班级或孩子教育无关的信息，如广告、股票等。

5. 传递群能量。其一，传播正能量。可转发分享利于班级发展的新闻动态、分享榜样人物事迹、分享成功家庭教育经验及做法。其二，拒绝负能量。为了有效沟通，避免误解，如果您对学校或班级的工作存在不同见解，请家长与老师或学校相关部门私下交流，达成共识，不要在群里争论。其三，拒绝刷屏。为保证全体家长不错过重要信息，老师发布的信息如无特别注明需要回复，可不必回复。拒绝恭维式刷屏等。

特别提示：教师职业具有特殊性，上课、备课、开会等都有可能导致不能及时回复群内信息。如有紧急情况要与老师沟通，请不要依赖群，可直接打电话给老师。

四、坚守六条原则

班级云组织是一把双刃剑，能够方便家校沟通，提高家校双向互动的频率，为家校沟通加速，但若云组织经营不当，也会给教师增加烦恼，甚至造成困扰。例如，有些家长动不动就在家校群长篇大论；有家长随意在群里吐槽，甚至指责教师和学校的不当做法；有家长在群里任意炫孩子；有家长在群里三五成群聊起了家常；等等。这些不好的现象都会影响班级云组织发挥正常的能量。一个好的云组织，应该是既能互动流畅、不会冷场，又能充满能量、沟通高效。那么如何建设一个好的云组织呢？除了必要的硬性群规和温馨提示外，还需要坚持以下六条原则：

1. 平等的原则

班级微信群的成员，无非是这个班级的老师和全体学生的家长，每一个群成员都是平等的。在群里面，没有上下级关系，没有管理与被管理的关系，也没有服务与被服务的关系，大家地位平等，目标一致，都是为了把孩子教育好。

大人相处的原则和处事的方式应该以大人的视角和思维来进行。教师和家长双方都要有一个身份意识和边界意识。教师要明白一个道理：教师不是家长的管理者，交流的时候需要平等有礼，不能高高在上，发号施令，甚至说踢谁就踢谁。

同理，家长也不能把教师看成服务人员，觉得自己孩子花钱上学，教师服务就是理所当然。不管家长的背景有多大，能力有多强，也不能对教师颐指气使，或者动不动就指责甚至在群里挑衅责难。

2. 平和的原则

成人的世界难免有时一地鸡毛。不管是教师还是家长，在生活中遇到不如意的事情，容易把情绪带到工作中。教师在群里交流的时候，要保持清醒、冷静、客观，不管是发布通知还是通报情况，都需要斟酌语言，用词准确、恰当，态度温和，情绪平稳，尤其不说不文明或过激的话。文明，是做人的基本素质，在班级群里更应该遵守。在教育孩子的过程中，老师和家长可能存在意见分歧，甚至会产生误会；看待问题，会出现视角差异，都是正常现象。出现误会时，需要心平气和地讨论，少一些情绪化的表达。

无论是教师还是家长，大家始终要记住云组织建设的初衷是共同助力孩子健康成长。所以，大人们更应该做表率。如果自己先沉不住气，如何教育好孩子？曾经有家长在班级群里辱骂老师，最终被警方处罚的新闻见诸报端，这样的事情最终会两败俱伤。

3. 简洁的原则

云上沟通，靠的是文字。文字的表达是一门艺术，首要原则是能让家长准确理解教师传达的意思，还能理解教师表达的意图。如果能通过文字，让家长体会到文字背后教师的智慧和爱心，这样的文字就具有交流的温度，化作家校共育的力量。所以，在文字交流的时候，要做到多用陈述句，语言简洁，逻辑清晰。

笔者就遇到过这样一个案例。曾经有一位老师跟我吐苦水，自己的家长群"一潭死水"，无论教师发送什么信息，如播报班级动态，家长都毫无反应，如果自己稍有不慎，还会有家长在群里"挑刺"。这位老师在跟我讲述的时候，满心委屈，而我还听出了"满腹牢骚"。其实，很能理解，自己全情投入班级管理，用心用情，可是在家长群里却得不到认可甚至回应。遇到谁，心里都有几分不爽。后来，我让他截图他的家长群对话给我看，满屏的信息，每条信息后都有三个大大的"感叹号"。我这个外人一看，都有一种强烈的压迫感，更何况当事的家长们。后来，我建议他在发布班级信息时，多用陈述的语气，除了表示特别赞美，尽量避免使用感叹号。因为，很多时候，感叹号在家长看来就表示命令。

4. 纯粹的原则

班级云组织，主要是用来家校沟通。主要话题要聚焦班级信息和班级发展，要避免交流与班级无关的事情，保持群里内容的纯洁性。班级云组织的重要性，使得家长们必须随时关注，及时收看群里的每一条消息。如果有人像在其他群一样，随便发一些广告、心灵鸡汤等内容，甚至在里面闲聊，就会浪费大家宝贵的时间。为保证云组织的纯粹性，首先，要跟家长们阐明教师的带班愿景，在大目标的背景下，解读云组织的运营目的。其次，可以在班里成立家长纠察队，由一些有影响力和号召力，充满正气的家长组成。一旦出现不好的现象，由他们出面制止，比教师出面效果更好。

5. 尊重的原则

尊重是任何团队得以正常发展的前提，云组织也一样。班群属于公共场合，个别问题可以私聊，不宜把公开的内容展现给所有人看。学生的成绩和表现，都属于个人隐私，不宜在班群公布成绩，也不能把学生的"不良表现"随意发布在班群。有些老师喜欢"杀鸡吓猴"，期待能"杀一儆百"，殊不知，一旦教师在群里公开某位学生的不良表现，无论是对当事者学生本人还是对当事人的家长，都是一种伤害，还有可能让家长觉得"你是一位过于严苛、没有包容度"，甚至"小题大做"的教师。近些年，就发生过一位老师把班里的成绩发到了微信群，引发了某些成绩不好的学生家长不满，要求当事老师登门道歉的事情。当然，不是不可以在群里指出问题，但指出问题的根本目的是解决问题。在班里出现问题后，教师要在尊重当事人的基础上，做好沟通，对事不对人，就现象谈方法，与家长、学生沟通、协商问题的解决方案。

6. 适度的原则

无论是教师还是家长，除了经营云组织，还有各自的本职工作。在云组织的运行过程中，需要适度、有序。有些教师，语言啰唆，信息零散，时不时在群里"蹦跶"，更有甚者，想起啥就扔进去几句话，让家长们"头昏脑涨"还"不得要领"。所以，云组织的运行需要掌握火候、松弛有度。除非紧急通知，不得已需要临时加送消息，其余事情可以安排在固定的时间段。例如，笔者的班级就开设了班级新闻专栏，专门在早、中、晚三个时间段，以图文并茂的方式给家长通报班级动态。一方面，能让家长们了解班级一日生活，看到班级的生活场景，了解班级的学习和生活情况；另一方面，又不会造成困扰。到点了，有时间的就去群里看看班级新闻，没有时间，也不着急，闲了再看。这样的固定新闻播报保证了云组织的联系和温度。

第三节　班干管理

班干部是班主任管理班级的助手，其素质直接关系到班级整体秩序和氛围，也关乎一个班的向心力和凝聚力。建立一支具有战斗力的班干部队伍是班级建设的重要一环。多年的班级管理实践中，我尤其重视班干部队伍的组建与培养，重点把关班干部的换届选举工作。通过竞争机制和评价体系来选拔和完善班干部队伍，从而激发班干部队伍的活力，产生工作的内驱力，形成班级管理的合力，达成班级管理的目标。

一、选举前准备

（一）点燃一把火

班主任在选举前要学会造势，解释自己的教育理念、带班原则、用人标准。

得力的班干部对一个班级来说，至关重要。要选出得力肯干的班干部，在选拔前，班主任要深度造势，着力蓄势。落脚在几个点上：一是班主任的底气和霸气，给予学生参选和当好班干部的信心和底气，若是班主任自身都不能展示一个自信的形象，学生何来支撑和信任的力量？二是班级的美好愿景。在班干部评聘前，要以班会的形式和全班学生共同沟通、展望新班级的美好愿景，以此激发学生对新班级的期待和参选兴趣。三是大力宣传班干部的使命意识和身份意识，班干部不仅是服务岗位，也是领导岗位，能培养锻炼、协调、沟通、组织、管理等多种能力，并且重点解释班干部与学习是可以平衡，甚至可以互相促进的，在此基础上，如果再加上两把"尚方宝剑"，就更是"添了一把火"。一把是"保驾护航剑"，班主任答应学生做他们的陪伴者和引领者，在班级管理的方向上会掌舵护航，给予参选者的信心；一把是"兜底善后剑"，鼓励学生大胆放心参选，放手管理，班主任会为疑难杂症兜底善后，给予班干部参选和管理的底气。

除此之外，班主任要给全班同学讲清自己的用人标准。人人参选，人人设岗，这样在全班层面就有一个全面、全程、全员的深度席卷，这对于一个新组建的班级来说，本身就是一次很好的深入调动，对后期工作的开展也是有利的。

（二）破好一次冰

在深度蓄势和全面调动的前提下，为保障班干部选评工作的顺利推进和合理选举，有必要给全班学生来一次深度破冰活动。破冰的目的有二：一方面可以让参选的同学有机会展示自己的才华，打下一定的选民基础；另一方面可以让选民更加清楚和熟悉即将参选的同学，这样选拔出来的班干部会更合理。破冰可以通过自我介绍、个人名片展示、才艺展示、班级活动等形式来开展，以个性名片为例：写上名字、座右铭、兴趣、爱好、特长。至于材质、形状、字体大小，可由学生自由发挥，既可以体现学生创意，又能增进对彼此的了解，为选举做好准备。我在多年的带班中，有一项常规的破冰活动，就是"杨家将点将台"。在参选前，利用一节班会，专门破冰。其中一个重要环节就是"点将环节"。"杨家将"是往届学生对我所带的学生的总称，这个称谓饱含情感又满是骄傲。每接任一个新班级，我都会声情并茂地给学生讲述杨家将的历史及学长们对这一称谓的情感。这本身就是一种情感的渲染和破冰，会很容易拉近学生与我之间的情感交流，也迅速拉近学生之间的关系。讲完故事后，我会在黑板上一笔一画地写下"欢迎又一批杨家将隆重登场"。接着，就是我的"点将环节"。按照新拿到的花名册顺序，学生逐个走上讲台，由我致欢迎词，然后学生自我介绍，接着师生握手，合影留念。上台、展示、交流、握手、合影这一系列的流程，既是用仪式感增加每一个学生的归属感，又是观察和考查学生的契机，还能增进师生、生生之间的情感流动，可谓一举多得。

（三）做好一份宣传

有了前期的铺垫，班干部选拔工作已经有了初步的氛围。但是学生当不当班干部，有时他自己说了不算，还得需要家长的支持，因而有必要在班干部竞选工作前开好家长会，做好选举宣传工作。目前，有些家长认为当选班干部会影响孩子学习，比如学习时间减少、学习精力不够等。为了打消家长的疑虑，同样需要给家长们宣讲班干部工作对孩子的成长意义和班级发展的重要性。我在召开家长会时，会安排一个特色项目，邀请往届一至两个学生和家长来做客现场，现场说法是最有说服力的。如果能让学长们回来给学弟学妹们当导师，结成一对一的成长模式，那自然诱惑力更大了，此招一出，基本就打消了家长们的疑虑和隐忧。

（四）做好一份岗位表

排除了各种阻力，就可以进入具体实操阶段了。首先要设定一份岗位表。岗位怎么设置？其一，可以由班主任直接设定官方版。按照传统的班干职位，设好岗，让学生从中选职位，准备参选。其二，可以收集学生意见，按照班级客观情况，按需设岗，形成职位民间版，这样的岗位设置往往更有意思，也更有意义。其三，还可以让学生根据自己的特长，为自己定制岗位，形成职位定制版。例如，笔者在带班过程中，三种方法都用过，效果都不错。例如，在2021届的时候，我曾经开过一节"岗位定制"主题班会，让全班学生在黑板上写下自己的定制岗位。例如，有孩子认为自己细心，可以管好班级的电灯、投影仪等，就定制"环卫小卫士"一职；有学生认为自己爱阅读，可以管好班级图书的同时带领同学们阅读，于是定制"阅读使者"一职等。全班同学摩拳擦掌，气氛热烈，大家都有了自己的自留地，又都在为班级的责任田尽心尽力。这样的岗位定制活动，既能大大活跃班级气氛，又能为班级工作的精细化开展奠定基础。当然，在岗位定制后，班主任需要带领全班同学分析每一个岗位的可行性，再做增补取舍等，以求整个班级的岗位设置合理、科学、全面、到位。

（五）做好一份招募

设置好岗位后，就需要准备岗位评聘的演讲工作了。为增强每一个竞选学生的责任感，给予竞聘大会以满满的仪式感很有必要。其中有一个必备项目是让参选者准备一份精彩的演讲稿。会前，教师指导学生从"我是谁、我想担任的岗位、我的工作规划"三个方面写好演讲稿。一份好的演讲稿，一方面增强了演讲者的信心，一方面也有助于提高竞选会的质量。所以，班主任要在会前精心指导学生。例如，给学生推荐一些优秀的竞选演讲稿或者视频，培训和指导学生一定的演讲技巧，等等。对演讲稿的内容，也要逐字把关，把好文稿的质量关，更需把好价值观和情感关。有些演讲稿要反复打磨，信心不足的竞选者要提前在班主任面前试讲等。

通过前面几个环节的造势、蓄势，加上广泛宣传、科学发动、耐心指导、做足准备，新一轮班干部的竞聘工作才能顺利进行。选出来的班干部也会乘势而上，更有责任心和使命感。

二、选举过程妙招

（一）四原则：公开、公正、严肃、严谨

选举过程直接反映班主任的做事风格和班级精神，要尤其慎重，不能马虎。班主任强调纪律和选票的神圣，要求全体学生严肃对待选举，高度重视，不可儿戏。选票不得更改，并采取现场投票、唱票、记录等。为保证选举的顺利进行，要坚持四条原则。

1. 坚持公开的原则

在整个班干部的竞选过程中，要保证程序透明化、过程有序化。在竞选的每一个环节，让学生感受到公开，才会觉得公平。为保证公平性和公开化，可

在竞选前就组建一个"班干部竞选纠察队"。在班级里，通过自荐和他荐相结合的方式，选举一些有正气、负责任的学生担任成员，如果能邀请几个科任老师和家长一起来担任纠察成员则更好。在家校、师生多重保障和监督下，竞选大会的仪式感更足，学生的认同感更强，班干部竞选程序的可信度更高。

2. 秉承公正的原则

有了纠察队保障整个过程的公正、透明，也就有了竞选的公平保障。但在班干部竞选的工作中，更大的公平性应该体现在"人人有资格"的层面上。以往，很多班干部的竞选都是一些胆儿大、能说会道的学生登场表演，竞选会成为部分学生的秀场。更多的学生是陪衬，整个会议下来，很多学生会有鲁迅笔下的"热闹是他们的，我什么都没有"的落寞。还有，很多竞聘会只选择部分学生担任评审委员会，难以避免部分评委的个人偏好，减少客观性和公平性。所以，应该让全班学生担任评委。也就是说，班干部竞选工作的公平性应该除了体现竞选过程的公开透明，更应该体现在让全班学生参与竞选和打分。这样，才能体现"班级是人人的"大班级观。当然，有部分老师会质疑学生的能力不能胜任班干部。这就回到我前面部分说的，按需设岗，按能设岗，为每个学生提供其适合的岗位才是最重要的。正如让一个成绩不好的学生担任学习委员可能不合适，但他有责任心，却能干好班级劳动委员这个工作。

3. 遵循严肃的原则

班级管理无小事，把每一个教育的细节做好，才能成就教育的大精彩。班干部竞选，是班级管理工作开展的重要一环，事关整个班级的发展。在班干部竞选工作中，班主任一定要严肃对待。学生有灵敏的观察力和敏感度，教师的丝毫忽悠或懈怠，都会被学生捕捉并记住。教师的威信就是在一言一行中树立，教师的形象就是在点滴间塑造。在班干部选举工作中，每一个环节班主任都需严肃认真对待，从宣传发动，到流程解读，每个步骤都需要把关、跟进、参与、协调，以自己的全情全程的严肃认真为学生示范。

4．坚持严谨的原则

一个做事严谨的班主任往往能赢得学生和家长的好感和尊重。严谨的工作作风也能为工作提质增效，让工作事半功倍。班干部选举过程的严谨，体现在每个环节的布局、设计、推进、完成。在整个过程中，通过仪式感等呈现班主任严谨的工作态度。同时，严谨的流程也会增加学生对选举工作的重视度，激发参与选举的积极性。

（二）具体流程

1．一份会议流程

为避免过程混乱，保证选举会议的有序开展，增强会议的效果，班主任要在部分家长、学生的支持下，制定详细的选举议程，明确具体负责人及需要注意的事项。只有提前设计会议流程，预设会议进程，预计可能遇到的困局等，才能做到未雨绸缪、临场应变；同时，设计每一项任务的负责人，责任到人，才能有序地推进。

2．一份评分表

前面已经提到，班干部选举是班级的家务事，班级每个学生有参与选举权和被选举权。在设置评委时，可以全员参与，保证选民的全面性和广泛性，保障结果的公平性和科学性。为保障全员担任评委，提前设置一张评分表，包含竞选者、竞选岗位、演讲效果等几个维度。评分结束后，由评选纠察队成员统一回收、计分等。

3．一份参选票

为增强仪式感，在班干部竞选时，提前为每个选手定制一张参选票，相当于一张入场券，上面设计参选者、参选职位、参选格言等。这张入场券会带给选手神圣感，在上台前，选手先亮出自己的参选票，进行简单的自我介绍等，然后开始竞岗演讲。

4．一份聘书

一边是热烈有序的竞岗演讲，一边是紧锣密鼓的计分、总分。为保证竞选会的一气呵成，整个竞聘会最好能有充足的时间，最好能一次性完成，并且能当众出结果。班主任提前设计好一份聘书，写好相应的班级职位，只留着姓名一栏，在结果评出后，能快速高效地完成聘书的拟写，并且现场发放聘书，提高竞选工作的高效性。

5．一份协议

为督促当选的学生有责任感地为班级服务，在发放聘书的同时，还需要签署一份协议。签约人是当选者、全班学生、班主任。班主任承诺帮助和指导当选者当好班干部，负责指导和培训工作，负责引领和指导其成长；当选者承诺尽心尽力，站好岗，为班级做好服务，为同学做好表率；全班同学承诺，既然是民主选举，在后期要配合班干部工作，并做好监督工作，共同助力班级的成长。

通过制定详细具体的会议流程及相应项目的评分表格，能引起学生对选举的重视，体现选举的公平公正。通过制作选票、聘书、签订协议，体现选举者和被选举者之间的信任和契约，为后续班干部开展工作打好基础。

选拔过程要公开化、透明化，从而体现公平、公正和选举过程的秩序化。通过制作选票、聘书、协议书等体现选举工作的仪式感，用仪式感来增强班干选举的重要性。

三、构建金字塔团队框架

如果要提高班级管理的效率，就得在组织运作模式上进行改制。这让我想起了动车与绿皮火车的区别。绿皮火车为什么速度没有高铁快，就是因为绿皮火车的动力在车头上，车头带着后面几十节车厢在跑。而高铁是每节车厢都有动力，所以整体速度就快了。由此联想到我们的班级管理，如果一个班级只靠着班主任在硬撑着，肯定整体的管理就会出现各种各样的问题。所以，班主任需要调动团队中每个成员的力量，每个人都主动积极地去工作，才能让各项工作顺畅起来。在班级运作模式中，采取动车管理模式，打造一节节车厢，发挥每一节车厢的运行作用，最终形成加速度。

建好核心团队。班级管理中，需要有核心团队，主要用来集体决策、商议、领导班级的发展。在我的班级中，班级学生核心团队实行的是"两长六部六组"模式。班干部含有两名班长、六名部长、六名组长，他们组成班级核心成员组。班长负责班级事务的全面统筹，六名部长分别是学习部长、环卫部长、纪律部长、体卫部长、活动部长、班史部长，分别承担班级学习、卫生、纪律、体育、班级活动、班级档案的管理工作，六个组长分别负责一个学习小组的管理工作。

建立导师团。在班级管理中引入导师制，既能提高班级的管理效率，又可减轻班主任的负担。这种带班思路跟当前倡导的全员德育一脉相承。以笔者所带的高中班级为例，若是在高三，可以以高考科目为单位，把班级分成六个小分队，并给每个小分队配备一名成长导师。成长导师负责跟踪各个小分队的全面成长。这样，科任老师就有别于过去的单纯的学科教师，除了自己的学科教学，还需要协助班主任管理班级。其主要有三种身份：一是班级学科教师，负责整个班级的学科教学，对班级教学质量负责；二是小分队导师，负责小分队成员的全面发展、思想动态；三是班级发展的参与者、设计者和执行者，真正成为班级成长的核心领导成员。在此模式下，班级真正成为所有科任教师的共同体。为让导师制合理、有序、高效推进，在配备导师的时候，需要坚持以下原则：

其一，实行师生双选制。在根据性格、学科成绩、性别等组建好小分队后，各成员自行选择自己想跟随的学科导师，班主任制作表格供学生选择。在收到学生的志愿导师选择后，班主任组织所有科任老师召开班团会，综合考虑，与科任老师商量、协调，定下各小分队导师。

其二，实行成绩与成长相结合的原则。综合分析各小分队的成员性格、特长、学科成绩等要素，依据培优补差的原则，定制导师。例如，在学科成绩分析上，若是本小组英语均分较差的情况下，就可让英语老师担任该小组的导师。

其三，突出仪式感。在各小组导师定下前，需跟科任教师解读导师的主要责任、权力、义务；解读导师制的意义、规则、跟踪、评比、督查等情况；需跟学生解读导师制的选择原则、意义等。导师定下后，各小分队在组长的组织下，发挥各自的创意，给导师制作个性聘书。接着全班统一举办导师制启动仪式。

四、班干部管理的三种模式

班级管理中，需要各个团队相互配合、相互依存。为推进班级正向发展，可在班级管理中引入三种管理模式。

（一）构建小组负责制与班长督责制相结合的方阵团队

传统的班级管理中，是以班级为单位推进班级事务。笔者在班级管理中，引入小组负责制。班级采取方阵管理，全班分成六个小组，各小组由组长统筹，每个小组轮流负责班级常规事务、班级活动等。为配合组长开展工作，班级每个小组配备一名蹲点班干，该班干既是组长开展工作的协助者，也是组长开展工作的督查者。班级内部引入小组竞争制，在各项管理中，通过民主测评的方式，定期开展组长、班干工作的民意测评，竞争与合作能促进班级良性运转。

（二）构建责任田与自留地相结合模式

在班级管理中，需要有"一盘棋"思想，班级有共同的发展愿景和成长目标，能形成各个团队的合力；也需要激发各个团队的内驱力，给予各团队成长的自主管理权。在班级内，推行责任田与自留地相结合的模式，班主任只管大的发展方向，对各小组提出总的责任目标，内部分工完全由小组长和下组班干负责。以排座位为例，班级按小组分成六大部分，每次座位挪动以小组为单位按顺时针轮流移动方块，而小组内部位置由组长和组员协商，这个方法解决了让人头疼的座位调换问题。

（三）构建家长导师和科任导师相结合模式

每个小组配备一名科任导师和家长导师，科任导师负责全面指导小组的成长，既符合全员育人，又能在学科上培优补差。家长导师与组长构成父子兵模式，能协助组长参与班级管理，提高组长管理小组的水平。

第四节　特色赋能

班级幸福共同体通过打造班级特色项目来凝心聚力，促进班级幸福共同体的发展。在本节，笔者重点介绍几个班级幸福共同体的特色项目。

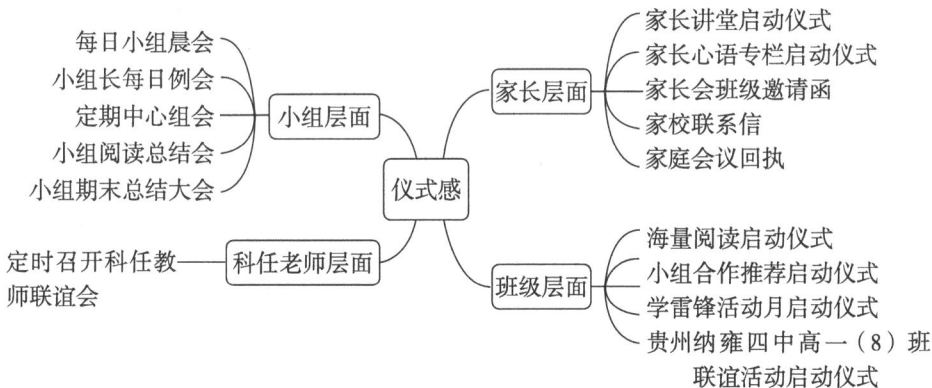

图 6-3　班级活动仪式展示

生生共同体特色项目——每天晨读前诵读班级目标。我根据自己的带班理念和教育目标，对各小组提供的小组目标和口号加以融合提炼后，制定班级目标和口号：学会做人，学会行事，学会学习，学会健体，学会合作；善于思考，敢于创新，勇于实践，勤于锻炼，乐于分享；追求幸福，创造感动，打造实力，追逐梦想，铸就辉煌。天高一班，志比天高。今天比昨天进步，明天比今天更好。

每天 7:25，由值日班长带领全体同学，响亮而坚定地朗诵班级目标。活动开始的前两个星期，我坚持每天 7:20 进入教室，跟大家一起朗读班级目标。两个星期之后，每天朗读班级目标就成为我们班的一门必修课，在别的班级还在陆陆续续、进进出出的时候，我们班已经井然有序、斗志昂扬地喊起了班级目标。这成为学校一道美丽的风景。一个学年我们坚持喊班级口号，班级口号就像是军队冲锋的号角，每天诵读班级目标是增强班级凝聚力和学生的认同感的一个重要渠道。

家校共同体特色项目——开设家长心语专栏和家长讲坛。

开设家长心语专栏。我亲自编制了《家长心语》的写作本，并设计好封面，写好卷首语。我让每个家长为班级学生写信，内容可以是自己的成长历程、职业感受、社会见闻等。我要求家长们不仅给自己的孩子写，也给全班学生写。我要营造的就是"幼吾幼，以及人之幼"的家校合作的氛围。

开设家长讲坛。每周三的晚修前半小时，是我们固定的家长讲坛时间。各行各业的家长走进课堂，给学生讲课，与学生互动。目前家长讲堂开设的内容有中国名校分享、财经资讯分享、我眼中的世界、我的成长史、妈妈陪着你一起长大等。每次听完家长讲座，我与孩子们一起分享感悟，发现他们特别喜欢家长进课堂的活动。

每个家庭定期召开周末家庭会议。为了督促家庭会议的召开，我会制作好周末家庭会议议事项目和目标，需要上交会议记录和回执。无论哪种家校沟通的方式，在沟通的过程中我都突出仪式感。听到这里，大家可能会有疑惑：家长能听你的吗？要让家长听你的，你就要让他看到效果，让他佩服你。近年来，在我带班的过程中，确实是我提什么要求，家长都能够积极配合，保质保量完成。家长们都很尊重我，也很亲近我。他们不喊我"杨老师"，而是跟着孩子们一起称呼我"杨妈"或"村长"。他们经常说的是"我们听杨妈的，我们坚决配合村长工作"。我们家长群成了"夸夸群"，家长们会经常分享自己孩子的进步，也经常表达对我们小组或班级的赞美。在这样的氛围下，家长共同体成为我班级管理当中一个有力的助手。

为了让各个层面的活动能够按我的目标如期展开，我特别注重自己的示范和引领作用，用仪式感来表达我对家长、学生、班级的重视和热爱。比如在 2018 年开学仪式上，我给孩子们准备了巧克力、酥心糖、录音式书信三份礼物。我给礼物取了个喜庆的名字"吉祥三宝"。它们蕴含着我对孩子们的祝愿和期望。巧克力，蕴含的是爱；酥心糖蕴含的是舒心；录音式书信代表的是记忆与温暖。它是这样产生的。开学前几天，我给孩子们写了一封长达几千字的信，记录了我们过去一个学期所经历的学习与活动，还有我带班过程中内心的感受和感动。我特意请了一位做播音主持的家长给我录音，做成一个语音视频。这样做的目的是增加孩子们的新鲜感和仪式感，更重要的是，家长的录音加上我的书信，构成了一个完美的家校组合作品。这个礼物所承载的不仅仅是一个班主任的期望，还是一个妈妈的期望。我选择班会的时候播放给孩子们听。录音长达十五分钟。孩子们在听到我们在拔河比赛、运动会上那些好笑事情的时候，不由自主地大笑。我坐在教室的最后面，静静地听着我们的故事，说实话，当时我心里面除了感动，还有骄傲，一种发自内心深处的骄傲。这就是我的班，这就是我的孩子们，这就是我用文字、用声音记录下来的生活。我想，我的孩子们一定也会很骄傲地想，这就是我们的班级，这就是我们充满爱、让我们舒心的班级！录音结束了，教室里响起了热烈的掌声和欢呼声，我看见好些挂着泪水的面庞。

第五节　联动赋能

为增强班级共同体的成长张力，我借助班级联动强化班级共同体意识，增强成长的活力和动力。每带一个班级，我都会选择班级进行一对一的班级联动。例如，我所带的 2018 届高三（5）班就与黑龙江省海林市海林高级中学高三（6）班进行联谊，以小组为单位结对子，开展"龙粤携手，双赢高考"活动，两个班级互写书信，开视频会，在千聊软件上一起开班会……双方孩子都受益匪浅，不仅收获了备战高考的力量，也结下了深厚的友情。我与高三（6）班班主任宋莹莹老师一起编制活动成果集《龙粤联谊，两地书信》，并送给孩子们作为永久的纪念。2020 年，我在单位扶贫共建单位——纳雍县第四中学找了高一（8）班联谊，开展"山海携手，一起追梦"活动。两个班的孩子，共话梦想，互赠礼物。我自己掏钱为高一（8）班同学建立读写角，还随支教队去贵州纳雍为该班学生上了一节语文课和德育活动课。这些活动深深地触动了孩子们的心灵，对于一直生活在广州的孩子，他们不知道海林雪乡的孩子有多勤奋，不知贵州山区的孩子有多刻苦。这些活动不仅可以激励他们努力学习，也可丰富他们的内心。

附：班级联动案例

山海携手，一起追梦

——广州市天河中学高一（1）班与贵州纳雍四中高一（8）班联谊活动记

活动背景：经常听在纳雍四中支教的彩凤书记说，纳雍四中的孩子特别勤奋、特别淳朴、特别自律，一直想找个机会与纳雍四中建立德育联盟。2019 年 4 月 5 日，我接到通知，随帮扶团去纳雍四中上一节同课异构的课。我当即决定，就趁此次机会，开展班级联动工作。下面就是此次联动工作的过程记录。

（一）设计方案，充满期待

以"杨杨为你当信使"为主题设计联谊活动大致流程，印发给双方班级。内容如下：

——关于雍纳四中高一（8）班与广州市天河中学高一（1）班联谊活动方案

第一环节 前置性准备

1. 双方班主任交换班级学生名单。

2. 双方班主任介绍班级学生构成及特点。

3. 制作对方学生"名字签"。

第二环节 活动过程

1. 学生抽签寻找"好朋友"，每人可以寻找两位。

2. 跟"好朋友"写一封信或一段励志的话，或介绍当地风情、学习情况、自己的理想等。

3. 以小组为单位跟对方班级准备一份礼物。

4. 杨老师带去广州市天高（1）班的礼物和问候。

第三环节 杨老师带回贵州纳雍四中高一（8）班的情谊和祝福

第四环节 活动感悟及反思

以日志的方式记录本次活动的感悟。

第五环节 后置活动阶段

大家可以结为好朋友，取长补短，相互促进。这不仅增加了同学们的友情，也增加了两地风土人情的交流。

（二）实地互动，热情回应

2019 年 4 月 19 日，我带着天高（1）班同学们的礼物，随帮扶团奔赴纳雍四中。为了增进两个班级的情谊，我把同课异构的上课地点定为高一（8）班。因为有联谊的前期准备活动，一来到班级，我就受到孩子们的热烈欢迎。虽从未谋面，却有一种浓浓的亲切感，孩子们的热情给了我巨大的感染和感动。我利用课间的 10 分钟，把特意为此次联谊活动制作的天高（1）班的班级视频播放给高一（8）班的孩子们看，视频中孩子们的灿烂笑脸和丰富多彩的活动很快就拉近了两地孩子的距离。几乎没有丝毫的疏离感，我流畅自然地上完苏轼的《赤壁怀古》课。这里我不再详细叙述语文课堂的具体细节，只希望自己此次课堂不仅带给孩子们关于这篇课文的详细解读，更多的是传递给孩子们一种东坡境界和东坡情怀。课后，我把天高（1）班孩子们写的信和代表广州的礼物——广州塔模型送给高一（8）班的孩子们，孩子们表现出了巨大的热情和惊喜。高一（8）班的孩子们以他们的淳朴和真诚深深地打动了我。我想此行能跟孩子们多点互动，就在当天下午又利用课间的 20 分钟再次走进了高一（8）班。我与他们进行了简单而有仪式感的互动交流，告诉他们"爱是最大的力量"，鼓励他们扬起梦想的航帆，分享合作学习的好处，帮助他们组建"学习共同体"，鼓励他们营造合作学习氛围。

（三）收到厚礼，备受感动

当天下午，高一（8）班班主任李思晗老师问我："杨老师，孩子们想让你多住几天呢，你什么时候返回广州啊？"我告诉她："我们明天就要返回广州，今天下午就要离开四中。"听说我下午就要返回，她赶紧把我带回教室，指着讲台上的一堆礼物，说，这都是 8 班的孩子们为广州的朋友们准备的礼物。现在他们去吃晚饭了，还有一大堆礼物放在宿舍呢。看着堆成小山似的礼物，我感动不已。还没回过神来，李老师指着教室里面一棵盆栽说："这是我们班丁小红同学送的，这棵树是他亲自栽种的，说一定要让你带回广州。"这么多的礼物，我扛不动，不可能全部带回广州。于是，我挑了孩子们写好的摆得整整齐齐的 100 多封信带回了广州。我跟李老师商定：其他礼物作为奖品，在以后班级活动当中发放。至于那棵大盆栽，就作为两个班级联谊的标志，暂时放在高一（8）班教室。我嘱托李老师定期拍这棵树和孩子们的照片给我看看。由于同行的老师们已经在楼下等我，我不得不告别。李老师和好些孩子一起送我到上车地点。离别时，我与孩子们一一拥抱。孩子们带给我深深的感动，或许只有这个拥抱才能更好地表达当时的心情。

回到广州，我马上在班级群反馈我此次贵州之行的感受，希望在第一时间把山区孩子的淳朴与真诚传递给我的学生。第二天，我让孩子们组织了一个"山海相约，一起追梦"的简短班会。分发礼物，阅读来信。孩子们欢呼雀跃。当天晚上有一个孩子在日记当中这样写道："贵州小伙伴们的信收到了，好开心！我记得我上次写信是小学的时候，那时候好像也是给山区的孩子写信吧……我记得我很认真地写了，然后还自己买了邮票寄出去……但是，并没有收到回信，现在想起都觉得有点小遗憾，这次算是弥补了遗憾。"

双方孩子都留下了自己的联系方式，据说，当天他们很多就成了微信好友或 QQ 好友，并就学习或风土人情进行了更深入的交流。我们班有一个孩子告诉我一件事：高一（8）班的一个女孩，向她请教英语阅读方法，她很认真地给她进行了一些指导。我认为这种班级互动对促进学习是很有帮助的。

（四）受到感染，参与行动

本次活动能够按计划有序进行并能实现预期目标，达成了班级联动的目的。整个过程下来，我心灵受到了很大的触动。这是一项促进成长、追梦教育的活动。我也应该拿出自己的行动来回应双方孩子们的热情。于是我在京东商城挑选了不少国内外名著，帮助纳雍四中高一（8）班建设了一个班级读写角。李思晗老师开展了一个关于此次捐书活动的一个答谢班会，还拍了一个视频给我。视频中，我看到了黑板上班会的主题：谢谢杨妈的爱。孩子们大声而整齐地喊道："谢谢杨妈的爱，我们会努力读书。"在我的教育生活中，学生都习惯喊我"杨妈",我也喜欢这个称呼。今天,当我听到来自遥远地方的呼唤,眼睛不禁湿润了……

此次活动感悟:天下教师是一家,不管在哪间教室,只要教师心中有爱,就可以用自己微小的行动兑现对教育的诺言;天下学生是一家,不管在哪间教室,只要学生心中有爱,就可以用自己微小的行动书写成长的美好。

第六节　榜样赋能

在班级幸福共同体的经营中发挥优秀榜样的作用。评选榜样活动,能为班级赋能。

评选"榜样"应以学生为主体,让学生成为评选标准的制定者、参与者、受益者。评选前,学生在班主任的引导下共同协商、制定评选标准及评选方案;评选中,学生积极参与,实现了评选过程的公平、公正、公开,凸显学生的主体地位;评选后,学生分享心得体会,从而达到自我激励、自我教育、自我觉醒的目的。让"榜样"评选成为凝聚班级精神的重要抓手,构建班级文化、督促班级成长的契机。

一、三项指标定标准

教育家乌申斯基曾经说过:"教育的主要目的在于使学生获得幸福。"在我看来,幸福是教育的最终指向。我把"做幸福教师,育幸福学生"作为自己的教育追求和终极目标。自 2011 年以来,我一直致力于班级幸福共同体的探索与实践,以"营造温馨的环境,创造温暖的故事,开展丰富的活动,打造多彩的文化"为路径,构建了一个"生生之间、师生之间、家校之间"的立体式幸福共同体，让学生获得"全面发展"的幸福，让家长体验"共同成长"的幸福，让教师获得"职业成就"的幸福。我认为，成人比成才更重要，成长比成绩更重要，幸福比优秀更重要。学生能否收获学习能力、做事能力、幸福能力是我评价学生成长情况的重要标尺。为此，在"榜样"的评比中，我制定了如下指标。

（一）学习能力

在我看来，"学习能力"强，才是真正的"学习好"。学习能力是学习成绩的保障，也是所有能力的基础。一个学生的学习能力包括学习专注力、思维灵活度、独立思考能力、反思能力、合作学习能力等，"三好生"的评价不能只看到一个冰冷的数字，而应该看到一个鲜活的生命；不应该重分数，而应该重能力。因此，我把学习动机、兴趣、态度、方法等学习因素纳入"三好学生"评价体系，把良好的"学习能力"纳入"三好学生"的第二项指标。

（二）做事能力

在做事中锻炼能力，在做事中收获成长，这是我的带班方法。"三好学生"需要在培养和提升学习能力的同时，锻炼自己做事的能力。要参与班级管理，引领同伴成长，要在集体活动、集体荣誉上为班级增光添彩。因而，我把个人做事的能力及对班级的贡献纳入"三好学生"的第二项指标。

（三）幸福能力

积极心理学家马丁·塞利格曼在《真实的幸福》一书中告诉我们，幸福不仅真实存在，它同时还是一种能力，人们完全可以通过科学的方法获得持久幸福的能力。"三好学生"首先应在道德品德、人际关系、纪律等方面表现相对突出，既能参与班级互动，用心灵感受"因他人的存在让自己更幸福"，从而拥有"理解和感知幸福"的能力；又能投身班级建设，用行动证明"因自己的存在让他人更幸福"，拥有传递和创造幸福的能力。因而，我把"幸福能力"纳入"榜样"标准。

为了给这三项指标提供相应的考评依据，我开通三条记录班级档案的通道：一是建立学习档案袋，专门收集学生学习过程中的作业完成情况、上课状态反馈、提问登记、考试成绩等。二是写专项日志。为了给后期的评选提供科学依据，做到过程的可视化，我与全班学生共同写日志，值日班长负责写"值日日志"，小组长负责写"小组观察日志"，学生写"个人成长日志"，我写"带班日志"，记录班级的好人好事与不足之处。三是成立班史部。创建班级公众号，开设"感动一刻""班级新闻""幸福瞬间"专栏，成立班史部，负责班级公众号的推文、班刊出版。通过记录班级档案，积累丰富的过程性资料，既为最终考评提供参考，又能起到良好的引领和导向作用。

二、三轮考核

评选"榜样"是树立班级榜样、形成良好班风的重要渠道，评选过程要做到客观、公平、公正、公开。为此，我所带班级评选"榜样"要经受三轮考核。

（一）班委考核

由班长、组长组成的班级核心团成员在评选前分类分项整理好班级档案，整理每个学生在本年度的学习、常规、活动等方面的表现与得分，形成"个人成长档案"。

（二）民主测评

学生是"榜样"评价的主体，其评选就要接受全班学生的民主测评。除了公布班委整理出来的个人档案外，我设置三个特色活动，让参选人以更直接的方式接受全班学生的考评。一是开展成长叙事活动。参选人讲述自己对同学的帮助，以及同学带给自己的感动。二是举办成果展示活动。参选人展示自己的成长成果，例如整齐的作业本、参与组织的活动照片、获得的奖状荣誉等。三是个人工作汇报。我的班级管理采取的是小组合作模式，每个学生都承担相应的工作。如果某一个学生想参评榜样学生，需要就他本人担任的工作做汇报，以行政小组长为例，需要汇报其带领的小组开展了哪些小组活动、小组成员取得了哪些进步、组长本人所做的具体工作及取得的具体成果等。

在班主任的主导下，建立由班主任、科任教师与学生代表组成的评选团，负责评选工作的量化考核。评选团结合班级档案中各项素材和数据、自评材料、他评材料，综合前两项考评数据，得出综合考核分数。

"榜样"评选是为了起到引领、示范、辐射作用。评选后，要及时发挥当选者的辐射作用：可通过开展评选总结会，让获奖者发表获奖感言，分享成长经验；为他们设置宣传专栏和光荣榜，鼓励和鞭策受表彰者，让光荣成为动力；可通过一对一结对子的方式，让当选者与未当选者结成"成长联盟"，纠正不足，帮助成长，实现共同发展。

（三）班主任总结

总结会上，班主任还要就整个"榜样"评选过程中学生表现出来的积极性给予充分肯定，通过细节点评、总结升华的方式发挥"榜样"评选工作的教育效能，让学生在评选过程中认识自我、肯定自我、发展自我，从而实现人人都是评选受益者的目的。

第七章

班级幸福共同体的评价机制

    小组合作学习教学模式旨在让学生在教师的指导和帮助下，通过合作、互助的方式来达成教育教学目标。合作学习作为一种学生主动学习的方式，不仅能让学生获得知识与技能，还能培养学生的思维品质和探究意识，发展人际交往能力。教学效果需要一定的手段和方式进行评估，就需要一定的评价手段。长期以来，教师通过设计不同阶段学习内容的试卷，通过不同形式的测验来检测教学效果。但是小组合作学习是通过面对面的互动、长期的帮扶、小组内部的良性依赖等来实现学习目的的，主动学习的意识、人际交往的技能、团队意识的增强、感恩等非智力因素的成长，很难通过测验来进行衡量。因此除了传统的总结性试卷评价外，很有必要寻找其他评价模式来评价合作学习的过程和效果。简而言之，合作学习需要采取过程性评价与总结性评价相结合的方法。总结性评价仍然可以采取传统的做法，在某一活动或某一门学科结束后对学生学习效果采取测验，给出一个总分，以对某一阶段的效果以借鉴参考，为下一阶段的教学内容和目标提供调整的依据。这种方法已被广大的教育管理者、教师们、学生们所熟悉，这里不再赘述。过程性评价是相对于总结性评价而言的评价模式，它更注重学生学习方式、学习态度、体验情感、参与度、学习兴趣与学习动机的评价，它不仅是检测学习效果的媒介，更是学习诊断和改进的手段。

    评价是小组合作重要的一环，评价能有效推动合作过程，促进合作力度，提高合作效果。如何做到评价的科学合理，如何让评价成为开启合作学习的动力，成为学生成长的一个重要力量，是小组合作构建中的重要课题。

过程性评价呈现一种动态的、多元的、开放的特点，在评价结果里更看重学习过程对学生学习动机与兴趣、情感体验与参与、思维激活与灵动的影响。秉承全面、发展、客观、真实等原则，用发展的眼光、真实的体验，全面客观地记录学生在合作过程中的成长轨迹。发展性方面，注重从基础和实际出发，尊重个体差异，关注发展趋势，留意活动动态，通过评价，让学生看到自己现在比过去进步了，相信自己将来会比现在更好，形成良好的发展心理。就全面性而言，要理解学生是全面性的人，具有主动性和能动性，不能成为被动接受知识的容器。在设计评价内容和目标构成时，尽量包括学科知识、兴趣特长、动机意志、管理能力等众多方面。客观真实性方面，要求教师在评价时多注重收集一手资料，注重记录现场活动资料，不仅在评价内容上做到有理有据，还能在评价措辞上准确恰当。在做好以上几方面的基础上，过程性评价还强调学生与教师共同参与评价，沟通构建评价方法，一改传统的学生是评价客体、教师和试卷是评价主体、试卷是评价媒介的现象，充分体现了学生的主体地位，更有效地体现了教育目标的多元性和社会性。

第一节　评价维度

一、显性维度

（一）学习成绩

学习成绩是小组合作评价的一个重要的显性指标，它能通过分数具体呈现出合作过程各小组取得成绩的进退曲线图。我每接一个新的班级，都会给学生建立一个学习档案，收集每次考试的成绩，构建每个小组成绩进退的态势曲线，通过曲线变化来观测和跟踪合作的成效。在成绩的曲线中，可发现每个组学生学科成绩的优劣势，成为小组后期学科培优补差的重要依据。

（二）常规记录

每个学校都有常规方面的要求，用常规细则来规范学生行为习惯的养成，并作为文明班、星级班的重要评价标准。班级管理也要引入常规表现评价指标，班级常规评价指标的设置应与学校、级组的常规要求保持一致。班主任应根据学校的常规要求，结合班级具体情况，制定适合班级发展、促进班级学生成长的可操作性的常规评价标准。在小组合作推进过程中，我的班级常规管理采取小组负责制，每个小组负责一周的班级常规工作，其具体工作由行政小组长统筹安排，评价标准就以是否能获得学校的"周文明班"为标准。每个小组长为了完成星级文明班指标，会在小组内进行具体分工，卫生、考勤、纪律等方面做到分工具体、责任到人，从而避免因常规工作的疏漏而导致常规管理扣分的情况。这样既解决了我因班级管理的繁琐所带来的工作量，又锻炼了学生的责任意识。以 2018 学年为例，由于分工细致、责任到位，一个学年班级没有出现常规扣分的情况，全学年每周都被评上文明班级。

（三）活动表现

班级成长离不开班级活动。每场班级活动中每个组及每个组员的具体贡献及具体表现都是外在的、显性的，通过在活动前、活动中、活动后设置相应的评价标准，来给予每个组及组员相应的评价。例如，在 2022 年开学之初，我以冬奥会为主题，让每个小组完成小组板报，要求组长根据板报内容板块，让组员分工合作，完成相应模块的版面设计、内容收集、组织编写等工作，组长在汇报中对组员的积极性和贡献率给予了相应的评价，并在全班进行公开说明。由于有相应的表格设计和具体的数据记录，大大增强了学生的积极性和主动性，也激发了各小组在评价过程中的积极性和创造性。

二、隐性维度

除了显性维度，还有隐性维度。学习成绩、常规表现、活动表现都可以用表格数据来进行具体的记录及核算，达到显性评价的目标。学生的成长具有动态性，成长在很多方面表现得很隐蔽，我把它称之为隐性维度。主要表现在以下几方面。

（一）能力提升

能力的提升是一个循序渐进的过程。在小组合作中，我采取"一对一"能力提升模式，提升学生做事能力。我先重点培养行政组长的组织和管理能力。在前期班级活动开展中，我指导组长如何组织和推进一项活动的开展，从活动的筹备、设计、推进、总结进行具体的指导，并让组长实际操练。在组长学会活动组织的要点后，再把组织权和组织方法教给副组长，依此类推。这样既能有效分担每次活动组织的任务和压力，又能让每个学生都参与活动设计，培养每个学生的能力。

（二）性格变化

每个人的成长都需要一个良好的环境，需要有他人的支持，需要得到他人的认可，小组就是为个人成长提供一个支持系统。在小组成员共同磨合、共同进步的过程中，学生会相互影响，取长补短，行为习惯及个性都会有一个提升的过程。不少学生由开始的内向变为外向，也有一些学生由过于活泼而趋于沉稳。

这些隐性指标如何进行评价？我主要采用自我评价和他人评价相结合的方

式来呈现。例如，在学生成长日志及学期总结中，通过成长叙事的方式来呈现自己在小组合作中所获得的成长启迪。通过家长、同伴、教师的评价来展示学生在团队中的成长。例如，家长在跟我的交流中就时常会提到，孩子自从进入我们班级后，变化很大，笑容多了，回家也愿意跟父母交流了。

第二节　评价原则

在评价过程中，为了取得更好的效果，要坚持以下四个原则。

一、成长优于成绩

学习只是学生表现的一个维度。成绩不是衡量和评价学生的唯一标准。由于学习能力和学习思维不一，总会有一些学生成绩不够理想，以成绩为指标的情况下，他们就难以获得成就感，也难以找到班级的存在感。其实，每个学生各有优点，他们都可以在自己擅长的领域获得成长。把成长当作衡量学生的重要指标，更具有科学性和全面性。

二、团队重于个体

发挥集体的作用，用团队的成长氛围影响和感染学生，在团队的集体进步中促进个体进步，在团队成长的推动下实现个体的成长。

三、多维强于单维

用成绩、活动、常规、特长、情商等多维评价指标来综合衡量比传统的以成绩衡量更科学，更能调动学生的积极性，增强学生的自信心，从而让每个学生都能找到成就感，产生班级归属感。

四、评价先于活动

无论是短期评价还是长期评价，都需要在评价前有明确的评价指标和评价方式，让学生做到心中有数，也能让评价成为成长的指挥棒和方向标，起到引领和促进作用。以活动为例，我在每次班级活动开始前，都会把本次活动的评价指标及奖励方案予以公布，让学生做到有方向性、有针对性地准备和参与。

第三节　评价方式

一、过程性评价与总结性评价相结合

传统的评价模式常常以总结性评价作为指标。例如，在学生的评优、评先活动中，常常以期末考试作为唯一依据，出现评价单维化、片面化，不能做到客观、公正。科学的评价除了要参考总结性评价外，更要注重过程性评价。根据学生在小组合作过程中的具体表现及成长效果，根据学生在班级发展中所做出的贡献率来综合评价小组和组员。因为学生总有学习能力强弱之分，成绩排名总有先后之分，如果仅以成绩作为总结性评价的标准，那么受表彰、得鼓励的总是少数几个，而受挫伤的却是大部分。具体来说，单次活动评价以单次小组合作完成程度及组员单次活动过程性指标为参考指标，例如任课教师可以就当堂课的教学内容和目标，根据当堂任务完成情况和学生过程性参与状态给予点评和评分等，班主任可以就某一节班会或者班级活动中学生达成目标情况以及参与情况给予点评和评分等。阶段性评价，是可以运用在前置性班级活动或任务探究、主题性研究中，该活动的特点是持续时间长、任务量大、目标实现有难度等，小组在前期准备、中期跟踪、后期汇报等方面的表现，在一定阶段后可通过成果汇报与评比等方式接受多主体评价，或者在一阶段学习任务完成后进行集中性综合评价。例如期中考试后可以有一次阶段性评价，既能够了解前阶段小组运行情况，发现小组存在的问题，又能为小组工作的改进提供方向性决策。综合性评价指的是以一个学期或一个学年为单位的总体评价，包括：本学期或本学年以来各次活动完成情况汇总、评比，各小组成员乐学、善学、转化与进步，组员在小组内和班级内的幸福指数，小组向心力和凝聚力的提升。具体评价依据有小组整体合作内容完成与否（教师要安排记录员，记录前面各活动完成情况），个人工作完成程度与效果（以前面的自评表和互评表为依据），班级常规及大型活动完成情况（含学校层面的、级组层面的、班级层面的活动），学习成绩进退名次（市、区、校各级各次排名，优秀人数以及小组成员达标人数）。

为了达成各项评价指标，促进小组顺利和合理推进，可以定期展示小组合作风采，选评小组学习之星、友好之星、进步之星，开展小组分享活动，开展组内以及组间的批评和自我批评，进行阶段性学习情况汇报和分享，开展小组长周小结、月小结，等等。

二、个体评价与团队评价相结合

传统的评价模式突出的是个体的成长，树立的是少数标杆和模范。这种模式虽然能起到引领和辐射作用，但受益面和辐射力非常有限。我在班级评价中引入团队评价模式，扩大了榜样的辐射力。例如，用小组整体进步作为衡量小组进步的指标，树立一个理念——真正的优秀是"不仅自己优秀，还能让身边的同伴变得更优秀"。我以考试为例，在奖励积分中，把班级分为 6 个小组，获得第一名的小组团队成员都可以加上 10 分，获得第二名的小组团队成员都可以获得 8 分，获得第三名的小组团队成员都可以获得 6 分，依此类推。由于采取小组捆绑式的评价方法，倒逼小组的每个成员都必须努力，才能够获得团队的优秀，从而让自己个体获得加分。如此一来，小组内的优秀学生就会想方设法帮助后进的同伴。小组长会在组内进行指导和布局，构建小组内的帮扶提分措施，从而形成小组良好的学习氛围。整个班级的学习氛围也就这样形成了。

三、自我评价与他人评价

除了采取捆绑式的评价和竞争性评价外，我还采取了自我评价和他人评价相结合的方式。

（一）自我评价是学生调整和改进学习方法、继续纵深发展的"促进剂"

著名教育家叶圣陶指出："所谓教师教各种学科，其最终目的在达到不需教，而学生能自为研索，自求解决。"要达到"教是为了不教"，从学会知识到掌握能力的目的，必须使学生具备独立学习、善于思考、自我反思、自我评价的能力。学生的自我评价，能使学生按预设的目标和标准对自己的学习和行为进行自我检测，做出客观的评价，是一次有效的自我诊断。在小组合作自我评价活动里，被评者按照班级统一设定的评价目的与要求对自身参与学习活动的态度、合作精神和合作能力、基本能力、独立性和创造精神等方面进行价值判断。自我评价主要通过写个人日志、成长叙事、成长总结等方式呈现自己在班级的表现以及对班级的贡献，有利于为成长评价提供有效资源，还有利于学生进行自我总结和自我反思，从而实现自我教育。

（二）同伴评价是引发学生反思、激励学生成长的"助燃剂"

同伴互评可采取组内互评与组间互评相结合的方式。组内成员是亲密合作的伙伴，他们能清晰地感知和观察组内成员的言行态度。组员的客观评价不仅能督促小组落后学生积极进取、不断追赶，也能在小组内部树立榜样的激励作用，达成小组良性循环的目标。组内成员的互评是充分发挥评价的教育功能的重要一环，可以设计组内互评表格，评价的内容包括小组成员的合作态度、合作质量、主动性、创新精神等方面，有具体的项目内容、构成要素、评分等级等。这样的设计，不仅能提供对他人评价的客观依据，也能养成学生对人和事物客观公正、善于对待他人进步的精神。小组合作学习把组内之间的竞争变成班级之间的竞争，把小组总体成绩作为奖励或认可的依据，形成了"组内成员合作，组间成员竞争"的竞争机制，使得整个评价的重心由鼓励个人竞争转向大家合作达标。组间互评主要体现在小组活动成果呈现或阶段性成果总结环节，也可体现在对某学科课堂上某问题的解决策略和效果上。例如，开展班级擂台赛，设计组间挑战目标和规则等。

（三）教师的激励评价是激发学生热情、促进学生发展的"加油站"

课程标准指出："要注重对学生学习过程的评价，包括参与活动的程度、自信心、合作交流的意识，以及独立思考的习惯。"教师作为教学活动的组织者和指导者，要特别注重鼓励学生探究、合作、思考、创新，关注学生参与度与有效性，及时做出评价和调整。

有人说："教师的语言如钥匙，能打开学生心灵的窗户；如火炬，能照亮学生的未来；如种子，能深埋在学生的心里。"教师在小组合作过程中的角色定位不是甩手掌柜，而是统帅与调控者。教师要善于根据学生和班级实情制定小组评价内容和目标构成，还应该积极参与和跟踪小组活动过程，善于用无声的行为和有声的行为对学生个人表现、小组表现、班级表现进行评价。我们知道，人的内心深处都渴望被肯定、被尊重、被赏识。小组合作能否顺利和继续推进，赏识和鼓励至为重要，评价是最好的赏识媒介。教师应用赏识的眼光和心态去寻找学生点滴的闪光点，用赏识的语言进行激励，使他们的心灵在教师的赏识中得以舒展，让他们变得越来越优秀，越来越自信。教师可以用有声的语言、赏识性的动作、鼓励赞许的眼神、欣赏享受的表情来对小组个人和小组直接进行鼓励，也可以通过留言、写小字条等文字评价形式来表达自己的肯定或提出建议等。不管怎样，这样的评价过程应该以尊重学生、呵护学生激情为前提，注意讲话的语气、语调及方式，要求既肯定小组工作的合理性，又委婉提出可行的建议和措施。小组合作特别强调对合作状况进行评价。

第四节 评价工具

一、成绩曲线图

为每个小组建立一个成绩档案。记录每个小组每次的考试成绩，形成成绩变化曲线，从中能清晰明了地看出团队成绩的进退。以某次具体考试为例，可算出班级平均分、小组平均分，以小组平均分达到或超出班级平均分作为评价标准，评价各小组的排位。除了总分排位外，还看单科排位，这样就可增加小组在成绩层面的评价维度。

二、常规量化考核

经过小组集体商量，制定小组常规量化考核表（见表7-1），在常规量化考核时，做到学校、班级、小组常规量化考核的一致性。

表 7-1 天熠部落 高一（1）班自我评价和同伴互评表

自我评价		自己签名	
同伴评价		同伴签名	
组长评价		组长签名	
家长留言		家长签名	
温馨提示	成长，是一个不断锤炼的过程，需要反思总结、沉淀提升。自我总结、同伴评价均可以助力我们更好地成长。希望各位秉承公正、客观的原则，认真填好此表，这是一份珍贵的档案。		

（一）班干部值日表

在班级设立值日班长制，并制定值日班长表格，记录班级每日情况，每天总结公示。

（二）班级观察日志

设计班级观察日志表，包含观察员记录情况、观察员心得、班主任点评三方面内容。全体学生轮流担任班级观察员，可以直接观察优秀学生的良好表现，从而达到引导的作用；也可以通过观察学生的不良表现来进行自我反省，观察可以起到教育的作用，又成为同伴评价的手段，还成为我带班的工具，能及时、高效、真实地了解班级情况。

（三）小组漂流日志

每带一个新的班级，我都会为每个小组准备专门的成长记录本，通过写漂流日志，记录小组的成长趣事、常规生活和成长心得。学生对小组漂流日志非常用心，还能各出奇招。例如，有一个小组引入社会时事热点，开展小组论坛，由小组成员轮流发起"今日话题"，然后每个组员轮流在下方写出自己的观点，进行时事点评和思想碰撞，这既增加了小组对话的机会，又能让学生们对社会话题进行深刻交流。还有一个小组以写连载小说的方式写漂流日志，每个组员轮着写一个章节，这大大增强了成长的生动性，也成为连接小组成员的纽带。有些小组通过漂流日志或记录组员对小组成长的贡献，或开设成长提示专栏，或记录小组成员的违纪情况，起到了良好的监督和促进作用。

（四）阶段性总结

评价要做到有依据，就需要在班级成长过程中及时发现、及时整理阶段性总结档案，档案可以为评价提供有效依据。我在班级成立班史部，招募成员负责班级重要活动的记录及答案的收集整理。在班级开辟班级公众号、美篇、百度贴吧等及时推送班级新闻，记录班级成长动态。每个阶段我会根据相关的记录整理班级档案，分类别、分个体整理出每个小组及小组成员在本阶段学习、生活各方面的具体情况，成为阶段性评价的重要依据。

（五）民主生活会

我经常在班级开展民主生活会，主要有两个内容，通过表扬和自我表扬来梳理和展示班级优秀表现，寻找班级成长的正能量。通过批评和自我批评来发现班级存在的问题，为后阶段的团队成长指引正确方向。当然，民主生活会的难点在于让学生开口说，且说到点子上。要让学生愿意夸赞同伴的优点，也愿意接受同伴的批评和帮助，这就需要营造一个良好的班级成长磁场。营造良好的交流氛围，让受表扬的同学备受鼓舞，继续成为更好的自己，让受批评的同学心悦诚服，愿意接受批评和帮助，并在下阶段改进、提升。

（六）榜样推荐

定期在班上开展榜样推荐活动。例如，开展"每周之星""月度之星""成长榜样"等活动，推出小组内的优秀成员，设立"榜样人物"宣传栏，开展榜样人物宣讲会。通过榜样人物的评选，起到评价和引导作用。

（七）表扬单

学生特别看重教师，尤其是班主任的评价，我在班级的评价中运用表扬单这一工具，通过写表扬单来表彰学生的优秀表现。表扬单能做到反馈及时、简单高效。在写表扬单的时候要做到有情境，有具体的内容，其中细节表扬最能激励学生和触动学生。

（八）书信

书信文化是我国优秀的传统文化。在科技高速发展的今天，书信文化已慢慢淡出交流圈。正因为日渐衰退，更显得其尤为珍贵。我在班级和小组成长中把书信作为常规工具，坚持跟学生写信，根据团队表现、个人表现，抓住交流的机会，以文字为载体，连接师生关系，鼓励个人成长，促进小组发展。每学年坚持书写 5 万余字，成为小组成长和班级发展的重要工具。

尤其需要强调的是，要使小组合作评价高效循环，就需要注重小组合作评价操作的关键点和着力点。首先做到计划与执行高度统一。每次活动的开展需要有详细的计划，并且告知学生计划内容和操作过程，执行时按照计划推进。前期需要更严格，到后期就非常方便，只需要召集小组长碰头或者打成小字条的形式交给小组长即可。注重帮助小组长树立威信，培养小组长的调控能力。班主任、导师要积极参与小组活动，经常召集小组碰面，或者旁听，给予小组正面鼓励或诚恳建议。同时积极反馈各小组活动情况，树立先锋小组，特别宣扬和重视小组长的核心地位。

总之，小组合作学习评价过程直接关系到小组运作的良性循环，必须做到目标清晰、任务明确、操作简单、规范合理、公平公正。一个良好的可行的评价过程在小组活动中十分重要（见表7-2、表7-3、表7-4）。

表7-2　小组合作学习自评表

自评人：　　　　　　　　　　　　　　　　　　　　　评价日期：

评价内容	目标构成	评价等级及得分			自评得分
		A等（7～10分）	B等（4～6分）	C等（0～3分）	
合作态度	能否积极、主动参与合作；能否尊重同伴，善于倾听				
加工能力	是否有为别人提供补充、解释问题、提出建议的能力				
提供信息能力	能否提供有效信息				
请求帮助和支持的能力	能否主动求助或主动帮助他人；是否注重请求或支持时的态度礼貌				
引导能力	是否有引导其他人讲话或使其停止讲话的能力，如讨论时启发沉默，在偏题时予以纠正				
自控和控场能力	是否能自觉遵守纪律、听从安排；是否能自觉维护组内纪律				
批判能力	是否敢于直率地表达不同意见，或对他人的观点、见解进行批评				

续表

评价内容	目标构成	评价等级及得分			自评得分
		A等 （7～10分）	B等 （4～6分）	C等 （0～3分）	
概括能力	能否用简单明了的语言总结讨论要点				
汇报能力	是否借助媒介做出思路清晰的汇报				
分享能力	能否体验合作的愉悦，是否主动分享				

表 7-3　小组合作学习组员互评表

被评者：　　　　　　　　　　　　　　　　　　　　　评价日期：

评价内容	目标构成	评价等级及得分			他评得分
		A等 （7～10分）	B等 （4～6分）	C等 （0～3分）	
合作态度	该组员能否积极、主动参与合作；能否尊重同伴，善于倾听				
加工能力	该组员是否有为别人提供补充、解释问题、提出建议的能力				
提供信息能力	该组员能否提供有效信息				
请求帮助和支持的能力	该组员能否主动求助或主动帮助他人；是否注重请求或支持时的态度礼貌				

评价内容	目标构成	评价等级及得分			他评得分
		A等（7～10分）	B等（4～6分）	C等（0～3分）	
引导能力	该组员是否有引导其他人讲话或使其停止讲话的能力，如讨论时启发沉默，在偏题时予以纠正				
控场能力	该组员是否能自觉遵守纪律、听从安排；是否能自觉维护组内纪律				
批判能力	该组员是否敢于直率地表达不同意见，或对他人的观点、见解进行批评				
概括能力	该组员能否用简单明了的语言总结讨论要点				
汇报能力	该组员是否借助媒介做出思路清晰的汇报				
分享能力	该组员能否体验合作的愉悦，是否主动分享				

（备注：小组互评内容与目标构成与自评部分一致，只是评价主体发生改变，尽量引导做到公平客观、真实可信，可以作为小组工作改进的依据，也是小组评优评先的有效证据，还是树立小组榜样、激励小组活动的媒介）

表7-4　小组合作学习小组整体评价表

评价内容	目标构成	评价等级及得分		
		A等整体协作（7～10分）	B等部分协作（4～6分）	C等少数或不协作(0～3分)
任务分配与承担的能力	该组的任务分配是否合理			
提供解决问题策略的能力	该组能否提供有效的解决问题的方案			
质疑他人问题的能力	该组是否拥有良好的讨论和批判的氛围，敢于直面问题、分析问题、勇于质疑			
敏锐判断新问题的能力	该组能否积极开展讨论，敏锐捕捉信息、做出判断			
思维碰撞问题生成的能力	该组能否在讨论时相互启发，在思维碰撞中解决问题			
自控与协调的能力	该组能否遵守纪律、听从安排、关注他人、礼貌待人、有序发言等			
提出异议与见解的能力	该组是否敢于有意识地、直率地表达不同意见，或对他人的观点、见解进行批评，是否具备语言交流的技巧			
概括与汇报讨论结果的能力	该组能否用简单明了的语言总结讨论要点，是否可以用语言或文字清晰表达			

续表

评价内容	目标构成	评价等级及得分		
		A 等整体协作（7～10分）	B 等部分协作（4～6分）	C 等少数或不协作(0～3分)
小组创新思维的能力	该组是否具备创新做法等			
合作过程体验与分享能力	该组是否主动分享，真诚感恩组员的帮助，整体团结合作			

第五节　评价频次

　　评价是促进班级幸福共同体产生活力的重要手段。评价包括短期评价、中期评价和长期评价。短期评价可以是即时性评价，例如每次活动结束后可以以小组为单位开展评价活动；中期评价可以以周、月为单位进行评价；长期评价可以以学期、学年为单位开展评价。不管是哪种评价，都需要以公平为原则，以鼓励为方向，以发展为目标。同时，需要在仪式上下足功夫，以引起共同体成员的重视和关注，从而起到一个正向的促进作用。下面这段文字节选自班级公众号上学生的记录。

　　2020 年 12 月 25 日，为了表彰先进，鼓舞士气，天琴部落举行了第一届班级表彰大会，不仅完美给阶段考画上句号，更为紧接着的区统考拉开序幕，激发了天琴战士们的斗志，杨老师称其为"天琴部落的点火大会"。

　　五点十分，组织人员开始有序布置会场，杨老师在讲台上认真摆好奖牌奖杯，其余战士认真学习，终于在五点二十分表彰大会顺利开始举行。

先是颁奖环节，天琴部落建设如此成功离不开每一个战士的努力，所以在杨老师的领导及各个组长的带领下，每个成员都被授予了属于天高天琴的奖牌，颁奖时，掌声不绝于耳。

接着是特别奖杯的颁发，只有在能力考中表现突出的战士才有这份荣耀，身为天琴的一员，不仅由衷地为他们的荣耀而高兴，也增加了刻苦拼搏的决心，为建设天琴奉献更大的力量。

最后是重头戏，也是结束的帷幕，在天琴成长进步及作出非凡贡献了的战士们拿到了一张特别的入场券，且采用抽签形式决定挑选战利品的顺序，不仅富有新意，更在同学们的笑容中满含幸福感。更有激励卷与祝贺卷的相互交换，让同学们互相砥砺前行。

即使只有短短的半个小时，这场"点火大会"在天琴部落的每一个人心里都熠熠生辉，坚定了战士们刻苦学习、积极参与班级建设的决心与信心，更进一步增强了同学们的集体荣誉感和班级凝聚力，希望天琴战士们在接下来的区统考中再接再厉，更创辉煌！

第八章
班级幸福共同体的场域特征

第一节　打造一个关怀型磁场

诺丁斯的关怀教育理论要求教师积极创设一个充满关爱的环境，尊重学生的个体化和生命成长的规律，发挥教师关怀的榜样作用，引导和帮助学生感知和体验关怀的过程，理解和分辨他人的关怀，并能在被关怀中学会关怀和实践、升华关怀。

一、关怀实践目前存在的误区

依据诺丁斯教育理论，调查发现目前的关怀实践存在以下问题。

（一）教师管控下的狭隘式关怀

教育需要尊重和关注学生的兴趣、情感、个性发展的需要，但部分教师头脑中注重知识技能的教育观念根深蒂固，过分强调学科知识技能的学习与掌握，忽略学生综合能力提升和情感体验。在设计目标时，多数教师重点考虑的是人的知识技能目标，而忽略了情感目标。在设计内容时，突出的是教什么，而忽略了怎么教。在设计活动时，往往根据已有的经验判断，未能站在学生的角度和立场思考，设计符合学生兴趣、个性、发展需要的活动。在实施过程中，多数教师为了达成预定目标而忽略学生在实施过程中的反应、想法和感受，未能根据动态的课堂生成而调整自己的教学目标和内容。此类教育教学活动基本都是按照教师的预设目标进行的，本质是以教师为中心，不尊重孩子生命发展的多样性和教学过程的动态性和复杂性。其行为是高度管控行为，而非真正意义上通过平等主体之间的对话交流、共同努力所实现的关怀。这种管控式的狭隘关怀，不仅不能建立真正的关怀型师生关系，反而会增加学生的抵触感和消极情绪，在教育教学活动中产生极大的消极影响。

（二）教师喜好下的偏爱式关怀

诺丁斯认为关怀者应该以开放的非选择的态度对待被关怀者，全面接受被关怀者传递的所有信息，应避免个人的选择偏好，充分关注每一位被关怀者的发展需要，为不同关怀需要者提供适宜的关怀，做到公平对待，因人而异，而非根据个人喜好对学生差别对待。但在生活当中，不少教师会根据个人喜好选择性地做出关怀行为。比如对自己喜欢的学生更亲近，更有耐心，或者把班级事务总是交给几个自己觉得听话的或喜欢的学生去做。从操作层面来看，那些性格好、乖巧、做事能力强的学生确实会让教师更加喜欢，可作为教师，从道德层面不能剥夺那些学习能力弱、不听话、扰乱纪律的孩子的被关怀权。此行为不仅不能满足那些处境不利的或不受欢迎的孩子的被关怀需要，还不利于学生获得必要的安全感和信赖感，从而影响其身心健康发展。

（三）传统观念下的单向性关怀

诺丁斯在分析关怀的本质时强调，关怀不是关怀者对被关怀者的一种单向行为，而是关怀者向被关怀者付出，被关怀者感受、确认并及时向关怀者作出反馈的一种双边关系。现实教育里，存在两种单向关系。其一，教育者对学生的关怀效果单向化，学生不认可。教师关怀的重点放在一厢情愿的付出上，很少考虑学生是否接受教师的关怀行为。这种关怀就是独角戏般的单向关怀，教师自认为对学生呕心沥血、掏心掏肺，而学生却觉得自己被控制、被灌输。其二，教育者对学生的关怀行为单向化，学生无行动。师生的关怀关系不是一朝一夕便可形成的，需要彼此在相互信任的基础上进行连续性的双向互动。根据诺丁斯的理论分析，被关怀者的积极反馈除了是关怀关系建立的重要条件，还是激发关怀者后续关怀行为的一种重要动力。目前，不少教师缺乏工作的内驱力，其重要的一个原因就是教师的关怀付出是单方面的，学生不能以行动回应教师的关怀。当教师们无法从关怀行为中获得继续关怀的动力和信心，就会产生挫败感，继而会影响其关怀行为的积极性。

二、打造幸福共同体下的关怀磁场的策略

教育是指向幸福的一种途径，幸福当属教育追求的目标之一。在构建班级幸福共同体时，为达成教师、学生、家长立体式的幸福，引入诺丁斯关怀理论的基本内容和原则，打造一个深度关怀型磁场尤其重要。为此，教师必须紧跟时代发展，不断丰富和完善自己的理论知识，学习关怀理论，增强对关怀的本质、条件、动机及方法等核心内容的理解，树立科学的关怀观，为提高自身关怀能力和促进良好师生关怀关系的建立，提供新的思路和方法。在多年的实践中，笔者尝试从以下几个方面去建立班级关怀磁场。

（一）关注学生的需求，提高关怀的适用性

关怀是每一位教师具备的基本素养，但在教育实践当中，每位教师关怀的行动与产生的效果却有差异，其原因在于根据学生的需求去提高关怀的适应性。作为教师，要站在学生的立场观察和思考问题，通过调研和对话，关注学生的需求，并根据学生的需求制定教学目标；根据教学目标灵活调整和丰富教学内容，推进教学过程，关注学生的需求，注重教育的动态生成。在传授学生

知识的同时，注重培养学生的综合能力，注重学生兴趣、情感、个性、社会性等方面的真实发展需求。

（二）摒除个人的喜好，提高关怀的公平性

世界上没有完全相同的两片树叶。同理，一个班级不会有个性完全相同的学生。个性不同、风格迥异的学生形成丰富多彩的班级。作为教师，要以开放的心态、发展的眼光、公平的原则对待班上的每一位学生，把关怀的种子播撒在每一位孩子的心田。

有研究发现，教师对某些学习掌握能力较差的学生，及教师本身对其存在偏见或消极情绪的学生，容易失去耐心，不愿花费精力给予其应有的指导。这种行为不仅不利于建立良好的关怀型师生关系，还容易给学生造成终身伤害。事实上，对调皮学生给予更多的关怀，不仅是对教师道德品质的检验，也是班级管理的有效途径。每一个学生都有其独特性和可塑性，当教师摒弃自己的个人偏见，蹲下身子与学生进行平等对话、深入交流时，就会发现学生问题行为背后的逻辑与原因，或许就能理解学生的行为。要达到解决学生的问题，就需要教师真正深入了解和理解学生，就要给予其真正的关怀。要营造一个关怀型的班级成长磁场，就需要教师公平公正地对待每一位学生，对每一位学生都给予深度关怀。

（三）教会学生关怀，提高关怀的双向性

师生关系是一种双向型的关系。不考虑学生需求的关怀，是一种管控性的关怀；不关注关怀效果反馈的关怀，是一种单向性的关怀，这两种关怀都不属于真正意义上平等型关怀。就是在付出关怀行动时，不仅需要以学生的需求为前提，还需关注关怀过程中学生的感受和反馈，在互动交流中提高关怀的时效性。同时，在关怀行动中，通过教师的示范、学生的反馈，让学生学会关怀的

方法和技巧，在学会关怀后，同样以行动去关怀教师，促进学生关怀实践能力的不断提高。使学生不仅能关怀教师，还能关怀同伴；不仅能关注身边的人，还能关注远方的人。关怀行动在成长实践当中，有很多实现途径，例如通过设计感恩活动，让学生学会感恩；通过开展公益活动，让学生关怀他人；通过关注时事，让学生关心社会。

总之，诺丁斯的关怀教育理论是新时代民主共生新型师生关系建立的重要抓手。深度关怀能为班级营造良好的成长氛围，打造幸福的正向磁场。在这个大的磁场当中，其他的教育教学活动才具备开展的条件。

第二节　构建合作型学习磁场

普通高中语文课程标准（2017 年版）中提出：学习任务群以自主、合作、探究性学习为主要的学习方式，凸显学生学习语文的根本途径。传统的课堂模式已无法满足新时代学生的学习需求，随着课程改革的不断深入，有效教学的不断推进，如何转变学生的学习方式和教师的授课方式是教育研究的热点问题。在此背景下，我初步实践了"学习共同体"这一模式，以期为语文教学工作打开新思路。"学习共同体"模式下的语文教学活动，不仅能够提高学生的语言运用能力与人际交往能力，还能在团体合作中激发学习兴趣和个性思考，从而推动生本对话与知识建构，最终促进学生的全面发展。

一、构建学习小组的重要意义

（一）学习小组能提供学习"梯子"

美国学习科学发展委员会编著的《人是如何学习的》一书，曾这样比方：

小组学习可以被视为一段矮梯，在小组里，同辈之间相互帮助，一起炼制知识。与之相对应，老师提供的信息则是一架长梯。通过借助梯子，成员能获得各自所需的知识。焦尔当的"学习"理念强调学习自主性的同时，特别强调"他者"的在场。学习就像到高空取物，必须有脚手架或者梯子。学习共同体就是学生借助教师、同伴等"他者"搭建的"梯子"，为学习配置一个"加速器"。

（二）学习小组能提升学习效果

"费曼学习法"提出了关于学习效率的"金字塔"理论，其将学习方式分为"听讲""阅读""视听结合""示范""小组讨论""实践练习""向他人讲授"七个层次。实践证明，"向别人讲授"是这七种方式中效果最好的。学习共同体中的学习就是通过交流、探讨、向他人讲授等方式，实现对知识内化、重组、运用的目的，从而加深理解，提升效果。

（三）学习小组能激发学习兴趣

学习共同体能打破传统教学模式，改变教师满堂灌的传统教学方式，让学生由被动学习变为主动学习，从而激发学生学习的主观能动性，让学生积极主动参与到教学活动中。同时，学习共同体强化师生间、生生间的交流与沟通，加深情感，彼此认同，培养和形成团队精神。

二、小组学习的实施策略（以语文学习为例）

（一）科学分组，构建常规学习小组

要构建一个合理的语文学习共同体，在分组的时候需要坚持"同组异质"的原则，这样有利于实现学生的优势互补，促进学生的发展。为做到科学分

组，主要考虑学生自评与愿望、家长介绍与评价、同伴互评、教师综合考核与估量等要素，就学生的性格、能力等做调查和评估，再结合学科成绩，按照"高低搭配，强弱互补"的原则进行分组。

根据综合因素构建出来的是常规共同体。常规小组主要是开展组内交流活动，它是小组活动的大本营。每个常规小组包含组长、副组长、记录员、协调员、汇报员各一名。学习组长负责全面统筹、协调小组事务，副组长负责协助组长工作，协调员负责协调小组成员学习过程中出现的冲突或突发情况，记录员负责记录小组学习过程和讨论成果，汇报员负责汇报、展示小组学习成果。小组成员的职位可轮流担任，以体验不同的身份和职责要求。常规共同体的主要功能有征集共性问题、学生相互批阅作业、成立学科核心组等。

征集共性问题。以文本教学为例，首先，各组员阅读文本，查阅资料，写阅读心得，提出疑问。小组长负责收集每个组员的阅读心得，找出具有共性的疑难问题。教师根据班级共性问题备课，可提高备课和上课的针对性。

学生相互批阅作业。组内成员可以按"一对一"结对子的方式，相互批阅作业。这个过程可以让学生发现问题、纠正错误、解决问题。教师在组员批阅的基础上，再批改、讲评。生生、师生批阅的过程就是修订和提升的过程，既能相互吸取经验、总结不足，又能增强了解、增进友谊。

为提高教学的针对性和有效性，加强组间交流，可在班级成立学科核心组。其成员由语文科代表和各小组组长构成。学科核心组成员需定期交流。交流时，各小组长负责收集组内学习情况，再由科代表牵头，归纳班级学生的共同疑难点问题，再跟科任教师反馈，科任教师根据反馈研究和调整下一阶段学科教学内容。同时，各组组长分享本组学习情况，大家相互借鉴经验，实现资源共享。

（二）组建圈组织，构建非常规小组

为打破组内界限，开展组间交流，除了常规的学习小组，可在班级成立非常规小组。圈组织，是一个不错的尝试。通过自荐和他荐结合的原则，在班级选拔学生担任领头羊，再由他们在全班招募成员，组建书法圈、写作圈、阅读圈、时评圈、演讲圈等圈组织。发展班级圈文化是一件很有意义的事，不仅可以培养学生的专长，激发学生的兴趣，也可以让学生走出小组的小圈子，实现组与组之间的交流和互动。良好的圈文化成为小组间沟通和交往的有效媒介，也成为推动班级学习的有效路径。现以阅读圈和书法圈为例，介绍如下。

阅读圈能解决阅读海量性与时间有限性的矛盾。海量阅读对学生尤其重要，但学生学业负担重，学习时间有限，如何在有限的时间内实现海量阅读呢？通过构建班级阅读圈，能有效解决海量阅读"时间不够""动力不足"两大障碍。具体有三大好处：一是共享内容。各成员分工合作，选读不同作品阅读，然后交流分享，其他成员没有读过的作品，在分享交流中会有所了解。也可以阅读丛书的不同篇章，来共享内容，实现整体内容的了解和理解。二是带动兴趣。在分享交流的过程中，那些没有看过相关文章的成员，会感受同学阅读的情趣，发现文章的价值，产生兴趣，引发思考。某种意义上，同伴的影响远比老师的规定作用大。三是对话多元。语文阅读由于心境、立场、经历乃至思维的层次与境界等不同，阅读中各自的理解会有差异。这种多元与创造就需要交流，需要分享。阅读圈文化的兴起，让全班学生养成了阅读的好习惯。为推动阅读圈发展，教师可在班级成立阅读角，开辟专门的师生、生生共读时光、阅读圈成果展等专栏，组织学生参加各项阅读竞赛，等等。

书法圈能纠正学生书写潦草的缺点，养成书写工整的好习惯。书法圈成员由每个小组的书法爱好者组成，大家在一起相互切磋交流，并定期推出书法圈成员作品展。我特别聘请他们担任小组的书法小老师，负责指导组员书写，督促组员练字，查阅组员书写作业，收集各小组成员作品，定期开展小组书写比

赛，等等。这不仅有助于他们自己的进步，还可以带动全班养成良好的书写习惯。

（三）启动写作按钮，实现主动学习

如果说阅读是输入，那么写作就是输出。阅读重要，写作同样重要，可通过日志和班刊启动学生写作的按钮。

1. 定制日志本，书写个人日志和小组日志

学生的成长路上有成功的喜悦，也有挫折的痛苦；有欢声笑语，也有泪雨滂沱。成长日志能记录成长路上的点点滴滴，能表露内心的真情实感，能更好地诠释内心的世界。于学生而言，成长日志是刻录一段成长的印记，也是提升写作水平的有效路径。真情实感能给予学生写作的灵感，坚持有感情的记录，能培养学生的语感，提升文字表达的水平。除了书写个人日志，可提倡书写小组日志。小组日志内容丰富，形式多样。每个小组在书写日志时，可以选择不同的视角和形式，做到百花齐放，各有特色和亮点。例如，小组论坛就是不错的方式。采取跟帖的方式，所有小组成员就一个热点问题发表观点，在观点的阐述和思维的碰撞中，既拓宽了知识面，又增强了小组感情。我所带的班级里，有些小组采取写连载小说的方式也是非常有创意的。小组全体成员共同协商小说主题，商议小说情节构思，然后轮流写连载小说。我不仅支持学生写小组连载小说，还参与其中，并把小组小说作为课堂小说专题的授课素材。写小组连载小说不仅成为一件有趣的事，更成为一件有意义的事。

2. 创建语文专刊，激发写作兴趣

成就感最能激发成就感。激发学生学习语文的兴趣，就得先让学生体验成就感。写自己喜欢写的东西，最容易写出好作文；做自己喜欢做的事，最容易找到成就感。为达成让学生"愿意写""喜欢写""善于写"的目的，每带一个班级，我都为班级创建语文专刊。在写作前期，不限具体的写作内容，有主题

且能完整表达即可。班刊的主编、编委、封面设计等相关人员由学生自荐和他荐组成。如2019届，我所带的是理科普通班，为培养学生的写作能力，在班刊上做足文章，大力宣传、精心指导，亲自挑选班级人气王黄同学担任主编。在精心部署下，学生们写作速度比平时快，在截稿日期前两天，主编黄同学就把样稿发给了我。我粗略浏览了一下，顿感欣喜。黄同学把同学们的作文已归好类，编成《生活的味儿》《眼中的景》《我看世界》《书评》等几类。蔡同学还专门设计了封面，封面构思、主题都不错。再仔细阅读文章，更是惊喜，文章内涵、内容、构思都比平常的课堂作文好了许多。为激发学生的兴趣，我花了三个小时认真写了一篇文章，记录接班以来课堂的精彩瞬间、师生相处的温馨细节、学生们带给我的点滴感动，以及我对他们的欣赏和认可。同时，也谈了阅读和写作的重要性，表达了我对他们在阅读写作上的要求和期望。最后，笔者精挑细选了课堂照片作为插图，编制成图文并茂的语文专刊。语文专刊既是语文学习的成果集，也是语文学习的动力源。

（四）开设班级论坛，激活灵动学习

在语文学习中，通过引入对话机制创造对话平台，在班级开设班级论坛，在思维碰撞和对话交流中让学生获取知识、生成知识。在名著论坛项目里，可结合教材阅读开设诸如《红楼梦》《论语》《乡土中国》等整本书阅读研究，主要分四个阶段进行：第一阶段，以小组为单位，按专题和章节做好分工，明确各小组的阅读任务。第二阶段，各组长带领组员阅读，组员各自以思维导图、读书笔记等方式做好记录，个人阅读完成后，组长组织组内读书分享交流会，形成小组阅读成果。第三阶段，以小组为单位，开展班级整本书读书报告会，要求各小组确定汇报主题，选好汇报人，做好汇报课件。第四阶段，展示全班阅读成果，在班级开辟整本书阅读论坛专区，以海报的形式展示阅读成果。

除了整本书阅读论坛外，还结合具体单元任务或者篇目教学，开设主题论

坛，做到一周一主题，一天一论坛。具体可以通过四个步骤实施。首先，根据教学任务，确定每周主题；其次，在每个学习小组里选择一个组员参加本周主题论坛，各小组成员一起协助参加论坛的组员查资料、修改演讲稿、补充内容等；然后，利用每天的课前演讲时间，让一个小组的代表发表论坛演讲，全班同学就演讲内容和效果等给以评价；最后，一周论坛结束，评出的"最佳演说家"成为"本周坛主"。例如，学完《离骚》等爱国篇目后，开设了"爱国主题"论坛；学完《项脊轩志》后，开设了"名人书屋"主题论坛等。

同时，把探究性论坛引入到课堂教学中。以《诗经·氓》为例，在解读人物形象和主题时采用探究的方式去让学生交流、互动、思考、表达。我开展了"是什么偷走了他们的爱情"的论坛活动，课堂气氛活跃，学生激情燃烧，思维碰撞激烈，妙语连珠，得出了很多精彩的结论："是时间偷走了他们的爱情""是零沟通偷走了他们的爱情""是距离和三观差异偷走了他们的爱情"等。

班级论坛让学生学会了解读文本，生成知识，培养了语言能力的同时，交流了情感，活跃了气氛，形成良好的学习磁场。

（五）践行学科育人，实现德育渗透

践行学科育人的理念，实现学科教学和德育活动的融合。在学习古诗词单元后，利用布置班级环境的契机，我让全班学生以小组为单位，选择一种花作为组花，为组花写一首词。此项活动，引入花木，链接教室与自然，以花语励志，激励学生做一个"品德高尚、人格健全、身心健康、全面发展"的人。

在学习通讯报道写作时，我设计了一个班级活动——班级榜样人物推介活动。要求每个学生选一个科任老师和一个同学，写一篇通讯报道。在班级开设"教师榜样""学生榜样"两个专栏，推送学生作品。这可谓一举两得，一方面鼓励写作的学生，另一方面也宣扬了榜样教师和榜样学生，实现了学科的育人目的。

在学习现代诗歌时，笔者利用班级周年庆的机会，组织学生为班级写庆生诗歌。学生结合在班级中学习、生活的观察、体验，写出了很多动人的诗歌。我按小组为单位，在班级开展读诗、品诗、评诗活动，并整理出一本班级诗歌集。此项活动既培养了学生品读诗歌和创作诗歌的能力，又增进了学生对班级的情感。

总之，根据"同组异质"的原则，构建科学合理的语文学习共同体，以课堂为阵地，以学生为主体、教师为主导、活动为载体，通过搭建平台，创设情境，小组合作、互动交往，能激发学生学习语文的积极性，提升语文学习的效率，提高语文成绩的同时，培养学生的交往能力，增强师生、生生间的情感，提升班级凝聚力。

第三节　建设师生共读的阅读磁场

读书的作用到底有哪些？我们先听伟人名家怎么说的。毛主席说，饭可以一日不吃，觉可以一日不睡，书不可以一日不读。高尔基说，书籍是青年人不可分离的生活伴侣和导师。作家池莉说，如果把生活比喻为创作的意境，那么阅读就像阳光。你看，在他们看来，读书就像吃饭、阳光一样，对我们无比重要。书籍是我们的精神食粮，它滋养着我们的灵魂。书籍就像阳光一样，给予我们成长的能量。我其实阅读量并不大，但即使在并不广泛的阅读中，也能收获良多。今天，我先就班主任工作方面，来谈谈教育名著对我的影响。

一、消除怒火，蹲下身子，做一个平和的班主任

不知你有没有过这样的际遇？班上经常战火不断，问题此起彼伏。在学

校各项常规检查中，不是这个被扣分，就是那个被扣分。自己一天到晚就像消防员，到处扑火，可源头难断。最让你恼怒的是，有些孩子犯了错，还强词夺理，满不在乎，言语不屑。更有甚者，在你指出他的错误时，还公然顶撞。一天与无数个孩子交锋下来，落得个疲惫不堪，满脸憔悴，心中愤愤不平，怒火中烧，难免抱怨：这群孩子太让我伤心了，我对他们掏心掏肺，他们尽给我添麻烦！我发誓从明天开始不会对他们那么好了！可是，睡了一觉，太阳升起，你又信心勃勃开始日复一日的生活，接着又遇到新一天的交锋，接受新一天的疲惫，重复新一天的抱怨。曾经的我，就是这样的一个班主任。也许你会感到奇怪：不会吧？杨老师，您怎么可能有过这样的带班经历？可我说的就是实话。曾经的我，班主任工作做得苦不堪言：孩子们的顽皮，让我心力交瘁；孩子们的冷漠自私，让我信心尽失。我差点儿放弃自己的班主任发展追求。

在最困惑、最无助的时候，我想到了向教育名家求助。教育名著是与名家对话的最好平台，我开始百度，对于解决自己遇到的问题最适合读哪一类教育名著，我把目光锁定在印度教育家克里希那穆提的《教育就是解放心灵》。一口气读完，我顿悟：教育的种种问题，源于师生心灵的疏离与隔阂。解决问题，首先得解放心灵。而要解放学生的心灵，走进学生的心灵，首先得解放教师自身的心灵，教师得重新自我定位。我像找到了一根救命稻草，像看到了教育生涯中的一束光，又像为自己觅得一服治疗教育创口的良药。为了印证这个教育理念，我又读了苏霍姆林斯基、陶行知、朱永新、李镇西等名家的著作，我发现，成功的教育家，他们都有一个教育的共性，那就是都有一把解放自我和孩子心灵的钥匙——童心、爱心、责任心，都把班级管理放在"人"的培养上。看完这些名著，我突然有些羞愧：我凭什么有那么多的抱怨？我究竟为学生做了些什么？我有站在学生的角度替他们考虑吗？我有耐心倾听他们的声音吗？一轮反思下来，在大师们的大行大爱面前，感觉自己无比的渺小和惭愧。从那时开始，我收起心中对学生过往错误的怒火，取而代之的是对他们疏于心灵关注的歉意。光有歉意还不行，我要用自己的行动去弥补。

二、让我不再抱怨，躬身实践，做一个幸福的班主任

思想是心灵的指南，态度决定行动。我不再只盯住学生的一日常规，也不再仅仅关注孩子的成绩，而是把班级目标定位在人文关怀和人生指引，把培养合格的现代化公民作为教育目标，把教育定位在为学生的人生幸福奠基。根据现代公民和人生幸福所必备的核心素养，创设情境，开展活动，设计一系列关于诚信、幸福、善良、责任、感恩等主题的班会。在平等的对话中交流沟通，在陪伴孩子们玩耍的过程当中，分享自己的教育理念，实现自己的教育目的。我发现当我蹲下身子，与孩子站在同一视角，我的视野变了，孩子们也变了。我变得更加幸福从容，孩子们也变得平和快乐。有一个孩子在日记里这样写道："生活在天高，我可以发自内心自豪地说：我没有选错，天高就是最适合我的地方。在这里，我遇到了一位最有爱、最智慧的班主任，我经历了前所未有的体验。仅仅一个学期，从开始的懵懂无知变得成熟稳重，杨老师就让我们完成了完美蜕变。"

这位同学说出了所有孩子的心声。正如他所说，我们的班级是一个积极向上的团队。班里的每个孩子，在各种日常事务中，都展示出了发自内心的对班集体的爱。在班里，能听到这样的玩笑：我们的班级，是一个不需要班主任的全自动化班级。这其实是一个充满骄傲的高度评价与认可，也充分体现班级的自治和自律。以前对班级管理，我可谓事事操心，但步步惊心，如今是事事放心，时时顺心。不仅如此，我还经常收到孩子们的表白。有一个女孩在给我的信中这样说：杨妈妈您说过两句话让我记忆犹新，一句是"相信什么就会成为什么"，所以我们尊重您，并且绝对信任您的教导。另一句是"一个人可以走得很快，但一群人可以走得很远"，所以有了一个绝对团结绝对优秀的班集体，

是您成就了天高一班。作为一名教师，还有什么比获得学生的心更让人心动的呢?

三、让我内心丰盈，勤于反思，做一个研究型班主任

在忘掉教育的烦恼，超越教育生活里的庸常与琐碎后，我尝到了做一名班主任的幸福和快乐。我的心宽了，路也就宽了。苏格拉底说：未经省视的人生，不值得过。在阅读众多教育名家作品时，我发现他们身上有一个令人敬佩的品质，就是具有超强的反思能力。我也开始深度反思自己的生活，学会与自己的心灵对话。如何最大限度地撬动学生的潜能，是我一直在思考的。根据对学生的观察、个性的归类，我决定在班级管理中引入"方阵管理，小组合作"模式，构建学习共同体来激发学生的内驱力与内核力。通过激趣、激励，来激发活力；通过动心、动情，来产生动力；通过合作、互助，来形成合力。在系列小组活动的开展过程中，激发学生的兴趣，让学生对小组合作有强烈的认同感；在参与活动过程中，让学生体验成功的喜悦，产生强大的成就感；在小组活动中，引入竞争机制，让学生真切感受危机感；整个小组合作模式运作过程流畅，效果明显，不管是德育管理还是学习成绩，都取得了良好的效果。不管是学生还是班主任层面，都体验到各自的存在感、归属感、成就感。于我而言，小组合作运作模式，给了我从教以来前所未有的获得感。有学生说，让我受益匪浅的就是班级学习共同体的构建与运行，它是一种积聚能量、传递能量的大磁场，能最大限度地调动我的兴趣，各个组员相互学习，取长补短，对成绩的提高与性格的培养具有巨大的作用。

在经过抱怨甚至消极对抗之后，我蜕变成今天平和幸福的样子，我要深深感谢那一个个教育名家，是他们的言行，感染了我，教育了我，激励了我。那一篇篇文章、一个个案例，字字句句都浇灌了深情。我从中感受到爱的力量，

并内化为自己的力量去爱学生、爱教育。

走进学生心灵之后达成的默契与爱，成就了我教育风景画上最绚丽的底色。彼此的信任与担当，更为这幅风景画增添色彩。如今，年过不惑，我在班主任路上走得很顺畅，走得很愉快，走得很享受。

第四节　建立班级"读写角"

在深刻理解读书的意义后，我着力培养学生的读书习惯，除了开展系列读书活动外，尤其注重班级"读写角"的建设，下面重点介绍班级"读写角"。

一、建立班级"读写角"的意义

（一）"读写角"的构建能让学生重视阅读，营造班级阅读氛围

台湾天下远见出版股份有限公司董事长高希均先生有一句名言：自己再忙也要读书，收入再少也要买书，住处再挤也要藏书，交情再浅也要送书。费尔巴哈说："人是他自己食物的产物。吃什么你就会成为什么，读什么你就会成为什么。"这几句话说出了阅读对我们的重要性。苏霍姆林斯基说："如果把一个孩子比作一块大理石的话，要把大理石变成一块精美的雕塑品，那么需要六位雕塑家，分别是家庭、学校、环境、孩子自身、阅读、偶然因素。"在班级构建"读写角"，就很好地诠释了苏霍姆林斯基这段话中阅读环境和阅读本身带给孩子的正向影响。"读写角"能引起学生对阅读的重视，形成良好的阅读氛围，养成良好的阅读习惯。广泛的阅读，能让学生拥有一个宁静的心态、从容的心情、理智的大脑和开放的胸怀。这不仅能给整个班级的管理带来正向的

能量，还能为孩子整个人生的发展奠基。

（二）"读写角"的构建，能改变学生的阅读现状，进而改变学生学习和生活的状态

现在，不管是老师还是学生，往往都忽略了阅读对我们的作用，理由似乎冠冕堂皇，老师说，没时间、教书忙，没时间阅读。学生说，作业多，没时间阅读。没有时间就是我们不阅读的理由吗？时间是挤出来的。它就像海绵里的水，挤挤总是有的。当把阅读当作我们生命中最重要的一个人，你需要与这个人进行对话，进行约会，你自然会抽出时间与他相见。工作忙，只是借口，是因为你还没有把阅读当作人生当中最重要的事情，仅仅把眼光盯在教材上，把视野放在教室里。眼界不开阔，思维没打通，学习越来越吃力，成绩下滑越来越快，这就是我们的现状。要改变这一现状，阅读是最好的办法。因为阅读，绝不仅仅是帮助学生获得知识和智慧，它还可以帮助学生拥有宁静的心态、儒雅的姿态、积极的状态和拼搏的精神。为此，如果在班级构建"读写角"，营造阅读的氛围，推广阅读，引领阅读，让学生潜心阅读，愿意阅读，善于阅读，在与书本的对话里完成自我认识的重新定位，实现自我能力的突破，就能改变现有的阅读现状，也能改变学生学习和生活的状态，拓宽学生的思维，提升学生的品质。读书不仅能改变学生个体的生活状态和精神世界，也能改变一个班的整体状态，让班级充满了正气与活力。

二、"读写角"的构建与推广

（一）利用启动仪式，发挥仪式感的正向能量

"读写角"需要有专门的空间和区域，有专门的书架。"读写角"内的书籍，需要定期更新。书籍的来源可以多样化：学生自发捐赠、家长资助、教师

资助、学校图书馆借阅来的书籍。为了管理好"读写角"的书籍，班级内需要设立专门的图书管理员，制定专门的图书借阅卡，按期清理借阅情况，等等。为了体现"读写角"构建的意义、仪式感，我举办了一场隆重的"书香致远暨班级读写角成立"启动仪式。在启动仪式上，除了有学生分享读书心得起了一个比较好的引领作用外，我自己把最近的读书心得分享给了学生。我的分享如下：

就在前两天，我读完了一本畅销书。吸收了书中很多观点，对自己的思想和心态都有一个良好的引领作用。最让我有感触的一句话："在人的一生当中，会有很多人成为引领你前进的动力。他们就像光亮一样，照亮你前行的方向，给你勇气，给你力量。"这句话，引起了我无限感慨，回想自己的成长道路上，有不少这样的光，一直在我的前方引领我。有为人的，有处世的，有思想启蒙的，也有方法践行的。在记忆的河流中，有一道光，是最打动我的，对我的影响是最深刻的。那就是，我刚参加工作时，一位老校长对我的引导和帮助。当我对书中这句话深有同感时，我写下了一篇题目叫《生命中的光》的文章。这篇文章不仅记录了自己成长的轨迹，表达了对这位老校长的怀念和感恩，也是一次对自己思想的梳理和成长的回顾。这次记录回顾又将成为我思想的一次旅行。

在课堂上，我动情地描绘了自己读书时的激动，以及自己写作这篇文章时心里的感动。阅读与写作，就是吸收养料和输出养料的过程。与书中人物对话，与作者对话，然后与自己对话。写作，就是把对话记录下来。这种对话，可以让自己变得平静，学会反思，从容而淡定地做更好的自己。在我分享这件事情的时候，学生听得很投入，我想，这就是最好的教育吧。

（二）教师带头阅读，发挥引领示范作用

教师的示范是最好的教育，一个要营造良好阅读氛围的班级，如果班主任自己却不爱阅读，就很难有说服力。班主任热爱阅读，善于思考，善于总结，本身就是孩子阅读和写作的最好榜样。为了推动阅读节奏，营造阅读氛围，从接任新班级开始，我就把阅读和写作贯穿在自己的日常教育行为当中。凡是班级读写角有的书，我都会借来阅读。我不仅坚持阅读，还进行反思写作，并且不定期地展示自己的阅读和写作成果。我把自己阅读过的书目，以及形成的教育日志、时事点评分享给孩子们，我真诚地跟孩子们分享自己在阅读和写作过程当中所拥有的宁静的心态和精神的富有。情绪是可以感染的，在传递自己阅读喜悦时，已经在潜意识间激起了同学们阅读的兴趣。

（三）开展师生共读、亲子共读活动，发挥阅读的辐射力

在班级阅读氛围慢慢浓厚之后，为了扩大阅读的辐射力，我在班级开展了"师生共读一本书""亲子共读一本书"活动，制定具体可行的读书方案，启动共读仪式，布置具体的阅读内容。一个月内，班级就成功完成《老人与海》《追风筝的人》《边城》等共读。

阅读完成后，开展阅读分享活动、展示阅读成果。下面就是《追风筝的人》整本书阅读成果展示流程。

1. 设题比赛。规则：围绕小说的主题、环境、人物、情节等，每个小组每人上交 2~3 个题目，全班评出最佳设计奖 12 个，获奖最多的设"最佳团队奖"。

2. 每个学生从最佳题目中挑选一道题回答，并与设题者交流碰撞。

3. 每个家庭上交一篇作品，至少 2000 字。围绕情节、主题、任务等选

材，需要观点突出，文字流畅，有启发性。评出最佳家庭阅读奖 10 名。

4. 以小组为单位，制作 PPT，包含"最精彩的情节分享""最喜欢的一个人物赏析""本书的主题分享""本书对我的人生启示"。开办文学沙龙，定好发言人。各小组长及语文组长落实。

（四）树立阅读榜样，发挥同伴的引领作用

同伴的引领具有很好的榜样作用。我同时接了两个班的语文教学，在一次作文过程当中，平行班的一个孩子的作文引起了我的关注。语言流畅，用词精准，思维缜密，结构严谨，思想深刻。这样有高度、有广度的作文没有一定的阅读量是写不出来的。在批阅这个孩子的作文之后，我与这个孩子有了一次详细的面谈。果不其然，这个女孩特别爱阅读，从小涉猎各方面的书。她有几个良好的习惯，喜欢阅读，爱思考，善总结，会反思。她把阅读当作一种习惯，自觉进行摘录反思、模仿、写作、升华。阅读与思考成为她写作的源泉和养料。这正是我们大多数学生所缺乏的。我当即邀请她参加阅读活动启动仪式。同伴的现身说法和亲自践行的案例最具有说服力。事实上，这个女孩在活动启动仪式上的生动解读，她对自己沉醉于阅读时的心情的描绘，带领大家进入一种身临其境的遐想。她广泛阅读且深入思考，写出来的文字赢得了大家的羡慕和赞美。我想，这个学生的分享一定会对接下来的阅读活动起到一个良好的示范引领作用。

（五）利用写作，强化和突出"读写角"的意义和作用

勤于读书，勤于思考，必有所得。但如果学习和思考之后，不能及时把自己的思想火花记录下来，便会流失，岂不可惜？席勒曾说过："任何天才都不可能孤立地发展，外界的激励，如读一本好书，如同跟一位伟人对话，会比多年独自耕耘更有力地促进思考。"列夫·托尔斯泰也曾说："思想在与人交往当

中产生，而它的加工和表达只是在一个人独处之时。"这就告诉我们，不仅要热爱阅读，还要善于总结反思，把已经产生的思想材料记录下来，再创造自己新的思想。

为了帮助大家在紧张的学习之余，抽出一定的时间进行阅读，我建议同学们有一个强制性的执行措施。我把自己安排读书和写作的时间列在一个计划表里，展示出来给同学们看，除了每天的上课时间、处理班务的时间、家务时间、备用时间，我有专门的阅读和写作时间。我还列出了自己每天的阅读写作的目标，阅读各类书籍和文章不少于2000字，写作文字不少于1000字。我建议学生可以把阅读时间降为30分钟。学会利用零散时间，写一个漂亮的句子，看一段充满哲理的话，读一篇散文。或者，也可以把几天的零散时间累积起来，形成一个充裕的时间进行一段长时间的阅读。不管你怎么计划，关键是去落实计划，把阅读和写作当作自己真正的需要。

在习惯的养成当中，确实需要持之以恒的决心，还有强大的兴趣，并且用写作来维持和检验自己的阅读结果。为了帮助同学们能够有一个阅读和写作的媒介与纽带，我们特意定制了班级读书笔记本，上面有漂亮的logo和班级目标。这个漂亮的日记本也成了同学们的好朋友。他们用来记录生活，记住精彩，反思生活，创造思想。为了进一步把读书活动坚持下去，我还准备在班上开展同读一本书活动。师生一起读、一起写，这样会有更好的效果。

总之，阅读和写作是一项终身的任务。启动一项活动容易，坚持一项活动却不是那么容易的事，在阅读与写作的过程当中，最需要的就是坚持。读书是终身的事业，当学生把阅读当作习惯，把写作当作需要的时候，阅读和写作自然就成为你亲密的朋友，不需要人监督也能够自觉地去完成。"读写角"能成为阅读与写作的媒介，有充足的"养料输入"，才能有强劲的"能量输出"。借助班级"读写角"，不仅能培养学生的能力，沉淀学生的品质，也能助力班风学风的形成，班级"读写角"不愧为班级管理的好助手。

　　班级成长是一段宝贵的经历。为记录成长经历，我在班级开展师生共写随笔、小组共写随笔活动。我定制带有班级 logo 的日志本，让学生写"个人日志、小组日志"，通过师生批注日志、家长批注日志、日志漂流、榜样日志分享等活动，让全民全程参与随笔共写。一年下来，累积的班级日志人均高达 5 万字，班级共写随笔 40 余本。我作为班主任，每天的必修课就是批注学生的日志，这是师生互动的好平台。这些互动的过程，这些温暖的文字沉淀了成长路上温暖的记忆，也助力了师生成长、亲子和谐，成就了大家的幸福体验。

　　共读共写活动有成效。以 2018 年高一（1）班为例，一学年共编制阅读成果、班级故事、活动感悟、书信集等近 10 本班级专刊:《我与 1 班的故事》《杨村部落》《最是书香能致远》《名著阅读成果集》《世界很美，我们去看看》《元宵喜乐会》《学生日志》《家长心语》《文字里的深情》。师生互写书信，共计文字近 10 万字；累计班级日志 40 余本，达 20 万字。班主任坚持记录教育案例等，累计文字 10 余万字。

　　此外，我还在班上开展书信节活动。其中有一个主题是《给父母写一封信》。为了营造仪式感，我统一购买精美的信纸。班会课上，我播放动情的赞美父母的音乐，让孩子们在音乐中用文字表达对父母的深情。而我，也坐在讲台上，伴着音乐，给我的老父亲写了一封长长的书信。那次班会课，不少孩子流泪了，我也流泪了。那次书信节，不少父母告诉我，这是孩子第一次给他们写信，他们深受感动。感动之余，他们也用文字来表达对孩子的爱。

　　在这次活动中，我也有一个巨大的触动和收获。我把自己写的信寄给千里之外的老父亲。几天后，我收到父亲一封近两万字的亲笔信。父亲给我说了他很多以前深埋在内心不曾说过的话，我几乎是边哭边看完的。现在想起，还常常会流泪。也正是从那次开始，我更爱我的父亲了。在给很多孩子和家庭以心灵震撼的同时，我自己也被狠狠地震撼了一次。所以，在我看来，教育是最好的行善方式，帮助他人，其实也是在帮助自己。

　　我经常告诉孩子们：文字是流淌的深情，学会用文字去表达爱，用文字唤醒内心的温柔与情怀。在我们班，书信成了表达情感的媒介，我经常会收到孩子们的信。感恩节、母亲节、教师节我收到的最多的礼物就是书信。有时候，工作累了，就翻出来读读，顿时又有了力量；有时候，某个孩子调皮了，我就翻出我曾经给她写的信或她给我写的信，看着看着，气消了，我又笑了。

　　以下是部分书信题目展示导图：

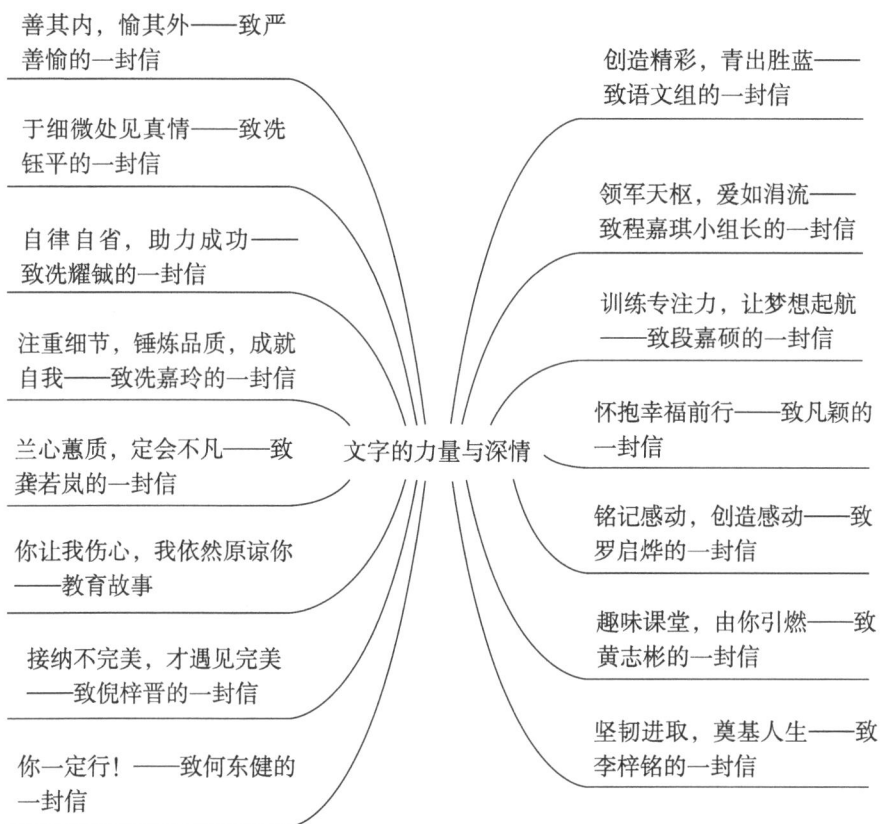

善其内，愉其外——致严善愉的一封信

于细微处见真情——致冼钰平的一封信

自律自省，助力成功——致冼耀铖的一封信

注重细节，锤炼品质，成就自我——致冼嘉玲的一封信

兰心蕙质，定会不凡——致龚若岚的一封信

你让我伤心，我依然原谅你——教育故事

接纳不完美，才遇见完美——致倪梓晋的一封信

你一定行！——致何东健的一封信

文字的力量与深情

创造精彩，青出胜蓝——致语文组的一封信

领军天枢，爱如涓流——致程嘉琪小组长的一封信

训练专注力，让梦想起航——致段嘉硕的一封信

怀抱幸福前行——致凡颖的一封信

铭记感动，创造感动——致罗启烨的一封信

趣味课堂，由你引燃——致黄志彬的一封信

坚韧进取，奠基人生——致李梓铭的一封信

图 8-1　与学生的部分书信节选

　　下面这张图就是我对班级建构的解读：

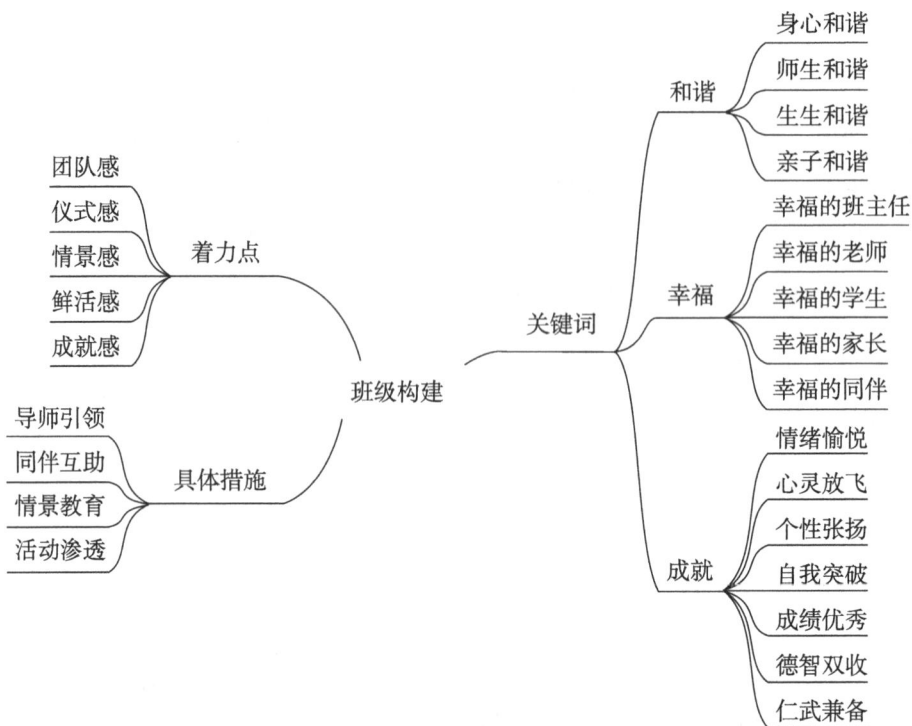

图 8-2　班级建构着力点

　　总之，我想做一只幸福的领头羊。用阳光的心态感染自己的学生、家长、同事，让班级洒满阳光，充满欢笑。在以后的教育路上，我依然会怀揣幸福教育的梦想，践行幸福教育的美好理念，推行幸福教育的落地措施。对于教育，我满怀深情；对于未来，我充满希望。过去，在幸福教育的路上，我很幸福；现在，有了你们的引领和陪伴，在幸福教育的路上，我更充满希望。有了你们，我一定会更幸福。

第五节 打造幸福体验的课堂磁场

教育最本质的意义在于引领人的价值追求，提升人的价值素养和培育人实现价值的能力。班级幸福共同体理念下的班级就是让学生在实现自我价值的基础上体验成就感、拥有幸福感。课堂是学校教育理念实施、传递的主要场域，是师生交往、生生交往的主阵地，其担负着教育的价值承载，让师生在课堂上探索和追求充分的意义感和幸福感，让师生实现生命的价值和精神的充盈，是班级幸福共同体的追求目标。基于这样的价值追求，笔者提出了建设幸福课堂的教育主张，让课堂成为学生幸福成长的地方。

传统的课堂偏重于单向的功利性和工具性，缺少人文气息和情感流动，过分强调共性、规范和效率，忽视个性、自由和感受；学生个性压抑，生命激情黯淡。与之相反，班级幸福共同体下的课堂是人性化、充满终极关怀、注重学生体验和关注学生感受的互动行为，能激发学生的学习热情，传授学习方法，提高学生的学习能力，进而提升学生的成长力和幸福力，最终提升学生的人生境界。其最大功能在于唤醒学生和点燃学生。通过为学生创设一个个教学的情境，通过生本对话、生生对话、师生对话、自我对话，在交流互动中实现知识的理解和内化，进而做到运用和创新。在幸福课堂中，学生在对知识的理解、内化、创造中实现"知识巩固"，在互动、交流、合作中寻求"自我存在"，在班级寻找到归属感和价值感。

正如联合国教科文组织发布的报告《教育——财富蕴含其中》提到的：教育应当促进每一个人的全面发展，即身心、智力、敏感性、审美意识、个人责任感、精神价值等方面的发展，应该使每一个人尤其借助青年时代所受的教育，能够形成一种独立自主的、富有批判精神的思想意识，以及培养自己的判断能力。据此，幸福课堂超越了课堂的工具性价值和统一性规范，其关注学生的精神丰富和生命幸福，注重学生的参与体验，关注学生生命价值的自我实现，体现教育的人道性、民主性、理性化等，是一种和谐、平等的对话型课堂。

平等交流、有序推进、和谐民主应该是幸福课堂的主色调。和谐课堂需依托真实、自然的师生互动，利用动态的课堂生成推进教学活动的课堂教学方式。其通过前瞻性精心预设，利用动态生成性资源，调动学生的学习兴趣，引导学生深度思考，促进学生主动参与学习。具体来讲有以下几方面。

一、在动态生成中体验幸福

课堂教学应关注学生的过程性体验，关注体验中即时生成的教学资源。课前，教师通过分析学情、研究学生，多做判断性预案，甚至在推演中预设课堂的可能性情况，以备灵活应对课堂变化；课中，教师应尽可能多地为学生提供机会，通过给学生搭建思维展示的平台，在开放和自由的课堂氛围中，让学生各抒己见，在交流和碰撞中实现互助学习；课后，抓住生成性资源进行教后延展，鼓励学生发挥独创精神和研究精神。

二、在个性成长中实现幸福

幸福的课堂，教师注重"因材施教""以学定教""教无定法"，学生在课堂上自主学习、个性发展、幸福成长。幸福课堂抛弃对智力因素和狭隘知识的过度关注，重视学生的多元成长；抛弃传统的学生观，充分发挥学生的主体地位，学生在教师的主导下，充分展示自己的个性思维，表达个人的观点。除此之外，幸福课堂抛弃了教育的短视行为，关注学生当下生活的同时，更对学生的终生发展负责，着眼于学生生命意义的自由绽放，将学生的生命意义作为课堂的至高追求，让学生在丰富多彩的生命体验中实现全面发展，具有价值多维、和谐共融的特点。

三、在自主成长中实现幸福

李秉德先生认为："学生的学是教师教的出发点和归宿。教师教的行为目的是引起学生学的行为。教师教的过程，也就是为学生的学服务的过程。"雅斯贝尔斯也说："只有导向教育的自我强迫，才会对教育产生作用；相反，对学生精神害处极大。"班级共同体下的幸福课堂通过创造条件，让学生自我选择、自我探索、自我构建、自我创造，来实现自我知识体系的建构和完善。相对于传统课堂，幸福课堂的教学更突出"主体性、人文性、发展性、生命性"的特征，彰显"以学生全面发展为本"的教育理念。在此理念的指引下，班级幸福共同体通过创建相互依存的学习互助小组，积极培育学生学习共同体。学习共同体成员拥有共同愿景，通过组内互帮和讨论，组际交流和竞争，达到知识经验的分享和优势互补，实现共同发展。下面是我的一篇教育反思。

阳春归来，春意尚在

2013年12月9日，是我的教育历程中一个具有纪念意义的日子。因为在阳春，我终于找到我追求多年的课堂感觉，我有了这辈子最好的课堂体验！

直到现在，我依然沉浸在那种美好而奇妙的体验中。我甚至无法用语言来形容课上的舒畅和课后的那种释放。我只清晰地记得课后一群可爱的孩子亲热地扑过来："老师，您讲得真好！""老师，您下次什么时候再来？""老师，我可以跟您要一份礼物吗？"……那一刻，我知道，这趟异地教学成功了。课堂的成功不在于我在语文的教学上有多丰富和突出，而在于与一群陌生的孩子在短短的50分钟内建立起来的信任和友好。我实在是对那群孩子有着特殊的好感，他们身上极具学生的特色：小学生的天真和质朴，中学生的俏皮和活泼，大学生的思考和睿智。他们的天真和质朴，极大地激发了我的爱怜；他们的俏皮和活泼极大地激发了我的灵感；他们的思考和睿智又极大地考验了我的课堂驾驭能力。我就是在一种兴奋甚至亢奋的状态下，用自己特有的母性风格，平和又平等地与孩子们进行了一场精彩的对话。课后，所有的听课教师给予了很高的评价，我不知是他们对我的鼓励还是出于对我一个外来教师的面子，从我的内心来说，我是极为满意的。这节课，几乎满足我对教育的自我定位和追求目标。我一直追求这样的课堂：平等自信，融洽活泼，思考质疑，一种如行云流水般的自然，一种如聊天般的舒适，一种如抒情般的畅快，一种如哲理般的探讨。阳春，这个温暖的名字以极快的速度、极大的力度击中了我，眩晕了我。我体验了我梦想中的幸福课堂。

首先说说几个印象深刻的片段。

片段一：为暖暖场，我给孩子们调侃了几句之后，抛出一个联络情感的白痴问题：你们觉得高三的老师是不是特别严肃啊？你们觉得杨老师长得像高考题吗？同学们像小学生一样哈哈大笑，然后一边摇头一边齐声回答：不像！"那你们觉得杨老师怎样啊？""慈祥！"哈哈哈……又是笑声一片。我也乐了，我可怜兮兮地说："我有那么老吗？呜呜……"看着我搞笑的样子，孩子们又嘎嘎嘎地乐了。我知道，"慈祥"一次成功地拉开了一节课的序幕。

片段二：迅速进入正题，我一声令下，开始阅读文本，刚刚还乐得翻滚的孩子们马上安静下来，进入阅读状态。他们一边默读或轻声读，一边勾画要点。我扫视全班，发现一个男生神色异常，明显不适应新老师，高度紧张。我知道搞定这位异常男生，是我这堂课拉近与学生的距离、展示自我教学魅力的第二环节。我慢慢走近这位学生，我甚至感觉他的身体紧张得不由自主地往前倾。我单刀直入却不入主题："你今天似乎情绪不高哦？心情不好吗？"我弯下腰微笑着轻轻问道。男孩倒很是直率："不是，我好紧张。"呵呵，一切在我的掌控中。我故意说道："我初来乍到，全靠你们照顾啰，你紧张，我会更紧张哦！这样吧，我们握握手，相互鼓励一下？"孩子很诧异地伸出了手，我用力地握着孩子的手，他的手有些凉还有些抖。我看着他的眼睛，温柔地说："不紧张，你可以的。我们一起加油，好不好？"之后，我发现这堂课上，这个男孩一直在大声回答问题。课后，我才知道，这个男孩竟然是整个班上最胆小孤独的男孩。他的语文老师介绍，这个孩子平时几乎不吭声。我觉得自己有些好运气，也很庆幸自己能给这个特殊的学生一点儿鼓励，挺好的。（过几天，我想打个电话再问问这个学生的情况）

片段三：在我的操控下，课堂出奇的顺利。15分钟后，我竟然有一种奇妙的体验，心里似乎有一种特殊的情愫在心里荡漾弥漫。我知道，那是一种对孩子们的爱，一种做教师的幸福。不懂的人肯定以为我矫情或瞎扯淡。可是，我懂，那就是我追求的课堂体验。这15分钟，孩子们是主演，我是幕后的导演，战场的指挥。我引着他们，他们配合着我。自然平和地推进课堂节奏。当我像朋友一样地问他们："老师提个问题考考你们好不好？"他们像小朋友一样大声整齐地拖着长音用标准的第三声回答"好"！我觉得除了可爱和质朴外，我还体会到他们对知识的虔诚。当我提问他们，为什么问题的答案会是这样？他们会骄傲地说：是因为这样……的啦，肯定是因为……的啰，应该是因为这样的……吧……看着他们兴奋的表情，听着他们带着地方尾音的"啦、啰、吧"，我除了看到他们对知识的熟练掌握，还看到了他们的俏皮和活泼。

片段四：一堂课，我总得营造一种出其不意的高潮。我在悄悄地酝酿着。在25分钟时，我有了主意。在这段时间，我看到了文科尖子班学生语文的素养，我感觉要是再按事先设计好的文本检测题考他们的话，肯定难不倒他们。那样，课堂节奏凸显不出来，也营造不了课堂新的高潮。于是，我大胆舍弃原题，换一种方式发问：哪个学生能提个问题考考杨老师？有奖品的哦！此话一出，激发了孩子们的挑战欲望。在新老师面前，他们难免想表现一把，何况有神秘礼物呢，呵呵。要学生设计题目，对他们来说，应该是头一回。难度大，虽然他们兴奋不已、跃跃欲试，最终难以说出自己的题目。哈哈，看着他们一脸抱歉、小脸通红，我得意地坏笑，装着挑战的样子。等到学生都不好意思地看着我的时候，我知道我又赢了他们一回。我因势利导，提醒他们：文章主要谈的是什么话题？（艺术与科学），可是为何用"创新与想象"为题？学生恍然大悟。我接着说：能回答这个问题，我刚刚的承诺还算数！孩子们开始结合文本找线索，最终成功地找到了答案。我俏皮地说：这是杨老师的原创哦！我们一起合作完成了题目的设计和答案呢。以后大家要学会质疑。这个大胆舍弃和大胆原创成为我这节课最大的亮点，也是我觉得最成功的一个环节，它明显为我在学生心目中加了分。

片段五：在梳理《美和美的东西》文本内容时，我将难点设计在第二个分论点：美是相对的，会随着人与现实审美关系的变化而变化。我要学生举出生活的事例。孩子举出一例，但还是不得要领，甚至混淆了美和美的东西两个概念。我想，我得举一个既能说明这个道理，又特别贴近他们生活的事例。于是，我慢慢地引导他们：12月1号我们阳春二中是不是有一个励志演讲报告啊？大家在听报告前后的心境有什么不同吗？有学生反应很快，马上说：听了报告后，觉得动力很足，觉得高考备考高三生活没那么辛苦，高三的生活可以很美很精彩。在此之前，觉得枯燥，前途暗淡，压力大、状态差，高三生活特别糟糕。我适时点拨：这就是励志演讲的效果，你与现实生活的审美关系发生了变化，你对生活的评价也就变化了，它们是相对的。这个环节是我有预谋的，我事先看了他们学校的网页，知道在合适的时候亮出这则新闻，既能说明文章观点，又能让学生好奇：为什么他们的这个励志演讲我竟然知道？我想让他们带着惊奇、惊喜，跟着我在文本与课堂间穿梭徜徉，这样的结局定是美好的。

我知道很多课堂的细微环节具有不可复制性，但在阳春体验的这节课每个细节都清晰地刻在我的脑海，那种温暖和幸福会一直陪伴着我。短暂的相处，我没有记住那群可爱的孩子的名字，甚至没看清他们的面容，但我记住了他们整齐的读书声、真诚的眼神、思考的表情、爽朗的笑声。我这两天一直在思考：为何完全陌生的学生可以在这么短的时间迅速地、奇迹般地实现我的课堂教学的梦想？我思来想去，有我的原因，有学生的原因。

学生方面，他们真诚质朴，勤奋好学，思考质疑，几乎具备了好学生该有的所有品质，尤其是真诚质朴，深深打动了这个特别感性的我。他们像小学生一样大声整齐地回答问题，他们俏皮活泼又有礼貌，他们能静静地想，大胆地说。总之，他们表现了课堂上我一直想要的学生状态。这在课堂片段叙述中已经记录过，有些感觉我还真写不出来。

教师方面，我觉得这节课与以往的课在心理准备和备考准备方面也很不相同。这给了我几点启示：

1. 放得开是课堂成功的心理因素。心理方面，这次上课，我没有心理负担。学校领导没有给我任何压力，只要我放开、毫无负担地展示就行。我就真豁出去了，不担心教研员的批评，也不担心领导的不满意。就因为放开了，我觉得自己就像脱了牢笼的小鸟，终于张开翅膀在语文海洋的上空自由地盘旋了一把。我真的感觉到，课堂上的自己完全沉浸在一种表演和主宰当中，我的课堂我做主。我的灵感我的引导，很多是自由发挥，可是我觉得他们是那么及时，50分钟，我的心有一种激动性的飞翔盘旋。现在回想，每次区教研员来听课，我就像戴着镣铐在跳舞。越熟悉越苛刻，我就越怕，越怕我就越放不开，上完课我就懊恼！省评估课、市调研课，我总会比区调研课上得出色，原因就是我放得开，豁得出去。这次我是彻底豁出去了，所以就自由了。

2. 用心准备课堂环节的设计很重要。在课堂几个环节的设计上我用了点心思。比如让孩子们帮我写高三心情分享作为暖场礼物，帮我成功拉开序幕；比如了解二中新闻给孩子们惊喜；比如课程设计的几套方案随时备用；比如目标的设计和课堂的总结升华……这些设计像连环扣一样，把课堂一步一步推向高潮。

3. 教师的亲和力相当重要。激情是语文教师的必备情商，亲和力是教师课堂有力的武器。怎样让陌生的学生最快感受老师的亲和力，是我导语设计的中心。3分钟后，学生说出"慈祥"，我就在心里得意地笑了。一节课，我与学生亲切地握手，面带微笑，朋友式地引导交流，我用了很多次"分享、交流"这样的词眼，我很多次俯下身去听学生说话……我想这些细微的言行肯定给了学生莫大的鼓励和自信。我想，把学生放在一个平等的位置尊重他们，真诚地鼓励引导他们，让他们体验到尊重和平等，他们才愿意说、敢于说。

课后，我得到领导和同事极高的评价，不过，这些对我不重要。我的心洋溢着满满的幸福感。多年来愿望的达成让我有极大的满足感。我是处女座，我喜欢追求完美。现实往往是不完美的。所以，我知道我苛求不了自己的渴求，况且高考的压力和现实的排名容不得我每天有那么多功夫去设计课堂的跌宕起伏，那么熟悉的天中学子也受不了我这个熟悉的杨村长那么煽情的忽悠，我的课堂梦想依然只能是梦想。可幸运的是，阳春一行，践行了我的理念，实现了这个完美的梦想。

阳春归来，春意盎然。教育之花在心里灿烂地绽放……

上面的文字是我在外地上的一节同课异构的课，基本能呈现课堂师生互动的灵动、教师对个体的关系、师生关系的和谐。总的来说，幸福课堂强调的是师生共生共创，课堂不仅是知识传授的地方，更是学生生命成长价值诉求的承载平台。在这里，师生关系不是对立、控制和单向的相对关系，而是融洽和谐、平等民主的平行关系；在这里，学生能实现知识与技能、过程与方法、情感态度价值观的多维和谐发展；教师能自觉立足学生的个性需求，关注学生，立足成长，创设情境，使师生沉浸于课堂，专注于思考，通过深度学习，不仅接受知识，更能内化知识，进而达到最佳的创新状态。

当然，幸福的课堂要追踪实现课堂目标，有一个重要的前提就是，这是一个充满感染力、赋予情感和生命的活力课堂。教师在深度备课后，通过对课堂节奏的把控，对学生情绪的调控，用情感和艺术浸润、激活课堂，最终让学生在享受中完成对知识的掌握和对生命的体悟。在从教过程中，我听过很多精彩的课，印象尤其深刻的当属韩军老师的课堂。下面，是我的听课感想。

听韩军老师课的一点体会

前几天，我是带着一种激动的心情走进韩军老师的课堂。这几天，我是带着振奋的心情重新走上自己的讲台。带着自己对韩老师新语文精神的领悟，有意识地在自己最近几天的教学中融入韩式教学风格，我发现自己的语文课堂也悄悄地起了变化，这仅仅是一个肤浅的认识、一个不到位的模仿而已，但它就可以在"为高考而备战的语文课堂"泛起一层涟漪，更何况真正的韩式风格和韩式精神呢？仅此一点，足以证明韩军新语文教学的独特魅力。

语文的课堂是情感的课堂。时间已经过了好几天，我还清晰地记得第一次近距离接触韩老师的情形。在一个巧妙的情景设置中，他就带领我们走进了艾青的精神家园。在他饱含感情的诵读中，不到30秒，我的泪就悄然滑落，不仅是我，还有很多听课的学生和老师。在他的出色感人的朗诵中，大堰河的苦与难，大堰河的仁与勤，大堰河对诗中"我"的疼与爱，"我"对"大堰河"的思与念，像特写的镜头一个一个地推进我的脑海中，我的泪尽情地流淌，眼前就是艾青，就是那个思念自己养母的艾青在铁窗里面对漫天飞舞的雪花在深情地回忆自己的养母，在对自己的养母倾吐自己的刻骨情怀。更神奇的是，我不仅想到了艾青的养母、诗歌的主人公，我甚至不知不觉想到我那已过世的妈妈，她是多么爱我，我也是多么思念她，一样的情怀在他的声音的叙述中尽情地碰撞。整堂课，我的心一直处于一种柔软而感伤的状态，课下我还久久走不出那种忧伤。怪不得清华大学中文系主任如此评价"韩军的课不仅课堂让你享受，课下还可以让你浮想联翩"。这只是韩老师课堂的冰山一角，仅仅一个朗读就可以把学生带入文本，走进作者的心灵，几乎是与作者对话。这样的课堂，用情感感染学生，学生才会在语文的天地里尽情地翱翔。韩老师的教学牢牢地抓住了一个字，就是"情"。自己动情，学生动情，情流淌在语文的课堂，更流淌在学生的心田。我特意选距离他最近的一个位置，为的是看清韩老师教学的每一个环节，在他朗诵的过程中，泪眼婆娑的我依然清晰地看到他眼角的泪光。那泪花对我是一个巨大的震撼，一个人到中年、教课无数的教育家能在自己的课堂、在自己的学生面前坦然落泪，那是一种怎样的精神投入！是一种真正的情志！正是他的真、他的情，才带领学生走进了艾青的情感世界，体味到艾青的真和情，才触发学生的真和情。所以，在韩军老师身上，我深深地感到，语文的课堂首先是情感的课堂。只有用自己饱满的精神，用自己的真情，才能带动学生；只有在情感的熏陶中，学生才会打开自己的情感闸门，畅谈自己对文本的见解；只有在情感的碰触中，才会点燃智慧的火花。

语文的课堂是文字的王国。韩老师的课堂，语言文字是主角，仅仅使用恰当的音乐来配合他精彩的诵读，其余没有太多的高科技多媒体，课件中甚至没有使用一些彩色的画面来陪衬。因为在他的理念里，文字才是语文的根本与主角。用他自己的话来说，就是"在言语的丛林和字里行间穿行"，要"在言语上下苦功"。抓住"言语"进行探讨、研究、鉴赏、体悟，才凸显语文的学科特质，言语教学才是语文教学的生命所在。只有紧贴文本地面行走，才会科学有效到达精神的家园；只有领悟文字的特质和语境，才会领悟作者的意图和精神。正如韩老师所强调的，新语文教学应该首先着力于言语，才能着意于精神。正因为如此，在韩老师的课堂上，文字首先是主角，可以通过增减文字来体味文字对表情达意的重要性。比如在《大堰河，我的保姆》一文中，"我回到了父母的家"加一个"我"字，让学生体会自己因为被收养而回家的那种陌生感和没有归属感的感觉。通过改写《隋宫》中"应""必",来让学生深刻感受作者对隋炀帝的嘲讽和批判,以及诗歌的现实意义。还通过改写让学生明白说明文的用词的简洁和准确性。把对比和联想巧妙地结合,把文字放置在不同的语言环境中,感受语言文字的精妙,感受作者运用文字的独具匠心。通过文字的意味来感受文本的韵味。在揣摩斟酌文字的过程中,已经融入了自己对学生的引导,学生也在文字的把玩中体会了作者的意图。着意于精神而不离本文的研读,这是语文的精髓。这也是语文教学的回归,回归文字,回归文本,在文本的研读中,体现语文的精神和特质,这是新语文的重要精神理念。

语文的课堂,是精神的家园。韩老师的课堂,没有假大空,没有冷冰冰,没有一丝庄严肃穆。有的是一种自然与和谐,一种回家之后的归属感。师生是自由的、平等的,个性是自由的、张扬的。言论是多元的、创意的。学生在他的带领下,尽情地展现自己的观点,一个简单的问题,可以引发多个角度,可以引发多元的思考,形成不同的观点和看法。我欣喜地发现,孩子们在韩老师的课堂上才是争相开放的真正意义上的花朵,他们可以在自己的思想王国尽情地遨游。想象一下,中国的语文课堂有多少时间不是在摧残花一样的心灵,不是在灌输、在强迫、在应试?是在技巧中奋战,而不是在艺术中享受!很多专家都没能解释艾青为何要用紫色的来修饰大堰河的灵魂,在他的课堂,很容易就解决了。因为他不是强加思维,不是一味灌输,不是先入为主,而让学生成为思考的主体,他们是自由的,韩老师与他们是平等的,他们一起联想一起探讨,学生在想象的王国里去靠近紫色,他们想到了晚礼服,想到了忧郁,想到了高贵,想到了辛劳,想到了大堰河冻僵了的双手,想到了大堰河卑贱的生命和高贵的灵魂……这就是恰当的引导和自由的思考碰撞之后形成的智慧的硕果。我相信,这只是韩老师课堂的一个片段而已,他的课堂一定是精彩不断。因为师生是用心在做自己课堂的主人。

语文课堂是人文的课堂。语文的实质到底是什么?语文到底应着重语言技术的应用还是注重于奠定人的精神根底？这些年一直觉得迷惘而痛苦，在应试教育中自己也变得麻木而彷徨。听了他的课，我的心豁然开朗。原来我梦寐以求的课堂就是这样，原来我就想有这样的教学风格与风采。因为我彻底体会到语文的教育应该是一种精神的教育，体现的是对人性的挖掘与思考，是对生命的探讨与张扬。首先，得承认个体生命的多重色彩，才能多层面地解读文本中的人物，多角度地探讨文本人物的存在意义。其次，得承认不同个性的学生对文本的认知差异。这样，才能让文本中人物形象丰满，生命丰盈。学生个性张扬，课堂才能内容丰富，精彩连连，体现对生命个体的尊重，引导学生发现和挖掘主人公身上的人性特点。我相信，很多学生在上完《我的叔叔于勒》后，就认为于勒就是一个不负责任、不敢承担的人，他的哥哥菲利普就是一个自私的人。而在韩老师的课堂，他们是多元的、矛盾的、立体的。他让学生探讨思考，想象比较，读出了于勒的善意、苦闷、挣扎甚至还有对家的期盼，骨子里小人物的那种倔强等亮点。如此林林总总，就形成了一封封于勒没有寄出的家信，让人拍案叫绝。他让学生揣摩猜测，设身处地，推断菲利普不认亲的背后苦衷。于是，就形成学生笔端的"菲利普日记"，写出了哥哥对弟弟的思念与内疚。独特的思维，个性的张扬，对个体生命的尊重与解读，在巧妙的教学环节中，引导学生对人性的探讨。在不断强化引导中，我相信韩老师的学生一定会对人性有一个多视角的解读，也会多一些宽容和理解。因为，现实中，不就有很多的于勒和菲利普吗？他的课堂，人文的体现还在于对学生的关爱和赏识。作为听课者，我深深地感到做韩老师学生的那种幸福感，他会轻轻地抚着孩子们的肩，会拍着孩子们的背，会微笑着、慈祥地望着学生。在合适的时候，他总是送上恰当的鼓励与赞赏，用他的亲和力打造一个温暖的学习氛围。用他的恰到好处的赏识来增加学生的信心和勇气。所以，在他的课堂，孩子们愿意说，也敢于说；在他的课堂，个性得到真正的张扬，人文得以尽情地体现，人性也能尽情地被挖掘、被解读。

韩老师的课，是一场精神的盛宴，是一种愉悦的享受，既体现了传统文化的回归，又体现了新时代语文的特质。他本人不仅是知识的传授者，更是课堂的表演者和课堂艺术家。

我为能亲身感受韩老师的教学魅力而感到幸运，我想那种震撼一定会伴随我的教书生涯，因为新语文教学思想正是我渴盼已久的、梦寐的课堂理想，如能实现，终生无悔。路，依然漫长，但至少看到了希望，希望在韩式教育的启迪下，能有杨氏的一点儿风采。我会用自己的勤奋去摸索、去实践，期待语文课堂的丰盈与笑语。

课堂是教育的主阵地。充满情感、富有艺术的课堂是能给学生带来享受的课堂，是能给学生带来愉悦感和幸福感的课堂。幸福课堂正是班级幸福共同体所追求的目标，也是实现班级共同体幸福成长的重要途径。

第六节　营造书信特色的文化磁场

德国哲学家雅斯贝尔斯在《什么是教育》中指出："教育的本质意味着一棵树摇动一棵树，一朵云推动一朵云，一个灵魂唤醒一个灵魂。"教育，需要教师通过合适的方式推进师生心灵互动、情感互融。我把书信当作重要的唤醒、教育的有效工具。因为，在我看来，书信充满庄重的仪式感，富含真情的魅力，能恰到好处地满足师生交流的需求。书信的深度融入，能让师生间的交流互动从"以信换信"初级版变为"以心换心"升级版，在拉近心理距离的同时，提升育人效果。近十年来，我每个学期都坚持给学生写信，累计40多万字。这些文字滋养了学生的成长，让成长在书信里幸福地飞翔。

一、书信，撬动成长的一根杠杆

在我的班级管理中，我把书信当作一个重要的沟通手段，用它连接师生情感，用它促进师生互动，用它撬动学生成长。书信，就是一根有效的省力杠杆。

（一）书信——师生情感的一个加速器

班级不应是教师的"独角戏"，而应是师生协同作用的"共同体"。构建师生共同体的前提是情感共鸣、精神共振，书信作为心灵对话的传输介质恰好为此提供了现实载体和发力支点。每组建一个新的班级，我会举办一个隆重的见面会。见面会上，每个学生都会收到我一份特殊的见面礼——一封书信。2020年，我担任高一（1）班的班主任，开学前一周，我从网上定制了印有励志名言和学校风景照片的书签，又认真地写好一封长长的书信。开学前的一天，我整理好教室卫生，在黑板上写好欢迎词，在课桌上摆放好书签和书信。第二天，学生回到教室，十分惊喜，也特别感动。书信，很快拉近了师生的距离，成为师生情感的加速器。

附：见面礼——书信

美丽天高，幸福起航
——给 2020 学年高一（1）班的见面礼

亲爱的高一（1）班孩子们：

你们好！

文字是落在纸上的感情，当我写下这封信的时候，我们的缘分就开始了，我对高一（1）班的感情闸门就开启了，你们美丽的高中生活之旅就开始了。

首先，让我以一名天高人的身份，热烈欢迎大家加入美丽的天河中学。我来天河中学已有十余年。十几年来，我与她一起成长。我对这里的校园风景、领导、同事、学生都怀有浓烈的感情。校园风景优美，天高领导有方、同事认真友爱、学生勤奋可爱。在这样美丽和谐的校园里工作和成长，我感到无比幸运，也收获了很多的快乐和幸福。在我看来，接纳和爱是在一个环境里幸福成长的首要前提，因为我爱天高，爱我的事业，才让我收获快乐，幸福成长。所以，我以一名老天高人的身份，希望高一（1）班的每一位学生，从此刻起，以最快的速度爱上学校，爱上班级，爱上读了高中的自己，你也会以最快的速度适应高中，收获成长。

其次，让我以班主任的身份，热烈欢迎大家加入优秀的高一（1）班。虽未谋面，但我知道，能进入高一（1）班的孩子，一定具有优秀孩子身上的勤奋、能力、品质和思维。没有勤奋和努力，何来优秀的中考成绩？当然，优秀成绩的背后，除了勤奋和努力，还沉淀着优秀的品质和思维。

在我看来，中考只是一个阶段，高考又是一个新起点，从某个层面来说，你们赢在高中新的起点上。我想有了新的起点、高的起点，我们高一（1）班每一个孩子，更想赢在终点上，也更有可能赢在终点上。那就是，三年后的高考，我们会交出一份满意的高考成绩。不仅如此，我们还会在思维层面、能力层面、幸福层面得到全方位的提升，最终为幸福人生、成功人生奠基导航。要实现这个成长目标，就需要我们每一位高一（1）班人能最大限度发挥个体的力量，凝聚班级的能量，凝心聚力，打造一个拼搏的学习磁场、灵动的思维磁场、幸福的情感磁场。

基于这样的成长目标，我真诚建议每个高一（1）班的同学能够在以下几个方面做得出色。

一、固志笃行

从今天开始，我们就要为一个"优秀幸福的班集体"建设目标、出谋划策。既建立宏大的班级发展目标，又要建立远大的个人发展目标。既要有计划力，更要有执行力。咬定目标不放松，遇到困难不退缩，勇往直前，带着激情，奔向梦想。落实计划，不打折扣，拒绝拖拉，雷厉风行。在这一点上，我会为大家做好表率。

二、培养思维

从今天开始，希望大家在思维层面有意识地去进行一些锻炼。培养学习思维，有利于提升学习成绩；培养做事思维，有利于提高做事效率；培养利他思维，有利于建立人际关系。至于如何培养，我会在班级管理过程当中进行具体的指导，请同学们秉着成长的需求，认真学习和执行。

三、养成习惯

良好的习惯，是成功的必备条件。高中是新的起点，希望同学们从第一天开始，发扬和巩固已经养成了的良好习惯，纠正过往不好的习惯。在学习习惯、生活习惯、卫生习惯、纪律习惯等方面都严格要求自己。自律是一种能力，更是一种品质。当自律成为一种习惯，你就离优秀不远了。

四、热爱集体

人是社会中的人，是集体中的人。只有与集体和谐共存，才会获得存在感、归属感，才会有更大的成就感。从今天开始，我们高一（1）班就是一个大家庭。在学习上大家互帮互助，在生活上大家相互扶持。我会推行学习小组共同体，建立一种相互依存、缺一不可的班级关系，也会落实"人人有事做，事事有人做"的班级运行原则。希望大家能在小组共同体和班级共同体中发挥所长，发光发热，让整个教室运行在一种充满温暖感动和正能量的磁场中。

最后，我想告诉大家的是：你们现在所处的班级就是2018年我带领高一（1）班的主战场。今天，当我再次走上这个讲台，我还能感觉到教室里流动着当年的温度和感动，还能回忆起当时拼搏的每一个场景，还能回忆起这个教室里所发生的每一个温暖的故事。2018年就在这个教室，36名高一（1）班人一起创下了全区统考所有班级第一名的好成绩（含天外广中），还获得全国书香状元班、广州市班级文化建设优秀班集体、天河区示范班等一系列集体荣誉。我也被评为天河区"感动天河的好老师"、广州市"感动广州最美教师"。当然，收获的不仅仅是成绩，更多的是欢乐和幸福。

这个教室，是一个学习的福地，更是一个幸福的磁场，它带给我很多感动和温暖，感动本身就是一种力量。如今，我特别希望，我和你们之间迅速建立连接，大家彼此信任，相互扶持，用爱和感动创造一个温暖的班级，用勤奋和拼搏成就一个优秀的班级。

我希望这封信能拉开你们在天高美丽故事的序幕，能成为咱们师生沟通信任的桥梁，更成为师生共同拼搏、实现梦想的冲锋号角。

缘分让我们相遇，梦想让我们凝聚。从今天起，我们就是相亲相爱的一家人，让我们一起用真诚和努力打造一个温暖的家庭。

你们的班主任、大朋友：杨换青

2020.8.20

如果说，书信能在初遇时迅速为师生情感升温的话，那么，书信也能在师生离别后为情感保温。分班或毕业时，我会精心为每个学生准备一份毕业礼物。其中，一个必需品就是一封送别信。我会以时间为线索，回顾带班经历过的点点滴滴，写下学生带给我的温暖和感动，写下自己对学生的感谢和祝福。下面的文字节选自题目为《人间四月芳菲天》的一封书信，是写在高一分班之际。

文字是情感的载体。去年，要与大家见面时，千挑万选，最终选择一份书信作为见面礼。如今即将别离，千思万想，我依然选择书信作为离别纪念。在我心里，任何礼物都不及文字来得酣畅淋漓。如果说见面会上的书信书写的是兴奋与期待，那么，此时的书信书写的却是离别与不舍、祝福与祝愿。我深知，离别前的一次深层梳理和交流不仅会更有效地沉淀情感，而且会有助于咱们天琴更美好的成长和相聚。所以，本次书信就肩负多重功能——除了表达感谢之情，抒写感恩之外，我更期待能让大伙儿铭记情感，收藏情感并且化为动力，内化力量。下面，我以诚挚的心请大伙儿跟随我的文字，走进咱们班级的故事，品味班级的情谊。

感谢众多的孩子为天琴部落留下一笔丰富的档案，一个班级的成长需要班级档案来沉淀。一个班级就是一个故事，每一个孩子都是故事的创造者，也是故事的记录者。同学们每人留下了一本厚厚的成长日志，同学们一起出演了两部班级电影，同学们一起创作了六本班刊和五本班级成长照片书，同学们还开展了百余场班级演讲，同学们举办了十余场有创意的大型活动，同学们还别有新意地开创了"贺岁片"的拍摄、"漫画家庭"的创作。这一切，是班级爱和力量的凝聚，是成长的记录，更是记忆的沉淀。在此特别感谢全体同学倾情投入，认真参与，这是一笔丰富的档案文化，它将成为同学们永恒的记忆。多年之后，同学们依然会想起尽心尽力、技术精湛的贺岁片制作导演——谢贺靖涵，会想起文学社社长张蕾，会想起团委林淑欣书记，会想起"天琴部落，全力以赴"的书写者翁宓儿，会想起"家庭漫画"的作者杨奕菲……

感谢所有的孩子为我的教育生活再添美丽记忆。我记住了洪志鹏、吴玮涛、何梓衡等天琴"学习和行为标杆"的模样；我记住了林灵、侯紫晴、林紫晔、徐慧等天琴女孩乖巧懂事的种种美好；我记住了"与文泽的统考约定"实现后的喜悦；我记住了去男生宿舍教男孩们叠"豆腐块"，与云龙一起叠衣服的温馨；我记住了昱呈、涵之、宇涵、骏源等孩子与我一起参与的精彩的"焦点访谈"，还有他们一起唱歌、一起带给天琴的种种有趣的事；我记住了堃堃每次跟我汇报宿舍就寝情况的认真而可爱的样子；我记住了因为一航的推荐才有了天琴丰富的科技课堂；我记住了林奕濠、黎珩两人不仅是好哥们，也是两个大才子，黎珩是魔方小王子和化学实验师，奕濠的书法精美；我记住了是显山第一个喊我"杨妈"……

现在，正值最美四月，草长莺飞，春意盎然。此情此景，正是天琴生机和活力的写照。不管以后，你们身在何处，请永远记住——2020的天琴，咱们一起拥有过……

毕业前夕，我也会收到一封封情真意切的离别信。这些书信，温暖了我的教育生活，成为我育人情怀的催化剂和强心剂。

我特别庆幸自己选择教师这一行业，因为它在带给我挑战的同时，更能给我心灵的滋养。尽管每个班级的总体风格和每个孩子的个性不一样，带给我的情感体验会略有不同，但不可否认的是他们都能让我找到存在感、归属感和幸福感。所以，我感谢我生命中每一个相遇的孩子，我感谢能在天琴遇到的每一个"你"。不管你是调皮任性的，还是乖巧懂事的，不管你是活泼开朗的，还是沉稳内敛的，你对天琴都那么重要，因为每一个"你"都是独一无二、不可重复、不能缺失的。正因为每一个个性独特的"你"，才构成多彩的天琴，丰富的天琴，有趣的天琴。

一日复一日的班主任工作，难免让我偶尔会疲乏，班上时有出现的小状况，也难免让我偶尔不畅快。可是，在我的心里，从未放弃过天琴，更从未讨厌过天琴的任何一个孩子。没错，就因为在心里，我把你们当作孩子。孩子就不怕犯错试错，问题就是最好的成长资源嘛……这不，犯了一些小错的孩子，已经一天一天在修正，一天一天在进步。他们做到了"今天比昨天进步"，他们期待"明天比今天更好"，这不正是教育的目的所在吗？杨老师在很多方面做得不够好，但今天，我可以很无愧地说一句：在对待天琴的孩子们时，我做到了公平公正，我也很骄傲地表扬自己，我看到了每一个孩子身上的"光"。

班级的成长是一个老师和学生共同成长的过程。我特别感谢你们给了我陪伴你们成长的机会，也感谢你们带给我的启示。由于时间原因，我不能一一讲述所有人的故事，在此，我挑选几个故事与大家分享。故事的主人公，他们不是某一个人，而是天琴的情感象征。

感谢育轩给我警醒，把我从"固执"中"拉"回来，让我明白，"作为一名师者，随时要管理好情绪，不带情绪去评论班级事务"。有一阵子，班上状况频出，我终于有一些按捺不住了，在班上发了一次"飙"。人在情绪当中表达情绪，自然就有一些话不中听。可怕的是，我并未觉得那些语言会伤害师生的情感，直到看到育轩的那一篇日志。他直言："杨老师，我一直敬重您、喜欢您。您也一直喜欢我们，可是，您今天的话似乎完全否定了我们班的好，这让我有些无法接受。"那一刻，我突然意识到自己的语言已经伤害了学生们的情感。我很自责，于是赶紧采取了弥补措施，我在班上进行了安抚工作，并对育轩表达了真诚的谢意。教学相长，学生就是老师的一面镜子，感谢天琴部落的38面镜子，让我不断修正、不断成长，让我可以做更好的师者。

感谢铭扬让我明白"老师的一句话，可能会造成师生的隔阂，但只要用心交流，用心感受，终能师生情深"。接班的前几个月，因为作业的问题跟铭扬之间出现了一些误会。我感觉铭扬不是那么信任我和亲近我。也难怪，我惩罚过他"不写完作业，不准吃午饭"。可是，孩子的心始终如金子般闪光。铭扬没有记住我对他的罚，他记住了我对他的好。因为那天我怕他因为补作业而错过午餐，我买了一盒自热米饭送给了他。再后来，他上课更认真了，对我更亲近了，微班会他听得很认真，课下他不断问题。上次在操场搞完班级活动，是铭扬主动留下来帮我一起收拾，师生之间的情感是心心相印的交流，发自内心的爱才能从心里真正地打动学生。或许，铭扬已经忘记了杨老师与他交往的很多细节，但是他带给我的感动使我铭记在心。

感谢肇弘让我明白"师生的感情是需要表达的"。由于某些原因，班上有几个孩子没参加军训，肇弘就是其中的一员。我把军训期间的班级生活记录下来并做了一个美篇推送。当天晚上，我收到一个QQ留言："老师写的内容好感人，期待见到老师和同学们。"我回复："可惜没有放入你的照片，下回，把你的照片放一张。"当晚我就在想，这是一个有情有义且善于表达情感的好孩子。我要好好培植他内心的美好情感。我兑现了自己的承诺，在推选班级第二个美篇时，我把肇弘的照片放在了最显眼的位置。肇弘，是一个温和的男生，他主动竞职当选小组长。与其他组长一样，工作过程中遇到了不少阻力，但他始终没有退缩，更没有逃避。我想激励他的，除了内心的坚韧，更多的是对天琴的情感。就在前几天，我突然对肇弘生出一些歉意，我觉察在后期相处过程当中，肇弘并没有像刚开始对我那般热情。我想，错应该在我，因为我没有像当初承诺的那样去细心呵护和培植师生情感，在最需要我给予工作上的支持时，我可能也忽略了他内在的需要。这样一想，我不禁有些自责，于是赶紧采取补救措施。那天，我跟肇弘推心置腹地进行了一次深入交流，表达了自己对他照顾不周的歉意，也感谢他对班级工作的支持。我想，这样真诚的交流值得我和肇弘都铭记。

由于篇幅有限，我不能一一讲述我与每一个孩子的故事，表达对每一个孩子的深情。我想通过这几个故事表达我的感谢；感谢"育轩型"天琴人对我的鞭策，感谢"铭扬型"天琴人对我的包容，感谢"肇弘型"天琴人对我的默默深情。

感谢六个组长对天琴做出的卓越贡献。从第一次登上演讲台发表竞选演说开始，你们就体现出对天琴的情感和担当。从管理日常到收发作业，从小组管理到活动开展，你们都体现了卓越的组织和管理能力；从协调组员关系到兼顾组间关系，从小组发展到班级发展，体现了你们颇有艺术的沟通能力和大局观念。你们就像天琴的六根支柱，成为天琴发展的有力支撑。你们不仅认真学习还努力提高工作水平，在工作推进当中磨砺了自己的意志，锻炼了自己的能力，提升了自己的管理水平，这是成长过程当中一笔了不起的财富。在自主式的家长会上，你们的口才和能力得到了与会家长的一致好评，这是一次全方位的检阅。正是通过你们的演说呈现了天琴部落"团结友爱，有才有情"的班级风貌。天琴部落是我教育生活当中一个重要的璀璨星空，你们六个组长一定是这个驿站当中闪亮的六颗星，我会永远记住你们。再次诚挚地感谢直率干练的王嘉莉、儒雅有才的罗宇涵、温婉优雅的谢嘉敏、谦逊友善的刘肇弘、豪爽热情的张鲁宜、严谨大气的杨蕊竹。

感谢班干团队的有效引领。如果说一个学校是一个迷你小世界，那每个班级就是一个国家，那咱们天琴部落就是一个民主型管理的国家。通过竞选产生的六个部门的部长各司其职，又相互合作，使得天琴部落能良性高效运转。感谢陈骦同学每天坚持准时带领全班同学高喊班级目标，让我们每天重温"点亮自己，照亮他人，追求卓越，创造辉煌"的班训；感谢新宇同学坚持督促同学们早读，开启一天新的学习生活；感谢智谦、君杰、馨慧三位同学每天记录出勤情况，你们是天琴的安全卫士，工作琐碎，但从无怨言，这是一份了不起的责任感，更是一份深沉的热爱集体的情感；感谢黄骏源、林淑欣、王嘉莉、罗宇涵、林子晴六个值日班长记录的班级日志，成为我了解班级的重要窗口；感谢全体女孩们每天记录"感动天琴故事"，记录美好，传递正能量，你们不仅是美的观察者，还是美的践行者。

感谢天琴部落所有学科的科代表。他们是沟通老师和学生的桥梁，也是保证天琴部落学习优秀的重要贡献者和领航者。他们分别是语文学科代表胡迪丰、杨奕菲，数学学科代表古轩麟、程堃，英语学科代表林灵、翁宓儿，政治学科代表林紫晔，物理学科代表钟显山、黄骏源，化学学科代表杨育轩、林奕濠，历史学科代表张蕾，生物学科代表江一航，地理学科代表侯紫晴。

感谢每一个为天琴付出的人，在天琴部落，没有职位高低之分，只有工作分工不同，每一个孩子都参与管理，"人人有事做，事事有人做"。你们或承担六个部门的引领工作，或参与每个组的事务分工。特别值得一提的是每个小组的单科组长。人人都承担一个单科组长，这或许是班级里面最容易忽视的一个职位，但学习的重要保障者恰恰是你们。试想，若是每个小组的单科组长都能承担起这门学科的指导者和协调者的责任，整个班级就会呈现出你追我赶的学习氛围，也能大大提高班级的学习效率和学习成绩。不过在这方面还有很大的提升空间，这也是我在新班级需重点突破的地方。

（二）书信——温暖成长的一米阳光

书信，是我管理班级的有效手段，是日常工作的有益补充。我利用空闲时间给学生写信，用书信引领学生成长。

1. 书信，为成长锦上添花

通过书信，以情说理、用情育人，从思想上给学生提供真情滴灌，从行动上给学生提供真诚支持，让学生实现温暖成长。2018年，班里面有两位特别乖巧、优秀的女生，为了鼓励她们从优秀走向卓越，我利用她俩名字的特点，结合她们的优点，给名叫若兰的女生写了一封题为《兰心蕙质，定会不凡》的书信，赞美她单纯、质朴、积极、进取；给名叫善愉的女生写了一封题为《善其内，愉其外》的书信，赞美她温暖、善良、乐观、开朗。

2. 书信，为成长雪中送炭

通过书信，及时有效地解答学生的困惑、纠偏学生的错误倾向，帮助其在人生关键的"拔节孕穗期"健康成长。有一天，我在回老家的高铁上收到一位男生的求助信，信里诉说他因为上课无法专注的苦闷。我立刻上网查阅了一些资料，再联系这位男生平常的表现，给他写了一封题为《训练专注力，让梦想起航》的回信，为他提供了训练专注力的方法和策略。有一位胖胖的女生，不能解开"胖"的心结，老是郁郁寡欢，我给她写了一封《接纳不完美，才可能更美》的书信，引导她学会接纳，督促她多运动。

3. 书信，为成长导航加油

我抓住教育契机，创设教育情境，通过书信分享自己的人生体悟，分享读书心得，指导学生高效成长。在学完王安石的《游褒禅山记》后，我写了一封题为《吾志何在？尽志无悔！》的书信，勉励学生立志、笃行；在学完王羲之的《兰亭集序》后，我写了一封题为《岂止一人之痛，此乃万古之悲》的书信，引导学生思考生命的价值和意义。木棉，被称为英雄之花，也是广州市市花。有一天，我散步时，经过木棉树下，火红热烈的木棉花给了我写信的灵感，于是，我在木棉树下席地而坐，使用讯飞语音输入，给全班女生写了一封题为《做一个木棉女孩》的书信，勉励女生成为独立、坚强的新时代女性。

那一年，我写了四十多封信，共计十余万字，这些书信成为学生成长的一米阳光。《创造精彩，青出胜蓝》《领军天枢，爱如涓流》《怀抱幸福前行》《铭记感动，创造感动》《你一定行》《趣味课堂，由你引燃》《坚韧进取，奠基人生》《你让我伤心，我依然原谅你》《注重细节，锤炼品质，成就自我》《自律自省，助力成功》《于细微处见真情》《既能云淡风轻，又能赛场威猛》《一群人，走得更远》《书香相伴，丰润人生》《书信，触动心灵的重要力量》等，这每一封书信背后都是一份情感，都是一个故事。

在我的影响下，书信成为班级一种常态的交流方式，学生经常给我致信交流所思、所想、所盼、所求。书信，成为师生关系融合、交流互动的重要渠道；成长，就开始在书信里轻盈地飞翔。

2018 年，班上有一个叫童童的男孩。初中时，童童被称为"恐怖分子"。我利用多方力量为他配置最优秀、最友爱的组长，为他搭建表现的平台，给他最大的包容、最贴心的关爱。书信成为帮助和爱的主要媒介；书信成为敲开心门、连接情感的通道。在我为他写过几万字的书信后，我走进了童童的心里，得到了爱的回应。童童给我写了一封五千多字的书信，深深地感动和震撼了我。这个曾经被称为"恐怖分子"的孩子，变成了一个有情有义的男子汉，不仅常规表现不错，成绩也一路飙升，由全年级两百多名上升为全年级前五十名。童童的妈妈把我给童童写的书信、成长故事和童童给我写的书信等编制成了一本成长集，题目是《信任为源，幸福花开——童童成长记》，在毕业前作为礼物送给我。童童的成长给了我深刻的启示，作为教师，我们要珍爱每一个孩子心里的瑰宝。老师的一句话可能成为孩子成长的灯塔，只有带着情感的教育，超越功利的教育，才能走进学生的心里，真正激发学生的内驱力，而书信就是走进学生内心的一条有效路径。

（三）书信，教育惩戒的温柔武器

教育，不可能全是"风和日丽"，教育路上难免会有"阴雨天气"，如何尽量避免教育路上的"暴风骤雨"，让批评多些"和风细雨"，这就关乎到一个教育惩戒的问题。教育惩戒不当，会让师生冲突成为新的教育痛点。其实，许多矛盾冲突都来源于教育惩戒方式的不合理。我在带班实践中，引入"书信"这种柔性的教育惩戒方式，通过师生间的书信交流，引导学生追本溯源、明晰原因，文字减压，安抚情绪，换位共情，化解矛盾，进而达到教育的目的。

在学生犯错后，最重要的是了解错误背后的真相和行为背后的本质。以往，学生一犯错误，教师就让写检讨、写反思。检讨书带有明显的惩罚痕迹，会让学生产生逆反和抵触心理，难免会有应付之嫌。我把"检讨书"变成了"书信体的事实说明书"，要求学生给我写一封书信，引导学生回顾自己事发时的背景、心理、行为及外在因素，在有诉说对象的情况下，在文字的穿行中，学生能较为理智地看待和分析事情，还原真相。这一过程本身就是自我教育的过程，我也能根据书信的内容更有针对性地找到解决问题的办法，书信体的说明书让教育惩戒拥有温度。

二、书信，架起家校沟通的一座桥梁

学生的成长离不开家长和学校的共同努力，如何调动家长参与班级事务的积极性，发挥家长参与班级管理的主动性，产生家长助力班级成长的自觉性？首先要构建良好的家校关系，我把书信作为融合家校关系的重要媒介，用书信架起家校沟通的桥梁。

（一）书信，成为自我介绍的名片

每接手一个新的班级，在未正式见到家长前，我会以书信的方式跟家长们写一封朴实而真诚的书信。书信里，我以故事为主线，讲述几个典型的教育故事，故事里蕴含着教育理念、教育心得。同时，我会表达自己对新班级的期待以及希望获得家长们的支持等。"未见其人，先得其信"能带给家长们良好的情绪体验，为后期家校合作提供良好的心理基础。除了我给家长们写自我介绍信，我让家长们以"我的家庭""我眼里的孩子"等为话题，以书信的方式作家庭介绍。通过书信介绍，我能快速高效地调查班情，了解班级学生成长的环境、脾气性格、学习习惯、学习基础、亲子关系等，为后期班级工作的开展和学生个案辅导提供充足完备的信息。接班初期，我让学生写"给自己的一封信"，在引导学生与自己深度对话的同时，书信成了我了解学生的窗口。总之，书信成了新组建班级关系的黏合剂，成为教师、家长、学生自我介绍的活名片。

（二）书信，成为家长会上的亮点

家长会是家校沟通的重要渠道和契机。如何让家长会充满动力、富有情感？我把书信作为家长会上一种温柔的武器。我会在每场家长会上准备一封书信，书信里记录学生阶段性成长表现以及取得的阶段性成果，指出相应的不足，提出具体的、可操作的建设性建议。通过书信，让家长清晰地掌握班级发展动态，真切地感受到班主任付出的真心，能让家长会充满温情，增加效能。正因为用心、用情，尤其是书信的触动，不少家长在家长会后会自发、自觉地以书信的方式反馈家长会的收获和心得，主动根据家长会布置的任务，结合孩子存在的问题，进行具体的反馈和反思。每次家长会后，我都能收到家长来信，这些书信成为我后期跟踪学生发展、调整班级规划和策略的重要抓手。

（三）书信，成为指导家庭教育的钥匙

我会根据班级发展的现状和需要，以书信的方式为家长提供家庭教育的方法和建议。例如，考试后，我会写一封《读懂成绩，助力成长》的书信，引导家长理性看待成绩，合理分析成绩，分享"成绩重要，成长更重要"的成绩观，让家长明白"成绩，不是冰冷的数字，而是有温度的陪伴、有热度的付出"这个道理，从而找亮点、找差距、找对策。2018年，班级整体发展态势不错，但少部分家长的家庭教育存在误区，对班级事务参与度不高。我写了一封《乘团队之东风，扬个体之风帆》的家校联系信，书信里，展示了班级优秀家长的具体做法，提出了家庭教育的具体建议，对纠正部分家长的教育偏差起到良好的作用。每个周末，我会以家校联系书的方式写下本周班级总结，并请家长在回执处介绍孩子本周在家表现情况。家校联系书起到了及时反馈情况、及时沟通消息、及时解决问题的作用，保障了班级运转的和谐、流畅。

（四）书信，成为家长助力班级成长的渠道

为更好调动家长参与班级事务的积极性，我扩了大书信的参与面和受益面。我在班级开辟"家长导师心语"专栏，邀请家长担任班级发展的导师，请他们参与专栏的写作。我亲自设计书写本并写好卷首语。在卷首语中，我写道："亲爱的家长们，你们好！父爱如山，母爱如海，你们将最深、最真挚的爱都交付给了孩子，是此生最爱护他们的人。在孩子成长的过程中，心中想必有许许多多的话想要对他们说，请将您的情、您的爱都融入文字中，让文字载着你们心中最美的话语，附着于纸上，送到孩子的手上。只要是你们用心写出的文字，都是孩子们成长路上最珍贵的礼物。"自开辟"家长导师心语"专栏以来，家长们热情高涨，他们或结合自己的成长体验，或根据自己的职业规

划，或结合自己的生活心得，写出了非常多的具有启发和教育意义的文字。一学年，共收集家长心语 50 余篇、近 5 万字，这些家长心语成为班级最接地气、最有意义的成长素材。例如，德一同学的家长结合自己的成长和工作体验，对学生集体学习、人格塑造方面给予了很好的教导。书信中，他以亲近、正气、团结三个关键词为抓手，鼓励学生做到"行为上不侵犯他人，言语上和谐无诤，精神上志同道合，纪律上人人平等，学习上携手共进，思想上建立共识"。有一位家长在给全班的书信中写道："孩子们，梦想就在不远处，我始终相信有梦想的地方就会有激情，就会有求知的欲望，愿你们为了梦想尽力奔跑。"有一位妈妈在书信中写道："孩子们，我一直觉得你们很幸运，有这么好的同学和老师，学海无涯有明灯指路，有伙伴同行，相信你们会更加自信、勇敢、积极、阳光地健康成长。"家长们的金玉良言，成为孩子们成长最温柔的、最坚韧的力量。

（五）书信，成为亲子沟通的润滑剂

青春期的孩子难免叛逆，他们不懂父母的苦心，似乎对父母总有一些"心结"，于是，出现亲子沟通不畅，亲子关系紧张。家长苦恼于打不开孩子的心扉，孩子苦恼于得不到父母的理解。为帮助建立良好的亲子关系，我在班级开设了"亲子悄悄话——老班为你当信使"活动，号召以书信的方式进行家长与孩子间的沟通，把生硬的沟通化作温柔的文字，家长们在书信中诉说自己的心里话，跟孩子唠叨十月怀胎的幸福，回忆孩子一路的成长，分享孩子带给自己的喜悦，诉说孩子误会自己的委屈。孩子们在书信中诉说成长的感受及父母不理解自己带来的压力和不快。文字，成为沟通的渠道，彼此了解的窗口，化解了矛盾，温柔了情感，美好了时光，成为亲子关系的润滑剂。

三、书信，为开展班级活动开辟一条路径

著名教育家叶澜教授说："教育不能缺失真实的活动，包括丰富多彩的学校生活，真实世界所开展的、有益于身心主动健康发展的各种活动。"活动能激发灵感，激活思维，浸润成长，为了让活动有更好的开展氛围、推进过程和内化效果，我把书信引入班级活动中，用书信为活动加码，为活动开展推波助澜。

（一）书信，为活动开展蓄势

活动前，我常常以书信的方式发起活动倡议，解读活动目的，明确活动流程，布置活动准备，为班级活动开展提供清晰的目标和思路，为学生提供良好的情绪保障。例如，在2020年高考最后冲刺阶段，为了指导学生在增压与减压中保持平衡，掌握最好的冲刺力度，给学生一个高考冲刺土壤——既有安全感和幸福感，又能有冲刺兴奋点，我以六一儿童节为契机，设计了"高考冲刺六一特别活动"。活动前一周，我以"童心、童趣、童真"为关键词，以书信的方式写了一份活动预告："亲爱的同学们，你们还记得多年前儿童节的期待和欢乐吗？你们是否期待重温那幸福的时光？请相信高考生的儿童节会有更多不一样的精彩，敬请期待本班下周六一特别庆祝活动。"这份书信，让学生对六一活动充满期待。六一节当天，我买来拼图，以小组为单位，开展手工拼图比赛，活动现场，气氛热烈，欢声笑语，在久违了的"儿童节"上，一群即将走上高考战场的大朋友们，暂时走出备考刷题的单调与枯燥，回归自然、本真的可爱模样。一场活动让教室灵动，让思维灵动，让心情愉悦，让学生摆脱压力的枷锁，让学生拥有释放压力的平台。活动结束后，我以《永葆童心，不忘初心》为题，以书信的方式写了一封活动总结型书信，勉励学生保持单纯澄澈的内心、不忘梦想的初心奋战高考。书信里，插入每个孩子活动现场的照片，

作为冲刺高考的礼物分享给学生及家长，一位家长说："六一活动，让孩子心情、状态更好，状态好，高考才能考得更好。"

（二）书信，为活动推进加码

书信，可以为班级活动开展有效蓄势；书信，也可以为班级活动推进过程加码。2019年，我承担了一节大型德育活动公开课，活动主题是通过讲述"我的吉祥物"背后的故事来分享成长的体会。学生参与性高，分享的吉祥物花样繁多，寓意深厚，有高考倒计时的日历，有父母或朋友赠送的书签、玩偶，或是激励自己的小物品等。学生对吉祥物解读的各种寓意，及包含的成长故事感染着现场的每一个人，我也被深深地感动了。在我的点评环节，我用事先准备好的一封书信作为活动的点睛之笔，让活动有了更深入的推进。我写了一封《让记忆沉淀美好，让美好温柔时光》的书信，让全班学生共读书信，当学生满含深情朗读书信时，教室里流动的是满满的感动。活动后的评课环节，不少听课老师认为书信环节是整场活动的点睛之笔。

在我的班级管理中，我喜欢开展班级联动教育。书信，是班级联动的重要连接器。2019年，我担任高三（5）班班主任，为了让学生获得更多的成长支持，激发他们的成长激情，我与本校高二（9）班胡佳茵老师联手举办了班级联谊活动——班级拔河比赛。在拔河比赛中，两个班级的学生都能全情投入，激发了良好的团队感。为了让活动更有张力，我在活动前写了一封活动倡议书，解读活动召开的意义。活动后，我们开展"书信，助力成长"活动，让两个班级进行书信交流，结合活动体验，为双方成长加油助威。我班学生共收到43封高考助威信，收到信后，我班学生以高三学长身份，结合高考备考的体验，给高二级学生写了朴实而有指导意义的回信。书信为两个班级的学生成长都起到良好的助推作用。我与胡老师把书信全部张贴在班级专栏里，形成两个教室特有的靓丽风景。

基于书信媒介在班级的常态生根、推广，我从更多的实践载体形式上做文章。我通过书信媒介，开展跨校、跨省的书信交流活动。如2018年，我与黑龙江省海林中学的宋莹莹老师举办了"龙粤联谊，共赴高考"活动，通过写信、读信活动连接两个教室，为高考备考注入动力和活力。我带领学生参加对口帮扶活动，如2019年与贵州纳雍四中高一（8）班结对子，2020年与贵州纳雍五中高一（1）班结对子，主要以书信交流的方式，分享学习经验，交流成长困惑。每次书信联谊活动，我会图文并茂地写好总结，制作美篇，记录活动实况，并编制书信交流成果专刊；同时，举行书信研学分享会，分享书信活动的体验和收获，切实把"大道理"转化为"小故事"，把"小书信"转化为"大成长"，不断让书信助力学生生长。

由于借力于书信，我带的班级风气正、学风浓，班级学生获得感足、幸福感强，班级先后被评为全国书香状元班、广州市优秀班集体、天河区示范班。我先后获得2019年广州市"感动广州最美教师"、广州市"感动天河的好教师"。书信，让师生关系融洽，我被学生亲热地喊作"杨妈"。

法国思想家帕斯卡尔曾说过："人只不过是一棵芦苇，是自然界最脆弱的东西，但他是一棵能思考的芦苇。"人，是一棵有思想的芦苇，也是一棵有情感的芦苇。文字是情感和思想的载体，书信正是连通情感、交流思想的重要媒介。书信，并不只属于逝去的岁月，它在当下仍具有巨大的文化和教育价值。只要合理运用，发挥"书信效能"，就能产生教育魔力。

第七节　新班的破冰之旅

好的开始是成功的一半，对于中途接班的一个班级，如果不能迅速有序地将学生组织起来，稳定其思想，规范其行为，亲近其感情，后期带班就会辛苦很多。如何快速取得学生的信赖，成为班级的有力领导者，我想，每一个中途接班的班主任都有自己的深入思考和独门绝技。我也就中途接班的班级管理分享一下自己的做法。我与大家分享在中途接班后的二十八天里我的班级管理破冰行动。

我给自己定了一个目标，不管接手什么样的班，最多一个月时间，我要让班级进入良性高效的运作阶段。多年来，我几乎年年接手新的班级，以高三居多，也基本达成了一个月班级管理破冰成功的目标。我是如何做到的呢？

一、第一周的目标是熟悉班级情况，打造第一印象

（一）摸查学生情况

从家长、前任教师、学生多个角度，通过调查问卷、电话采访、面谈等多种方式，从各个层面收集学生的家庭情况、学习情况、性格、兴趣、爱好、特长及优劣势科目等信息。这样一轮的情况摸查，能够起到一箭三雕的作用，既能让我了解学生，为后期的班级小组组合提供参考，又为后面组建家长委员会选拔工作做好准备，最主要的是为以后开展学生工作提供了大量的信息资料。

（二）记住学生的姓名

快速记住学生的姓名，是走近家长和学生的一个重要渠道，也是对学生的尊重。如何快速记住全班同学的姓名呢？我会在接手班级之前，从前任教师那里拿到一份学生名册，背熟学生的姓名，做到未见其人，先记其名。排好一个临时座位表，用填空法根据相应的位置去记学生的姓名。根据学生的外形特点——高矮胖瘦提高记名的速度。通过近距离的聊天，快速记住学生的姓名。多年来，我最多不超过一个星期能记住全班同学的姓名，最快的一个班级只花

一天半的时间就能做到人与名对号入座。

（三）见好第一次面

第一次见面会上，从显性和隐性两方面给学生留下良好的第一印象。显性指的是穿着得体、神态亲和、举止优雅；隐性指的是敏锐的观察力、灵活的变通性、精湛的点评能力、强大的调控能力。有人说你永远没有第二次机会给人留下良好的第一印象。一个新班主任在中途接班的第一次见面会上，如果能凭借自己良好的显性和隐性条件，给学生留下美好的第一印象，就能抓住学生的心，而抓住了学生的心，就有了一个良好的开局。

（四）开好第一次班会

班会是班级管理的重要载体和实现道德教育的重要平台。第一次班会要做到定位准、过程活、效果好。前期要在班会主题、班会素材、过程预设等方面花大力气、下大功夫。只有充分准备，才能够以不变应万变，根据推进过程，灵活穿插内容和调控节奏。

（五）举办前任班主任欢送会

感情是需要一个表达的窗口和平台，中途接班的新班主任，遭遇的一个比较尴尬的师生关系就是学生对前任班主任念念不忘，很难融入一段新的师生情。生拉硬拽，刻意讨好，都很难真正走进学生的心灵。我在中途接班的第一个星期的一个保留节目就是为前任班主任开一个欢送会，举办一个新旧班主任交接仪式。活动分两个阶段进行：第一个阶段是学生用各种方式表达对前任班主任的感恩、怀念、祝福。这一阶段，热闹是他们的，我会默默地离开，让他们尽情地狂欢。第二个阶段是班主任工作交接。这一阶段，我成为主角，通过与老班主任的互动、对新班级工作的展望和对同学们的承诺、信心来触动学生。这样的一个欢送会和交接仪式，能够让学生看到新班主任的大气和温情。当感情有一个公开的抒发载体和宣泄渠道，学生往往更容易接受新的集体和班主任。当然，如果不方便开欢送会，也可以改成其他的方式，比如"说说我的老班"等谈话节目或给老班主任写一封感谢信等活动，也是不错的选择。总之，要给学生一个情绪和情感安放的地方。

（六）上好第一周专业课

每个学科都具有学科魅力和趣味性，作为班主任，发挥自己的课堂魅力，来助力自己的德育工作，尤为重要。有些老师认为，中途接班的第一个星期，任务多、工作杂，很难静下心来备好自己的专业课，往往马虎应付。我却把第一周的专业课堂作为展示自己魅力和能力的重要契机。在这一周，我会通过专题讲解、质疑、反思总结等课堂形式，采取师生互动、生生互动、活动呈现等方式，开设活动课、作文课、主题探究课等系列课型。我通过不同的课堂形式展示自己的教学风格和课堂推进能力，让学生在思考和活动中爱上自己的专业课堂。学生爱上自己的专业课堂，能让德育工作事半功倍。我是一个语文老师，我的很多班级管理事务和学生道德教育，都可以结合我的语文课堂来进行。在学科与德育的渗透当中，大大提升了班级管理的效率。

二、第二周的目标是拉近师生关系，传达班级愿景

（一）开展"我的教育故事"分享会

我常常觉得最好的教育素材，就是自己的教育故事。每带一个班级，我都会整理出一本教育故事集。这本教育故事集，又成为我中途接班建立新的师生关系的一把钥匙。在中途接班的第一周，我会专门召开一个"我的教育故事"

分享会。学生群体当中，每个孩子都有自己的个性，但也有一些共性。当我声情并茂讲述一个个学生成长的故事时，孩子们往往能找到自己的影子。每一个新的班级对这样的故事分享会都很感兴趣，因为故事精彩、有情境、接地气。除了讲述故事，我还会穿插一些提问、采访等活动。每一年的故事分享会的过程都不一样，但在点评阶段我都会有相同的说法，我会真诚地告诉我的新班级的学生："杨老师会像故事中哥哥姐姐一样爱你们，也希望你们像他们一样爱我。"这样的故事讲述和真诚告白，往往能吸粉无数。

（二）举办榜样成长分享沙龙

通过我的故事分享会，孩子们往往会对我过去的学生有些好奇，如果能让故事当中的主人公亲自跟他们参与互动，那效果就更好。所以，我收集了自己教育教学过程当中那些经典的成长案例，成立"成长榜样人才库"。在中途接班的第一个星期，我会专门举办一个成长沙龙，把那些具有典型的成长意义的往届学生请到新的班级，与新的学生进行面对面的交流。每一期的人都不一样，但每一期必须有过去的班长、小组长和优秀学生代表。他们从各自的层面展示以前我所带班级的面貌和带给他们的幸福感，同时也能传授给学弟一些学习方法，可谓一箭三雕。这样的分享，起到了一个正向的宣传和引导作用。

（三）开展个人谈话

如果说前两个任务清单是从"面上"去为建立新的师生关系做准备，那么个别谈话，就是从"点上"下功夫。每位班主任都知道，个别谈话，是走近学生的有力法宝。但中途接班任务重、时间紧，如何快速突破与学生的关系呢？在首期个别谈话上我坚持"抓两头，放中间"的原则。"两头"指的是特别优秀和特别调皮的学生。与优秀学生的谈话，是期待他们继续发扬优势成为班级的领头羊，谈话时往往轻松自如，很容易达到自己的谈话目标。与调皮的学生谈话，是为了尽快给他们安抚，不能让他们在接班初期，对班级工作的开展起破坏作用。在这里，我重点突破的是与调皮学生的谈话，需要做很多前期准备工作，充分了解学生的个性特点。做到稳准狠，能一语中的，抓住学生的"心穴"，那是极好的。

三、第三周的目标是搭建班级框架，做好家校沟通

（一）搭建班级框架

在前两周的调查和准备过程当中，我对班级已经有了一个比较深入的了解，从第三周开始，便着手搭建班级的结构框架，从性格、性别、能力、学习成绩等各方面来组建小组，做到分组科学。分好组之后，有专门的分组理由解读大会和一个星期的试运期。试运期间，我会全程跟踪，通过小组晨会、组长例会、组员个别跟踪来实现可视化管理，通过"科学分工，角色分配"来实现"人人有事做，事事有人做"扁平化管理；同时，通过班级目标宣誓活动，提升整个班级学生的士气。

（二）班级文化征集评比

因为有了小组，班级工作开展就会速度快、效率高，为了给同学们提供更多的合作项目，我会在第三周推出"班级文化设计征集"活动。活动以小组为单位，设计班名、班徽、小组名、小组制度、班级制度等。然后专门以一节班会课的形式，以小组为单位进行展示，在全班进行推荐评比，最后确定相关项目。例如2019年，我接了一个高三（5）班。经过民主协商，我们把"小组方阵管理共同体"作为我们的班级特色，把"追求幸福，培养仁爱之心，提升能力"作为班级目标。于是，我们取了"仁武部落"这样一个班名。"仁"对应

的是"仁爱，幸福"，"武"对应的是"能力，智慧"，而且"武"与"五"一语双关。一个班级就是一个部落、一个幸福共同体；而幸福共同体，也就是我们追求的一个班级愿景。

（三）开好第一次家长会

班级管理当中，家校共育能够助力班级的管理和成长。如何发挥家校共育的合力？开好第一次家长会很重要。中途接班后的第一次家长会，我不仅会精心备好课，设计流程，还会设计邀请函，打印会议流程。在仪式感上下功夫，能有效引起家长的重视，给家长良好的第一印象。

家长会上要重点做好几件事情：听取家长们对班级的期待和建议，现场采访一些家长的育儿心得；家长与家长之间有效互动；分享我的教育理念、带班特色和对家长们的建议。

（四）写好三封书信

文字是沉淀在纸上的感情，书信是直抵人心的一种沟通方式，多年来，我喜欢用文字去表达感情，传递理念。经过半个多月的相处与交流，不管是学生、家长和科任老师，我都有一个比较全面的了解，也深深地感谢他们在这一段时间内对我工作的支持和配合。在第三周，我会静下心来，好好梳理这几个星期的心得和心情，以书信的方式，分别跟家长、学生、科任老师写一封公开信。家长层面，主要是就家庭调查及家长会的一些体会来展开；科任层面，主要是就班级情况介绍和班级文化建设的设想方面来展开；学生层面，主要围绕班级观察和班级期待来展开。当我的搭档们、我的学生们、我的家长们分别收到我的公开信时，他们的内心一定是无比感动，感动本身就是一种最温柔的力量。

四、第四周的目标是布置班级环境，启动管理模式

（一）布置班级环境

经过三个星期的运作，班级框架基本形成。第四周，我开始着手班级环境布置，让教室的每一面墙都能说话。我让小组长组织组员设计好小组名、组徽、组规等，让家委会联系海报公司做出精美的小组海报。班级相关的班级制度、班级宣传口号等都一一上墙。当每一面墙都贴上了班级符号时，整个教室焕然一新，同学们兴奋不已。班级环境，成了班级文化宣传的一个窗口。每一年我们的班级环境布置会引来不少同学围观，孩子们也为此自豪，会更加珍惜和爱护自己的班级。

（二）举行启动仪式

前面一系列的工作都准备就绪后，隆重的小组合作启动仪式，是我真正破冰的时机。启动仪式之前，我会布置小组长做好精美的 PPT，需要展示和分享各小组的文化和实施措施、小组愿景。我会设置邀请函，请来家长、老师和外班的学生进行观摩，并且请来专门的摄影师全程录像。在启动仪式上，我会给学生写一封推介信，题目是《一个人可能走得更快，一群人可以走得更远》。由于准备充分、高度重视，启动仪式特别成功。它是我们班级工作的一大盛事，也是每一年我倍感骄傲的一场活动。这样具有仪式感的启动仪式，为小组合作进行良性运转起到了极好的推动作用。热闹隆重的场面，外班学生的观摩和羡慕，也大大增强了我班学生的自豪感和幸福感。这些都为我的新班级起到了一个良好的情绪准备工作。

（三）解读班级文化

在合作学习启动仪式之后，班级框架搭建正式完成，孩子们也能按照我的愿望进行一些合作互动，整个班级按照我预测的方向，进入了良性运转期。在这个时候，我有必要开一节关于班级文化解读的主题班会了。因为教室里面已经挂上了班牌和班徽，粘贴好了小组宣传海报和班级文化海报。这一节班级文化解读的主题班会，我们就可以对着一张张图片进行解读。解读的过程，分为"小组讨论、小组分享、组长总结、班主任总结"几个流程进行。经过一节班会课的运作，同学们对"幸福共同体，追求仁武思""打造幸福班级"这个理念能达成一致认识。

开完这一节主题班会，中途接班，我的第一个月班主任的生活也就告一段落。经过一个月的努力，我的学生能亲近我了，我的班级有凝聚力了。一个月，我的班级基本上能够进行高效良性运转。

这样的班级运行模式，效果如何？我想用两件事情来跟大家分享。

1. 一封道歉信的故事——他律变自律，外压成内驱

2018年，我中途接班之后的第四周的某一天，我收到了这样一封道歉信："对不起，杨妈，由于我的疏忽，导致了今天班级被扣了1分德育分。如果有什么办法弥补，我一定努力去做。"事情的原委是这样的，我们学校的文明班评比条件非常苛刻，学生用品需要按规定位置摆放。这个男孩，上午由于疏忽，雨伞没有摆放好，导致检查时候扣了我们班级1分。这本身是一件很小的事。但让我感到惊喜的是，这个孩子能主动给我写这样一封道歉信，并且想到用自己的行动去弥补。学校在文明班评比的时候，除了扣分也有加分制度，看他这么坦诚，我就告诉他，如果一个班级的卫生情况特别好，可以加分。于是这个孩子就利用中午休息的时间，把整个教室打扫得干干净净。下午检查的时候，我们班被加了1分。那一周，我们依然拿到了文明班流动红旗。

最好的教育是激发学生的自我教育，如果一个学生能在班级整体氛围的影响和熏陶之下，达成自我教育，那么班主任的班级管理工作就省心省力了。

2. 一篇班级小组日志——分工合作效果好，班级学习氛围浓

为了了解和帮助学生，我会在每接手一个班级之后，为每个学生定制一本日志本，让他们记录学习生活。这本日志本也成为我与学生沟通的桥梁和了解学生动态的一个窗口。有一天我在改日志的时候，看到这样一篇让我无比惊喜的日志。日志这样写的：

> 经过短短数天的磨合，我们已经从刚开始的无话可讲、有事才讲的生疏，渐渐地转变为主动聊天，相互学习。这一切，得感谢能干的杨妈。她的小分队合作实施得非常成功，不同于其他学校。
>
> 杨妈在幕后打造了一支非常强大的军队，也在幕后操控着一切，她像一位军师一样指挥着我们班、我们组。她分配任务都恰到好处，上到班长、小分队长，下到组员，每个人都有分工，每个人各司其职，发挥出最强大的力量。人与人、组与组之间密切联系、相互配合，有管理、有服从，但又相互依存，缺一不可。我们班虽然只是一个普通班级，但班内的层层关系就像一个国家一样，杨妈就是"最高领导人"，组长是"地方政府领导人"，组员是"地方官员"，人人平等，共创天高一班美好家园。

原来在孩子们的心里，小组运行模式竟然具有如此魅力。对班主任和班级文化的认同，才能真正带给学生归属感和幸福感。我想，这个孩子是幸福的。

仅仅一个月，我就收获了太多的感动，体验到一个班主任的幸福。不可否认的是，这一个月里，我是辛苦的，也是充实的。但一个月之后，我能够看到一个焕然一新、充满活力、具有凝聚力的班级，那份惊喜和幸福，是无法用言语来表达的。当不到一个月就有不少孩子亲热地称呼我为"杨妈"时，当

孩子们把我当作自家人一样亲近和信任时，那份成就感和满足感，也是无法言喻的。

最重要的是，我用一个月的辛苦换来了一年甚至三年的不辛苦，这是一件非常值得的事情。孩子们信任我了，爱上我了，我的语言和行动才能成为他们成长路上有力的武器。记得一个将军曾经说过，最强有力的一支战队，首要条件就是"士兵愿意打"。从这个意义上来说，最有发展潜力的一个班级，首要条件就是学生愿意跟着老师走，愿意主动学。当一个学生能在一个团队当中幸福地生活，并且能够激发他强大的内驱力时，教育也就成功了。

这么多年我所在的班级，班风正、学风浓、成绩好、幸福感强，原因是多方面的，但不可否认的一点就是，我在接班之初的破冰行动起到了无比重要的作用。

当然，破冰行动只是带班的一个环节，后续阶段的班级成长需要班主任不断地跟踪、调控、指导，付出更多的爱、耐心、智慧。

虽然我的学生们经常骄傲地跟别人说，我们班是一个不需要班主任、全自动化的班级。其实，我只是在破冰过后，默默地退居幕后，由台前的指挥变为幕后的指导，我是班级成长的跟踪者、调控者、引导者。

从教二十年，做班主任工作十余年，我所带的班级成绩优秀，一大批学生考入名牌大学，一批优秀学生被评为广东省优秀毕业生、广州市三好学生、优秀学生干部；所带班级获得"全国书香状元班""广州市班级文化建设优秀班集体""天河区示范班"。

回想我的班主任生活，虽然辛苦，但不痛苦。在一个个新班级的破冰行动中，我收获了成就感；在一个个情境体验活动中，我收获了喜悦感；在一次次灵动的课堂互动中，我体验了快乐感；在看到一个个孩子成长时，我收获了满足感。是的，作为一名班主任，我确实感觉不错、很幸福！

第八节 创造激励成长的故事磁场

用讲故事的方式做教育是我多年摸索出来的教育路径。最好的教育素材就是自己的教育故事。细心观察，用心陪伴，敏锐捕捉，教育故事每天都在上演。作为一个班主任，既是故事的观察者，也是故事的参与者和记录者。多年以来，我是无数个孩子成长故事的参与者，我能说出孩子成长的细节和成长的过程，更能领悟他们成功或失败背后的道理。这些故事和道理就成了我如今最好的教育素材库。世上很难有完全一模一样的两个学生，但他们都有"学生"这个共同的标签，他们身上有"学生"的共性，沿着无数学生成长的足迹，我慢慢摸索到一些学生身上的共性，总结出一些教育规律。

很神奇的一点是，每接一个新班，我可以在某个新学生的身上找到过往某个学生的影子。经过一段时间的跟踪陪伴，我很快会找到教育这个新学生的方法。不少学生夸我会"读心术"，其实，我哪有那个本事，只不过是教育也遵循"熟能生巧"的原则而已。

用教育作故事，大致采取了四种方法。

其一，利用班级纪念册，让新班级的学生全面感知师兄师姐们过去的精彩生活。

其二，利用故事会，跟学生讲师兄师姐们的成长故事。

其三，利用教育情境，穿插班级故事，达成教育效果。

其四，邀请故事的主人公亲临现场，讲述自己的教育故事。

四种方式，相互结合，灵活运用，让我的教育过程省心省力，也增添了教育的活力和色彩。

用讲故事的方式做教育，不仅能对学生的成长提供启发和借鉴，也能对我自己的班级管理带来新的启示。特别是在讲述成功案例时真实的情景回忆，就是自己的一次幸福回忆之旅，也是对自己幸福教育理念的又一次强化。

这么多年来，班主任工作常做常新，要得益于曾经那些温暖又幸福的教育故事对我心灵的滋养。下面，是部分教育故事。

故事一

一片丹心吐芳华
——数学组小组长郑燕丹小记

前言：愿燕丹在以后的人生道路上一如既往地真诚待人，丹心不改，为自己的人生沉淀芳华！

周末，因为要联系数学组小组长郑燕丹，我点开了燕丹的 QQ，映入眼帘的是与燕丹以前的许多通话记录，有节日问候的，有平常交流的，更多的是小组活动总结和小组学习计划。我一一翻阅，与燕丹相处的点滴记忆慢慢鲜活。文字，真的是记忆最好的载体，不是所有的记忆都能转化为温暖的文字，但用温暖的文字记录下来的记忆却能够永远地鲜活。当你用心地记录一段生活，这段生活就会永久地封存于你的内心。就像此刻，当我饱含深情地回忆与燕丹相处的点滴记忆，当我用心地在键盘上敲下一个个字符时，这段美好的师生情缘就将永远鲜活地保存在我的记忆里，我的从教之旅又多了一份美好与珍贵。所以，我喜欢用这种方式，来记录我的生活，记录我的学生。因为，此刻的文字不再是冰冷的字符，而是跳动的音符，是感情的承载。

初识燕丹，是在 2018 届高一（10）班。三年后的今天，我还清晰地记得这个温婉的女孩当初的模样，甚至想得起在 10 班时她的座位以及她安静专注的神情。我是一个记忆不太好还经常丢三落四的主儿，可是在认识学生和回忆学生的功夫上，却独有天赋。我不知道，这是不是就是所谓的职业天赋。不管怎样，除了这份职业敏感外，我想对燕丹的喜欢和欣赏是我至今能清晰地记住她点滴生活的主要原因吧。记得当初文理分班时，因为舍不得这个温婉、稳重又踏实的学生，我特意与她的班主任许老师提过，让燕丹与锦臻继续跟着我们。因为两个孩子都选择了理科，而我去了文科班任教，以为师生情缘就此结束，当时心中好不失落。一个好学生会让老师记住且怀念。无疑，燕丹就是这样一个让老师怀念的好学生。

高一、高二因为没有班主任这个头衔的羁绊，我在语文的王国里尽情畅快地遨游了两年，带着学生贴着语文的地面行走，在语文的丛林里探险、呼吸、活动，好不畅快！杨村部落语文之旅的开启，让我和我的学生们欣喜又自由。至今，我还记得里面有燕丹的文字和锦臻的小说。

一切都是最好的安排。缘分真的很奇妙。因为与高三（5）班的缘分，燕丹再次成为我的学生。说实话，在拿到高三（5）班学生花名册的那一刻，我有些惊喜。我很开心地看到我曾经不舍的两个孩子都再次与我相遇，而且在高三这段人生最关键的时刻。能陪伴他们在实现理想的旅途上再用心地走一程，这是很有意义的事儿。何况，我喜欢的学生，也是喜欢我的学生。师生之间，除了责任，更有感情。感情，会让我更努力地背负起责任，责任又会让我更多地投入感情。我喜欢用感情去触碰学生，只有触碰到学生的感情，走进学生的内心，我的内心才会有一种柔软和温暖。这份柔软和温暖是我爱工作、爱学生真正的源泉。燕丹，就是那个让我内心柔软、倍感温暖的女孩。

在过节的时候，她会及时地送来问候；在与我擦身而过的每一次，她都会温暖地笑；在每一次小组工作中，她都会尽心尽力。说到小组工作，我想起了与燕丹的一次对话。那天，由于种种原因，数学组的小组长需要更换。这真是让我为难的事情，因为刚刚在班上已经正式公布小组长名单，马上又另换他人。我心里嘀咕，找谁好呢？当我回到办公室，翻看数学组成员名单时，眼前一亮。咦，燕丹在数学组。她一定会愿意，而且她会做得很好。果不其然，当我说出小组长情况有变，我希望她来担任小组长一职时，燕丹爽快地答应了。她真诚地说："老师，我不怕辛苦，我也愿意当小组长，就是担心我做不好。"我告诉她："你一定可以做好的，不怕，还有我在后面呢。"事实上，数学小组在燕丹的带领下，小组活动推进顺利，小组合作工作流畅，小组氛围融洽和谐。数学组很多活动开展得有声有色，单科小组长也尽心尽力。

小组长工作的磨砺让燕丹也成熟了不少，胆子大了，更大方了。我清晰地感到燕丹在台上的发言比第一次上台发言成熟老练了很多。当小组成员出现小矛盾或小组成员心情不好，燕丹会主动关心、调控。解决不了的问题或遇到小组工作困惑时，燕丹会主动求助于我。在我的帮助和指导下，她能很快克服困难。每次她的求助，我都只是提出建议，解决问题的具体方法我还是会留给她，因为我想通过这方式帮助她树立小组长威信，也培养她解决问题的能力。我想，一年的小组长经历，一定会让燕丹在处理问题的艺术方面有不少收获。

燕丹留给我的温暖不仅是对我的信任和亲近，还有小组活动的尽心尽力，更有她对同学的友好、对班集体的倾心付出。班级卫生的分工及大扫除的安排都是燕丹与锦臻的工作，基本不用我操心。

高三运动会上，燕丹与波波两个孩子不停地跑前跑后，给运动员加油，给班级呐喊，为班级获奖欢呼。燕丹成长的一个个镜头，一直深深地刻在我的脑海里。

燕丹在回忆她的高三生活时，这样说道："杨老师不仅是我的语文老师，还是我的班主任。因此，除了能够继续跟着杨老师在语文王国里畅游，我还体会到了杨老师独特的班级小组管理模式。

"我们的小组不是随便分组，或是小组长负责收发作业这么简单，而是杨老师根据班上同学的特点分成了语文、数学、英语、物理、化学和生物六个小组，每个小组里有全科学霸，也有单科强项或弱项的同学，能够更好地实现组内互助帮扶。各科任老师分别是各小组的指导老师，能够针对性地对该小组提供一些学科强化的帮助。在座位安排上也不是普通的'秧田型'，而是一个小组围坐成一圈。这是我第一次体验小组围坐这种模式，一开始感觉很新奇，后面也渐渐体会到这种坐法的好处：组内要讨论事情或者开展活动时特别方便，上课我偶尔走神时，抬头看到对面组员认真听课的神情，也会立刻纠正自己的行为。

"我也将这种小组学习的模式带到了我大学的班级。因为大学不再有老师和家长整天抓学习，相对更自由，很多同学不习惯，自我管理能力还不够，再加上我们第一学期就要学习高数、大学物理、基础生物学、C语言、电子工艺等五花八门的专业知识，所以期中考班上成绩不是很理想，身为学委的我十分为班级担忧。这时候，我想起了高三的小组模式，觉得很适合用来改善我们班的学习状态，所以我在班委会上介绍了这种小组学习模式，获得了其他班委的一致认可。于是我结合实际情况对高三的小组学习模式进行适当修改后在班级上推行，还和小组长们分享我作为数学小组长时的经验，以及适合开展的活动等。推行小组学习后，班上的学习氛围明显更浓厚了，同学们也取得了明显的进步。于是，我们班一直实行小组学习的模式，直到大四同学们要去不同的地方实习，只是每学期根据所学的专业课不同而重设小组，也正好给不同的同学都有当小组长锻炼的机会。

"高三的小组学习，我觉得带给我们的不仅是学习成绩上的提升，还有个人能力上的提升，不管是小组长还是组员。所以我也将这种模式带到大学、带到我现在任教的班级上，只是会根据情况进行适当调整，比如我现在任教二年级，学生年纪还比较小，只能进行简单的小组自我管理，我计划随着年级的升高，再逐步实现小组全面'自治'，我相信我的学生们将来也能因为这种小组学习而有所提升和收获。"

成长点评：一个孩子能感受快乐和幸福，能有所收获和启迪，那不是因为老师优秀，而是因为她自己优秀。因为她本性善良，内心柔软，有敏锐的观察力和深透的感悟力，才能在老师日常点滴教育中获得幸福，得到启迪。所以，我很庆幸遇到可爱的燕丹，她的收获给了我成就感；她的懂事给了我幸福感；她的感恩，给了我满足感。一个教师，最大的快乐莫过于让自己的学生快乐，学生的快乐就是老师的幸福。

燕丹是一个优秀的孩子，愿她在以后的人生道路上，一如既往地真诚待人，丹心不改，为自己的人生沉淀芳华！

故事二

温婉恬静如思迪
——生物组组长陈思迪

在我的六个小组长中，有一位小组长总会在我发出指令后第一时间响应我的指令，并且保质保量地完成我布置的任务。这位组长就是生物小组组长陈思迪。

提到思迪，我的心就会暖暖的。时光把我拉回到2021年8月。那天，我一口气写出了班级文化解读的文字稿。我想把文字稿打成电子稿，制作成班级资料，但那几天颈椎病发作，要完成几千字的敲打，挺没把握的。我在班上精彩地叙述了自己对班级的设想，以及对新班级的期待和憧憬，也顺便分享了自己在写文字稿时的酣畅淋漓、一气呵成。接着，我弱弱地问了一句："谁愿意帮我把文字稿打成电子稿？最近，颈椎疼，看电脑就头晕。愿意帮忙的就课下告诉我哈。"我之所以不愿意说：愿意的同学请举手，是想为自己留退路，万一没人愿意回应，多尴尬呀。呵呵，是不是蛮机智的呀！课后，有一个女孩走到我面前告诉我："老师，我打字蛮快的，我帮你打字吧。"我当时就特别感动，还真是有心的娃儿呀。眼前的女孩，我还不知叫啥名，因为刚刚接班，来不及了解学生。白净漂亮、文静大方是她留给我的第一印象。从那次后，我就知道我们班上有一个特别贴心的女孩，她的名字叫思迪。后来，我得知思迪的腰不好，不能久坐。想起那次她帮我打完几千字的文稿，我特别过意不去。思迪应该是在电脑前打一会儿字又站起来活动一会儿的吧。就像她在班上的时间，很大一部分就是站在教室后面听课和写作业的。真希望毕业后的她有更多的时间可以运动，让她腰疼的毛病慢慢被治愈。

贴心和能干的思迪担任生物组小组长可谓是不二人选。生物组的六个孩子个性差异蛮大的，但在思迪的领导下，大家和睦相处，共进退，同担当。个性与集体的完美融合，一方面源于六个小组成员本身就是善良友好的同伴，另一方面思迪有责任心、性格好、有办法也是重要的因素。思迪的责任心表现在每次大考完她都会跟组员们进行质量分析并做好记录，然后回家制作成详细的电子表格，我电脑里就保存了好几份生物组的质量分析报告。每次我问她，生物组最近组员们的情绪和表现时，思迪总能非常详细、具体地描述出每个组员近期的状态。没有细致的跟踪，没有对组员们的用心陪伴，是做不到那样生动具体的问题描述的。每次当组员们的小缺点在她多次提醒下依然无法解决时，思迪总会主动求助于我："老师，我该怎么办？"然后我们一起想对策。最后，依然是思迪去出面解决。每当组员们有好的表现时，思迪会主动表扬组员，并且及时把组员们的进步告知我。在思迪的管理下，生物组的孩子们不管是常规纪律还是学习，都表现出越来越好的劲头。我从来不担心他们闹矛盾，也不担心他们消极颓废，因为有一个积极乐观、阳光进取的充满了正能量的领头羊，这个团队就是安稳的、安全的。

作为组长的思迪，不仅在日常管理上表现出了有条不紊，而且在帮助组员学习上也是颇有范儿。应该是2021年10月的一个晚自习吧。化学组组长把人马拉到隔壁课室讲解难题；语文组抢占了班内的小黑板。你猜，生物组组长思迪出了一个什么招？她竟然直接拿白纸钉在黑板上，然后一边讲题一边画图。那个场景恰好被查堂的我看见了。几个身材高大的男生一排溜地站在思迪面前，一边听课一边点头，还忙着回应组长的问题。看着思迪那份成熟的模样，我感到格外欣慰。小组长的经历一定会把这孩子打磨成一个出色的有管理能力的女汉子。

果不其然，思迪在与我聊天时告诉我，她很享受小组长的工作，这份工作培养了她管理情绪和与他人沟通的能力。思迪的妈妈也很支持孩子的小组长工作，高兴地告诉我，组长的工作让内敛的女儿更加开朗和自信了。是的，我相信一年的小组长磨砺会让思迪在帮助组员进步的同时，也让自己获得各个层面的进步。

因为需要经常与组长们交流小组运行情况，我与小组长们的交流机会比其他孩子会更多。乖巧懂事的思迪不是特别黏老师的那种孩子，也不是特别张扬的那种，在班级内，她话不多，沉静温和，有她在，就踏实。思迪一直用她的真诚和善良默默地陪伴组员们，用她的乖巧和能干帮我分担压力。我喜欢在课余时间与她聊聊天，唠唠家常。与我说话的时候，思迪总是带着浅浅的笑，轻声细语的，那种感觉就是再焦躁的内心也都会被她抚平。最近，从一个女生那里知道思迪特别会养生，那天碰到思迪，我笑问她："思迪，你哪天与我来谈谈养生呗，同学们说你是养生专家哦。"她笑着说："哪有那么夸张啊，我就是特别喜欢吃水果。"我说："怪不得皮肤那么好，水果养出来的啊。"与思迪的交往就是在这样一种温和的情景下进行的，交往的时候，我感觉自己与思迪更像是朋友。

后来，我收到已经上大学的思迪的来信，谈到高中生活，她说："上大学后，生物小组组长的经验带给我勇气，去面对更加困难以及复杂的合作关系。由于专业的原因，我们的课程以及实习中几乎每项工作都必须合作完成，小组规模从两人至几十人。为了更高的效率，就需要更好的合作关系，然而在合作中，无论是工作中的专业细节问题，还是责任界定问题，小组中的摩擦和争吵数不胜数。这时候，我才真正理解，过去的组长经验能发挥很大的作用。在团队的合作中，我总能充当好'润滑剂'的角色，早在高中无数次被组员激怒当中，就磨炼好了心平气和对待激烈行为和激动言语的心态。记得在一次课程小组合作中，因为我们对任务要求不太明晰，造成分工不明确，最终任务成果的汇报不尽如人意，遭到了带教老师的严厉批评，组内两方人员都直接在讨论会上指责对方。因为课程的小组合作关系更加复杂，组员们不仅是利益共同体，也是竞争者；而在老师的帮助下，我和另外一位组员分别给双方劝和，并指引大家要专注于更远的任务目标，重视课程学习最终成果展示，不要过分地局限在当下既定的事实中。小组成员们明显怒气稍缓，暂时放下心结，一起齐心协力地合作完成下一阶段的任务，顺利地达成了目标并最终取得了很好的成绩。生物小组组长的经历切实地给予了我很多。在当时因为学习任务繁重，我可能并没有很多的感受，更多的是专注于我的任务和责任。但是，现在回想起来，这的确是一次宝贵的经历，并对以后的一些行为和选择产生了影响。"

成长点评：许多精彩的瞬间和动人的画面不是全部都能用文字记下来的。但愿那些精彩和动人的风景，都能化作生物组孩子们最珍贵的记忆，不仅成为他们高中生活的回忆，更是一辈子难忘的风景。

故事三

"大师"雅称，名不虚传
——化学组组长蔡肇宇

与肇宇第一次对话是在一次班会上，忘记了当时是在讨论什么话题了，只记得我随机问了班上同学们一个问题："那你们觉得咱班人缘最好的娃是谁啊？""大师呗！"大家异口同声地说。"大师"？我们班竟然有一个拥有如此高雅绰号的同学，此娃恐怕真不简单吧。顺着大家的目光，我找到了"大师"——坐在最后一排的一位清瘦的男孩。我友好地对他一笑，他挥挥手，腼腆地一笑。虽然很受大家欢迎，但肇宇在班上一直很安静，不会张扬喧闹，与我的最初交往也还略带一丝羞涩，但每次交谈都能让我感受到这个孩子的质朴与真诚。

肇宇，以他的人气被推举为化学组组长，从此成了我的得力助手之一。八月份的5班，是小组活动刚刚起步时期。为了营造良好的学习氛围，酝酿小组合作的力量，我特别提出小组需要有确定的合作交流及思维碰撞的时间，可以放在早读开始前、中午放学后或晚自习完成作业后的一段时间。那个时期，班上呈现了非常热闹和壮观的景象。各小组各出奇招，各占地盘，小组长亲自讲解。小组合作轰轰烈烈地拉开了序幕。我这心里又喜又忧，喜的是有了一个良好的开局，忧的是这热闹背后的计划是否真正落实。在看到肇宇为组员授课的那一幕后，我的担心似乎减轻了很多。至今还记得那年8月的晚修的那一幕，在隔壁4班的课室（8月，隔壁班尚在楼下教室上课），肇宇一边板书画图，一边解读题目，那气场和精气神与平时的内敛完全是判若两人。台下的组员们，一个个认真专注地听课，还不时与肇宇有交流和回应。课堂气氛相当融洽。我也静静地坐在台下听他讲解，理科白痴的我竟然也好像听懂了。这个小组长实在是一位合格的小老师嘛！课后，我问同组的宏韬："肇宇讲得怎样？你听懂了没有？"他说："蔡肇宇讲得很好，完全听懂了。"这是开展小组活动以来，我第一次参与小组活动，近距离地观察组长和组员的参与度。那一次的感觉特别好，除了欣慰，更是感动！

后期，因为时间的关系，小组活动没有太多的硬性规定，但小组在班上形成的氛围和风气以及养成的习惯，让组员们对小组有了认同感。合作学习一直贯穿在平时的行为中。小组长肇宇的那种责任意识和行为担当一直都在。比如，很多次我去班上巡堂，都会发现肇宇课间休息期间为同组的语嫣讲解理科难题，那份认真和专注绝对是出于对组员的责任和情谊。有一次，他告诉我："老师，我想坐到丘宏韬旁边去，这样，我就可以提醒他上课不要睡觉。"很多次，他非常焦急地求助于我："老师，丘宏韬又睡觉了！"他对同学的那份关爱和担心，实在是让我感动。我也想组内的每个同学明白肇宇的付出，在班上和组员面前我都特别真挚地表扬了肇宇，并且表达了我对他的感激，以及他带给我的感动。

在一次主题为"我的理想"的班级演讲活动中，我印象最深刻的也是肇宇的演讲。全班只有一个孩子说自己的理想就是做一名教师，这个孩子就是肇宇。当时，在点评他的演讲时，我告诉他："肇宇，我现在是你的老师，以后，只要你需要老师对你的职业帮助，我愿意把我近二十年的教学经验和教育体会全部与你分享。"从那一天起，我就更加关注肇宇了。后来，我在与他聊天的过程中问他："你怎么想到去做老师啊？"他坚定地说："我就是想做，喜欢做老师。"喜欢做老师，这是多么难得又朴实的回答。这话特别触动我内心的情愫，因为在我的内心，喜欢做老师的想法一直在支撑着我。我就喜欢站在讲台上的那种气清神闲，喜欢帮助孩子们后的心情飞翔。虽然，人到中年的我与当初走上讲台的自己相比，多了白发，多了疲惫，但激情和热爱从未减弱，教育情愫一直在心里回旋荡漾！也许，在别人眼里，说热爱教书，实在是有些不能理解，但我自己知道，爱有时候真的就是对职业的喜欢，一点儿都不矫情。就因为肇宇这句"喜欢做教师"，我会在心里更亲近这个孩子一些，是不是有点儿同道中人的感觉？如果这个孩子将来真的走上讲台，做他想做的事，也是蛮好的一件事。

因为有了心理上的一份亲近，我与肇宇的师生情谊也慢慢地越来越深厚了。至少，我知道肇宇一定会认真地做好小组长，认真地在他的化学组的责任田里耕耘播种，我就只需静静地等待花开。对小组长工作最大的一次考验应该是在市一模后的家长会上，有一个环节是小组长给家长们汇报小组成员的学习及生活表现，并且需要现场解答家长的提问。这是一场巨大的考验！没有对组员的日常关注和跟踪，没有对组员性格脾气爱好的全面了解，很难去把控现场。但肇宇做到了！家长会上，肇宇像个小大人一样坐到家长们中间，逐个分析组员的情况，并且提出了合理的建议。这场景，甚是让我欣慰！家长会上，最值得记录的是，我与肇宇第一次深情地相拥。当时的情景是这样的：在肇宇介绍完小组情况时，我为了活跃气氛，随机问了肇宇几个问题。其中一个，我说："肇宇，你这小组长做得很有水平，简直就是一个好老师呢，怪不得大家叫你大师。来，告诉在座的家长们，你毕业后想做什么职业啊？"肇宇又一次坚定地说："我要做老师！"当时，我主动地张开双手热情地拥抱了这个我一直喜爱的学生，我拍拍他的背告诉他："老师的话算数，我会跟你分享我的经验和体会。"我想，那一刻，我是感动的，孩子更是感动的，家长们都是感动的。因为，会场响起了久久的热烈的掌声。那一刻，整个会场都是感动而鲜活的。现在回想那个场景，我的心依然是暖暖的。对于自己喜爱的学生，我从来不吝啬情感的表达。

　　肇宇，用他的朴实和踏实成为让我放心的组长，对于组内的事情，我从来不担心他完成得不好。可是，这个对别人极其友好和善良的孩子，对自己却特别苛刻。我知道，严于律己是一个好孩子的标准，但若对自己有一个正确而公平的待遇也是一件好事。我不担心肇宇不努力，我就担心他太过努力，或者说把努力的标准单一化。我知道，肇宇的心里一直有一个结，而要解开这个结，一定是需要时间和挫折的。我一直在观察和酝酿中，终于在一模后的谈心中有了一个突破口。那个突破口就是肇宇的眼泪。以前，每次谈话，肇宇虽然很配合，但他淡淡的笑告诉我，我并没有真正触碰到他的内心，他还不愿意把自己真正的心结亮给我看，或许他想自己去面对，不愿意寻求我的帮助吧。但一模后的那天中午的谈话，我都不记得是怎样触碰到他的内心，肇宇流泪了。我当时的感觉就是，流泪就是屈服，就是求助，这个倔强的孩子终于想打开自己的心结了。接着，他告诉我他的心结是什么，果真就是我一直猜想的。静静地听完他的倾诉后，我告诉他，努力的评判标准不能太单一，结果的衡量也需要时间，一切付出都会在长久的积淀后爆发出他的力量。我还告诉他，包容别人的同时也需要厚爱自己，你应该对积极善良的自己一些奖励等。我不记得当时的具体过程了，教育需要情景，需要细节，需要情感，当时具备了情景、情感又加上我用了具体的案例细节，我想那天的谈话一定是饱含情感又丰满有力的吧。中午的谈话过程漫长，甚至让我有些疲倦，但我心里却暗暗高兴，我终于有办法打开一个孩子的心结了，帮他梳理好情绪就是给这个一直帮助组员、帮助我的孩子最好的回报了。那天下午，我一直在开会，开会期间，肇宇流泪的模样一直在我眼前晃，我放心不下这个孩子。开完会，已经是晚上6点多。我又回到教室，找到肇宇，问他："今天下午的情绪好些了没？心结打开了没？"他又露出了一贯的淡淡的笑，轻轻地摇头。我知道，这一定是他真实的内心。我告诉他，相信我，相信我们今天的交流一定会有效果的，让他把我的建议再慢慢地消化，三天后再来找我。

三天后正是周一。一大早，我收到肇宇妈妈的短信：杨老师，肇宇这周末回家心情很好。他说，老师帮他找到了一个学习的好办法，他对自己很有信心。真的很谢谢您，希望肇宇打赢高考这场硬仗。我心里总算有了着落。课间休息，肇宇自己跑过来，很高兴地对我说："老师，您终于帮我打通关节了。"我知道，对于肇宇，赢心态就可以迎高考，现在终于帮他整理好情绪，高考时他一定会旗开得胜。在这里，我想说一下，在跟学生整理情绪时，我常常会给学生一段缓冲期，教育不是万能的，我从不高估自己的能力。在每次谈话后，我不急着去让学生马上就风平浪静，班主任是一个普通人，没有那种神话般的力量。所以，在一段深刻的交流后，我往往会给学生两到三天的消化时间。时间不能太长，太长了就没效果了。两到三天的期限，一方面是给学生缓冲消化，另一方面也是间接让学生重视并关照自己的内心。做学生的思想工作，需要爱心、耐心，更需要跟踪修护。

毕业后的肇宇跟我联系并不多，但师生情谊一直都在。在一次毕业生成长跟踪采访活动中，肇宇这样说："杨老师不仅教给我们知识，还尤其注重培养我们的能力。小组合作中锻炼出来的口才，在众人面前讲话、演示的从容，与人交流侃侃而谈的自信，这些都是难能可贵的能力，这也让我在大学的学习期间更加如鱼得水。上了大学，我很少有考试，教授们给的考核方式，更多是和同学成立小组，共同完成小组期末作业，以此评分。如做一个商业策划，写一篇深度报道，创立一个公众号并推文，拍一个创意剧情视频，对一个新闻现象做八万字的文献综述，等等。这些都很考验团队之间的磨合和沟通，有了杨老师提前一年的训练，我们能够做得更好。现在的我也已经走出象牙塔，彻底告别求学生涯，走入新闻行业，但无法忘记的是那三年历久弥新的时光，也是杨老师的谆谆教诲。我相信，再次经过天河中学，仍旧会停下脚步，远远地望着，看看当时的课室，把高中的那卷记忆拿出来，翻一翻。"

成长点评：肇宇，这个善良倔强的男孩，在高三一年的进步是非常明显的。学习的沉淀，一定会让他厚积薄发；小组长工作经验的累积，一定会让他在日后的工作中多一份从容和淡定。他留给我的是他淡淡的笑和坚毅的眼神，还有高三一年点滴的感动。我想，我与肇宇的师生情不是一年，而是一辈子。

第九节　效果反馈

本节主要收录了几篇对班级幸福共同体的构建和经营策略的反馈。

做智慧型班主任
——听杨换青老师讲座有感
江西省定南县第三中学　安海英

2019 年 6 月 5 日，杨换青老师给我们分享了精彩的讲座《班级幸福共同体的构建与运行》，干货满满，听完后，由感动到钦佩再到感恩，最大的感受是：这是一个多么有爱的智慧型班主任啊！我要怎样模仿，怎样做一个智慧型班主任？

杨老师提出构建班级幸福共同体，直接体现了杨老师的大爱和智慧，反映了杨老师的教育情怀和教育追求。杨老师在班级建设中，通过营造温馨的环境，创造温暖的故事，开展丰富的活动，打造多彩的文化，构建起一个生生之间、师生之间、家校之间全方位发展的立体式共同体，这个共同体能让学生团队获得德智双修全面发展的幸福，能让家长团队体验家庭成长的幸福，让教师团队获得职业成就的幸福。"为幸福而努力，我坚持做有故事的教育、有温度的教育，做一种全方位撬动内驱力和执行力的教育。"这个和新教育的理念如出一辙。更重要的是，杨老师把这个理念落地生根了，做到了"让学生团队获得德智双修全面发展的幸福，能让家长团队体验家庭成长的幸福，让教师团队获得职业成就的幸福"。"珍爱每一个孩子心里的瑰宝，老师的一句话可以成为孩子的灯塔。只有带着情感的教育、超越功利的教育，才能真正激发学生的内驱力，才能走进学生的心里。只有走进孩子内心的教育，才是有温度、有情怀的教育。分数，它从来都不是一个冷冰冰的数字。我们教育的目的不是培养考试机器，而是培养一个有幸福能力的人。当学生拥有幸福能力之后，成绩跟品质也就水到渠成。教学生先教学生写好'人'字，在做考题时，分数自然水到渠成。"说得多好啊，能作为杨老师的学生是多么幸福啊。这些充满大爱和智慧的讲述，让我不忍心转述，忍不住大段摘录杨老师的讲座原文，想想，作为杨老师的学生是多么幸福和幸运。

记得华东师范大学李伟胜教授说，班主任要从勤奋型、活力型逐渐发展为智慧型班主任，生生交往是学生进步的最大推动力。因此，班主任要学会借力打力，因势利导，顺势而为，建设好每一个班级的生态，去展现孩子的活力，促进生生交往，化成群体之间的激发力量，最终实现每个学生个体自主的健康成长。杨老师用自己的经验智慧完美地打造了班级幸福共同体，激发了学生的动力、家长的热情、科任教师的激情。尤其是小组制，让学生学会自己管理自己，自己教育自己，自动化运作，自主健康成长！把教师从繁杂的事务性工作中解放出来，充分展现了智慧型教师的智慧与风采。杨老师，就是智慧型班主任的典型代表！

回想自己的班主任工作，虽然早就认识到了育才先育人、小组学习有独特作用等，但总是感觉有所欠缺，小组制执行到一定阶段就常常陷入瓶颈。现在看来是没有深入学生的内心，没有调动学生的积极性、主动性，无法让小组竞争与合作的关系得到持续性的发展和有机延续，没有通过开展丰富的活动和打造多彩的文化让小组制保持活力和动力，没有充分整合一切可以利用的资源，打造教育合力。后面我准备借鉴杨老师的科学分组，开展丰富的活动，打造多彩的文化等，打造班级幸福共同体。

成功智慧老师，建幸福共同体
——听杨换青老师讲座有感
山东德州乐陵三中　　王娟老师

从声音中可以听出杨老师是一位从容沉稳的老师，从案例中可以看出杨老师是一位成功智慧的老师，从讲座中可以得知杨老师是一位心思细腻的老师。

听老师的分享，我有几个感触点。

一、科学分组，量身打造

班级内的小组划分并不是一件容易的事情，尤其是新学段开始，老师对学生的从前并不了解，杨老师在这一点上下足了功夫：前期调研、跟踪观察、分类建档（学生的性格、能力、成绩、家庭等方面），然后本着融合互补的原则进行综合小组建立，这样分组科学有效，为不同的学生量身打造，充分调动学生的内驱力，挖掘各自的潜能，在小组中发现自己的优点，同时也能找到自己的不足。正如杨老师说的"一个真正优秀的人，不只是自己优秀，还能让身边的人变得优秀"，杨老师案例中的黄同学，得益于老师的定制型小组，在性格上不断完善，才慢慢从一个高冷的学霸蜕变成一个有温度的男神。对于孩子的成长来讲，这样的转变比单纯的高分价值高百倍。

二、坚持不懈，终见成效

"积土成山，积水成渊"，很多的积淀都是长期积累下来的，一件事情、一个理念都是在不断的坚持中萌芽成长并成熟起来的。杨老师就是一个坚持者的典范，班级日志、教育随笔、鸿雁传书，一个个教育故事在笔尖舞动，一点点教育感触在笔端流淌，一次次交流在书信中碰撞传递，文字的数量足以见证杨老师的坚持，厚厚的书信、班刊、班级日志足以记录杨老师教育的心路历程。当有一天回头看看的时候，一定是满满的幸福感和自豪感，这一点是我佩服至极的，反思自己：常有这样的时刻，课堂中某个瞬间有了想要记录某个同学的故事，可是下了课就借口忙累搁浅了，说到底还是自己不够坚持，也是特别需要改掉的懒，向杨老师学习。另外，齐喊班级目标，很大程度可以凝聚班级力量，增强团队意识，但贵有恒，杨老师也坚持得很好并且卓有成效，值得我们学习。

三、一声杨妈，温情多多

一个能成为学生心目中妈妈的老师，必定是把每个学生当成了自己的孩子，并倾注了很多的爱和奉献。班主任对学生的关注沟通和接触次数胜过家长，一声杨妈包含了杨老师对学生太多爱的鼓励和帮扶，被这样称呼是幸福的，不知道有多少老师和我一样羡慕杨老师！

问渠那得清如许？

——听杨换青老师报告有感

山东泰安岱岳柏子中学　宋海军

收听杨换青老师的报告有些时日了，杨老师通过"构建幸福共同体"促使了"一个个家庭的华丽的蜕变"，令人感动和叹服，也让人羡慕不已。迟迟没有形成文字，皆因"杨老师成功的密码"。

一、心中有"爱"

列夫·托尔斯泰说："如果教师只有对事业的热爱，他将成为一位好的教师，如果教师只有像父母一样对学生的热爱，他会比一个读遍所有书但既不热爱事业，也不热爱学生的教师好。可是如果教师既热爱事业又热爱学生，他就是一个十全十美的教师。"教育需要"爱"也是教育界的"教育常识"了，虽然一直未被"冷落"，但像杨老师这样，有着强烈的教育情怀，有着无比的责任担当，成年累月坚持去做的优秀教师，实在是少之又少了。她的内心充满对学生的爱和尊重，事事从学生的角度考虑，处处为学生着想。正是教师的"爱"拉近了师生间的距离，形成"亲其师，信其道"，自然成为"杨村部落"的"军师"、权威，孩子们对她"言听计从"。

二、目中有"人"

杨老师说："先写好'人'字，再做高考题，水到渠成……"这就是杨老师的教育观，教育首先是"人"的教育，教育的对象是一个个活生生的人，一切应该从"人本"出发。上周刘老师的精彩分享——"缔造完美的教室"，是对"新教育"倡导的"让师生过一种幸福完整的教育生活"的具体解读和实践。"新教育实验"是以人的发展为终极目的的教育，它呼唤"重新认识与思考教育的本质，回到教育原点"。这个原点就是人。这里的"人"包括学生、教师、家长以及所有与教育相关的人。人的发展是"新教育实验"反思和探索"新教育"的入口；并认为，课程、方法是实现人的发展这个目的的手段，两者相比，目的优先于手段，目的引领方法及内容。所以它"无限相信学生与教师的潜力""强调个性发展，注重特色教育"。是"无独有偶"吗？刘老师和杨老师都是把"人的幸福"放在了一切教育生活的起点和归宿，是一切成功教育的真谛所在吧。

三、脑中有"智"

惊喜之处还有杨老师"班级幸福共同体"实操的分享，展示了她精彩的治班智慧：一个普普通通的班级在杨老师的眼里是"杨村部落"，是为了一场共同的战役的"方正小队"；划分小组需要根据学生的学习成绩以及家庭情况综合分析后合理分组，形成稳定的学习共同体；设置学科核心组和与之互补的各种圈文化组，促进学生之间的交流；甚至为了促进一位学子（黄俊荣）的发展而精心设置一个小组……

"问渠那得清如许？为有源头活水来。"杨老师的成功是必然的！再次感谢杨老师的精彩分享！

寻找亮点，构造自己的教育生态

——听杨换青老师讲座有感

广东韶关一中实验学校　王　青

虽然要中考了，但还是抽空认真将杨老师的讲座听了两遍，用一句通俗的话讲，杨老师的讲座"干货很多"。幸福的班级都有很多共同点，她的"杨村部落"有太多故事和成果。看着那一本本记录班级成长的厚厚的书籍，能感受到杨老师的恒心、用心、爱心和暖心，听后让我对自己未来三年的德育规划有了更清晰的认识：要学会寻找亮点，构造自己的教育生态。

一、做一个喜欢阅读与写作的人

杨老师的讲座是我来到这种群听到的第三个讲座，她和另外两位老师的共同点都是爱阅读、爱写作，不管高三的教学与教育任务多么繁重，她都能挤出时间去阅读与写作，用自己手中的笔为学生筑起一条幸福的长城，用心中的愿景为学生构建美好的学校生活。我经常以各种借口搪塞自己，自己的读与写总是断断续续的，不能坚持，这一点我要好好提升自己。

二、寻找属于自己的带班特色

贵州的彭绍宇老师曾说过一句这样的话："既然不能和教育离婚，我们就得找找过下去的理由。"的确，我们不可能年复一年地重复自己的教育教学方法和技巧，我们应该学会对自己说"每天争取进步一点点"，或者"今年要比去年有所进步和提高"，浑浑噩噩的日子总得有个尽头。生活得有一点儿追求才会让人精神，我们每天都要面对学生，就需要学会在班级里找到自己的存在，要寻找一个属于自己的亮点，让它成为自己的兴趣，并当成事业一样坚持下去，努力构建属于自己的带班特色。

三、学会用计划构建自己的教育生态

人，生而不同，但我们可以通过学习他人的方法与技巧，创造属于自己的教育特色，问题是这个特色并不是两三天或者两三个月就能完成的，它需要一个长期坚持的过程，甚至是数十年的积累。就如我们在大海上航行，虽有指明灯（灯塔），但要到达理想的彼岸，还需要我们合理利用身边资源，有计划、有步骤地一点点接近。所以，在带班之初就要和学生一起构建班级美好的未来，每一轮都得有长远的计划，小到每一周、每一个月，大到整个初中生涯，这样才能让自己在带班的过程中找到方向；而教师本人也应该为实现这个目标而计划好自己要做的每一件事，并长期坚持做下去，努力按着计划构建自己的教育生态。

再次感谢杨老师带来的这场盛宴，让我收获多多。